MÃES DA MÁFIA

MÃES DA MÁFIA

A história real das mulheres que enfrentaram a máfia italiana mais poderosa do mundo

ALEX PERRY

Tradução
LAURA FOLGUEIRA

Dados Internacionais de Catalogação na Publicação (CIP)
(Câmara Brasileira do Livro, SP, Brasil)

Perry, Alex
   Mães da máfia: a história real das mulheres que enfrentaram a máfia italiana mais poderosa do mundo / Alex Perry; tradução Laura Folgueira. – 1. ed. – São Paulo: Editora Melhoramentos, 2023.

   Título original: The good mothers
   ISBN 978-65-5539-521-1

   1. As mulheres e a máfia – Itália 2. Investigação criminal 3. Mulheres – Máfia – Itália – Biografia 4. Relatos policiais I. Título.

22-138577   CDD-364.106092

Índices para catálogo sistemático:
1. Itália: Máfia: Crime organizado: História 364.106092

Aline Graziele Benitez – Bibliotecária – CRB-1/3129

Título original: *The Good Mothers – The True Story of the Women Who Took On the World's Most Powerful Mafia*

Copyright © 2018 by Alex Perry.
Direitos desta edição negociados por C&W, uma marca da Conville & Walsh Limited.

Tradução de © Laura Folgueira
Preparação de texto: Sofia Soter
Revisão: Júlia Nejelschi Trujilo e Paula Silva
Capa: Túlio Cerquize
Imagens de capa: Wikimedia, Shutterstock/Claudio Divizia e ROPI/Alamy Stock Photo
Projeto gráfico: Carla Almeida Freire
Diagramação: Estúdio dS
Mapas: Martin Brown

Toda marca registrada citada no decorrer deste livro possui direitos reservados e protegidos pela lei de Direitos Autorais 9.610/1998 e outros direitos.

Direitos de publicação:
© 2023 Editora Melhoramentos Ltda.
Todos os direitos reservados.

1.ª edição, fevereiro de 2023
ISBN: 978-65-5539-521-1

Atendimento ao consumidor:
Caixa Postal 169 – CEP 01031-970
São Paulo – SP – Brasil
Tel.: (11) 3874-0880
sac@melhoramentos.com.br
www.editoramelhoramentos.com.br

Siga a Editora Melhoramentos nas redes sociais:
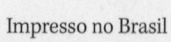 /editoramelhoramentos

Impresso no Brasil

*Para as boas filhas
e para Tess, sempre*

PRIMEIRO ATO **Um desaparecimento em Milão**

---

1 15   **2** 27   **3** 36   **4** 50

5 56   **6** 73   **7** 89   **8** 103

18 221   **19** 227   **20** 231

21 239   **22** 249   **23** 261

24 274   **25** 290   **26** 299

Agradecimentos 311   **Notas** 317
Créditos das fotos 331

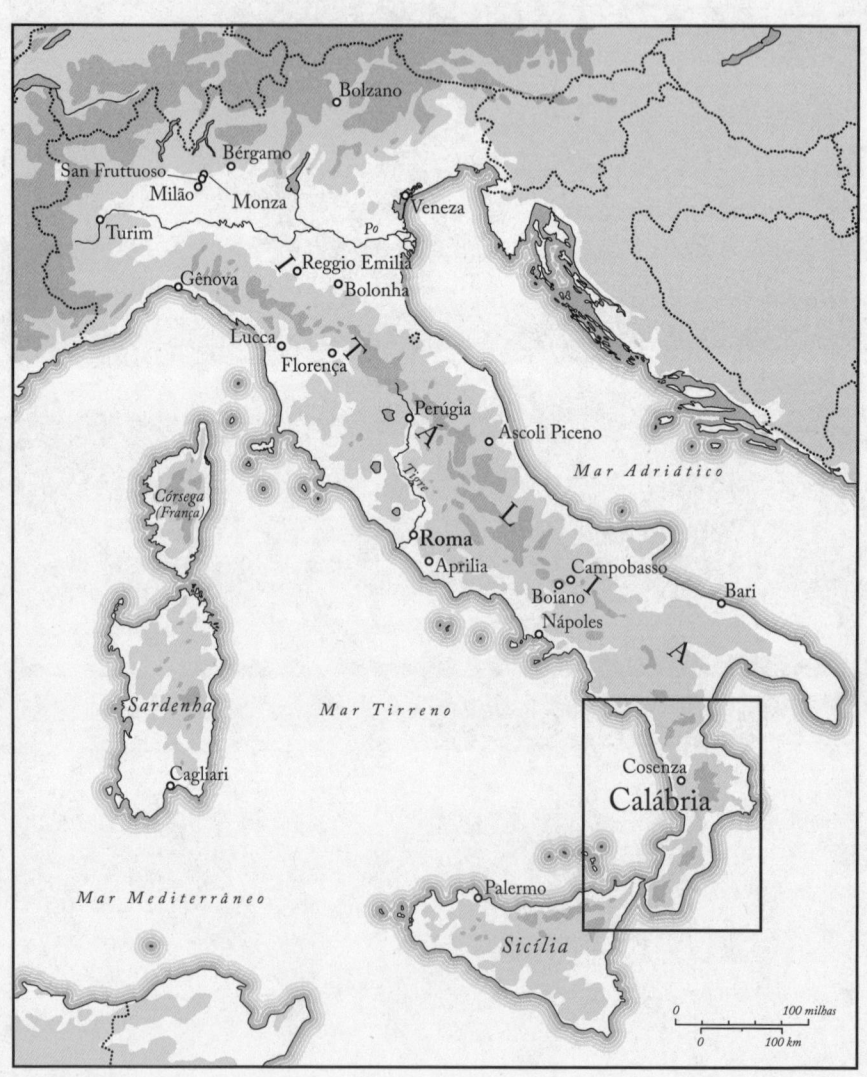

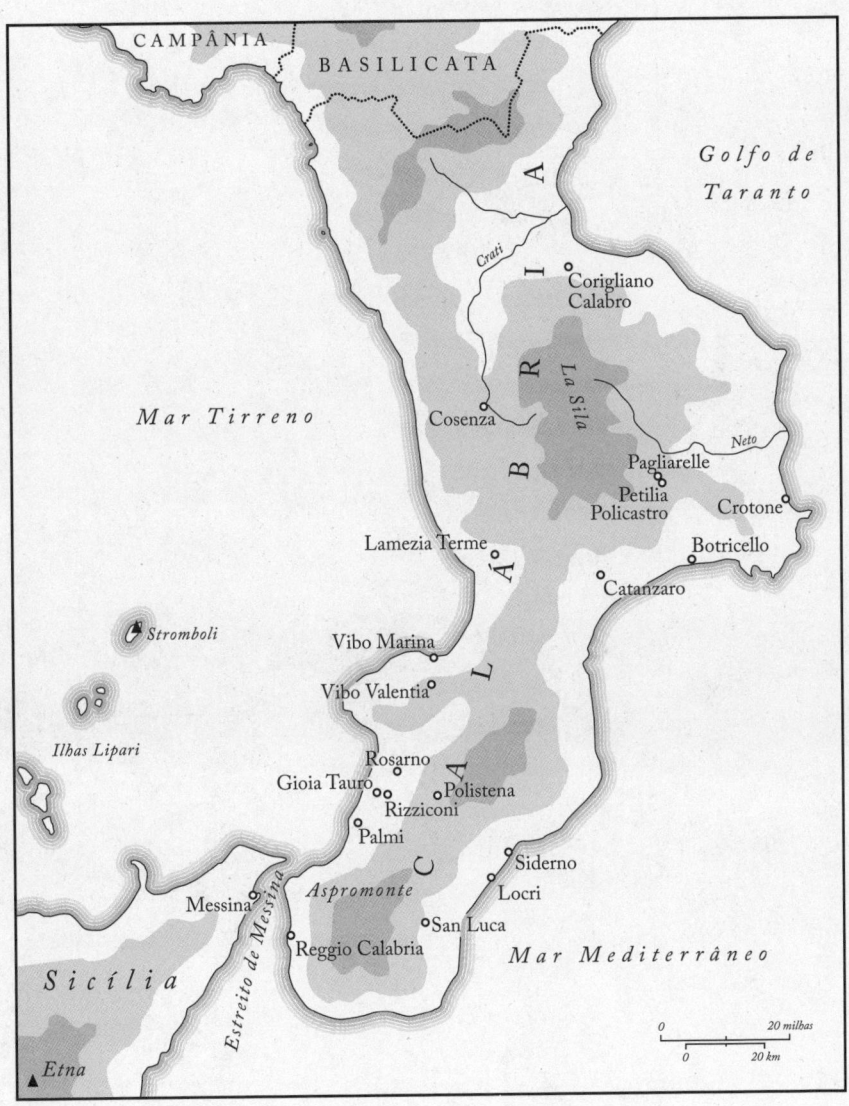

Nota do autor

Para ajudar o leitor, foram usados nomes adaptados de locais: Florença, não Firenze, por exemplo. Em contraste, respeitei o costume italiano em relação a nomes de indivíduos. Maria Concetta Cacciola, por exemplo, vira Concetta, ou 'Cetta, na segunda menção. Em outra diferença de costumes em relação aos anglo-saxões, as mulheres italianas mantêm o sobrenome do pai após o casamento. Portanto, Lea Garofalo manteve o nome depois de se casar com Carlo Cosco, mas a filha do casal se chamava Denise Cosco.

PRIMEIRO ATO

Um desaparecimento em Milão

1

O símbolo de Milão é uma serpente gigante devorando uma criança aos gritos.¹ A primeira cidade do norte da Itália teve outros símbolos: um javali peludo, uma Nossa Senhora dourada e, mais recentemente, as grifes de luxo que fazem de Milão a capital mundial da moda. Contudo, a imagem de uma serpente enroscada que enfia as presas no corpo ensanguentado de um bebê se contorcendo permanece seu emblema mais popular há oitocentos anos, adornando bandeiras e baixos-relevos nas paredes da cidade, o logo da Alfa Romeo e a camisa da Inter de Milão. É um símbolo estranhamente ameaçador para um povo em geral mais associado a família e comida, além de curiosamente grosseiro para uma cidade cuja arte chega ao ápice sublime com *A última ceia* de Leonardo da Vinci. A maioria dos milaneses em geral professa ignorância em relação a seu significado. Em momentos mais sinceros, porém, alguns confessam desconfiar que a imagem deva sua permanência a iluminar uma verdade sombria no coração da cidade: que o dinamismo e as conquistas que dão a fama de Milão dependem, entre outras coisas, de quem você está disposto a destruir.

Nos quatro dias que passou em Milão no final de novembro de 2009, antes de seu pai matar sua mãe e depois apagar qualquer vestígio dela no mundo, Denise Cosco quase acreditou que a família havia transcendido sua própria escuridão especial. Denise tinha dezessete anos. Sua mãe era Lea Garofalo, de 35 anos, filha de um mafioso, e seu pai era Carlo Cosco, um traficante de cocaína de 39 anos. Lea havia se casado com Carlo aos dezesseis anos, tido Denise aos dezessete, visto Carlo e seu irmão matarem um homem em Milão aos 21 e ajudado a mandar Carlo para a penitenciária da cidade, San Vittore, aos 22. Denise tinha crescido em fuga. Durante seis anos, de 1996 a 2002, Lea havia se escondido com a filha nos becos estreitos e sinuosos da cidade medieval de Bérgamo, no sopé dos Alpes. Lea tinha feito daquilo um jogo – duas meninas do sul escondidas no norte cinza da Itália – e, com o tempo, as duas haviam se tornado o mundo uma da outra. Quando andavam pelas ruas de paralelepípedos de Bérgamo, uma dupla feérica de mãos dadas enrolando o cabelo escuro atrás da orelha, as pessoas achavam que eram irmãs.

Certa noite, em 2000, Lea olhou pela janela do apartamento e viu seu velho Fiat em chamas. Em 2002, depois que uma lambreta foi roubada, e a porta da casa, incendiada, Lea disse a Denise que tinha um novo jogo para elas – e caminhou de mãos dadas com a filha de dez anos de idade para uma estação dos *carabinieri*, onde anunciou ao oficial assustado que iria prestar depoimento contra a máfia em troca de proteção para testemunhas. De 2002 a 2008, mãe e filha viveram em casas seguras do governo. Durante os últimos oito meses da vida de Lea, por razões que Denise entendia apenas em parte, elas tinham estado por conta própria mais uma vez. Os homens de Carlo as haviam encontrado três vezes. E Lea e Denise haviam escapado três vezes. Porém, na primavera de 2009, Lea estava exausta e sem dinheiro, e disse a Denise que só lhes restavam duas opções: ou davam um jeito de conseguir dinheiro para fugir para a Austrália, ou Lea precisaria fazer as pazes com Carlo.

Nenhuma das opções era provável, mas a reconciliação com Carlo pelo menos parecia possível. O Estado havia abandonado seus esforços para processá-lo usando as provas de Lea, e, embora isso a enfurecesse, também significava que ela não era mais uma ameaça para ele. Em abril de 2009, ela enviou ao marido um recado dizendo que eles deveriam deixar aquilo para trás, e Carlo pareceu concordar. As ameaças pararam e não houve mais carros queimados. Carlo começou a levar Denise em viagens pelo velho país na Calábria. Em uma noite de setembro, ele até convenceu Lea a sair e eles foram de carro até a costa, conversando até de madrugada sobre o verão em que haviam se conhecido, tantos anos antes.

Então, quando, em novembro de 2009, Carlo convidou a esposa e a filha para passar alguns dias com ele em Milão, e Denise, com a mão no bocal do telefone, olhou com expectativa para a mãe, Lea deu de ombros e disse que tudo bem, seriam pequenas férias. A memória de Lea de Milão no inverno era de uma cidade fria e sombria, as árvores como relâmpagos negros contra o céu, o vento caindo como avalanche pelas ruas, trazendo pequenas inundações de chuva gelada. Porém, Denise adoraria as lojas de Milão, Lea e Carlo precisavam falar do futuro da menina e, desde o verão, Lea se via novamente pensando em Carlo. Vinte anos antes, ele havia segurado o rosto dela em suas mãos de gorila e prometido levá-la para longe da máfia e de toda a matança – e Lea havia acreditado nele, em especial porque ele parecia acreditar em si mesmo. Lea ainda usava uma pulseira e um colar de ouro que Carlo lhe dera na época. Também não havia dúvida do amor de Carlo por Denise. Talvez a filha tivesse razão, pensou Lea. Talvez os três *pudessem* começar de novo. A ideia de que a simpatia renovada de Carlo fazia parte de um complô elaborado para pegá-la desprevenida era um exagero. Havia maneiras mais fáceis de matar alguém.

Lea Garofalo era superior a Carlo Cosco desde o início. Carlo tinha ganhado sua posição com os clãs, mas Lea nascera uma princesa da máfia, uma Garofalo de Pagliarelle, filha de aristocratas da 'Ndrangheta da costa leste. Carlo era grande e bonito como um urso, mas Lea era em tudo mais sofisticada, sua elegância natural acentuada por maçãs do rosto altas, corpo esguio e cabelo escuro comprido, grosso e encaracolado. A compreensão vacilante que Carlo tinha do italiano e seu comportamento rabugento e taciturno eram especialmente perceptíveis quando ele estava com Lea, que falava com a sofisticação do norte e a paixão do sul, em cinco minutos indo do riso à discussão e ao choro. Em qualquer outro mundo, Lea abandonar Carlo alguns anos depois do casamento sem olhar para trás teria sido a ordem natural das coisas.

Ao menos Carlo estava tentando não se vangloriar, pensou Lea. Ele pediu para um amigo entregar cem euros para comprar os bilhetes de trem para Milão. Quando Lea e Denise chegaram à estação central da cidade, o opulento monumento de Mussolini em vidro e mármore à ordem e ao poder do norte, o próprio Carlo as pegou em um Audi preto e as levou ao Hotel Losanna, uma hospedagem aconchegante em uma rua escondida a um quarteirão da Corso Sempione, a Champs-Élysées de Milão, e próximo do antigo apartamento da família em Viale Montello. Durante os quatro dias seguintes, Carlo se recusou a discutir o passado. Ele não mencionou a 'Ndrangheta, nem que Lea havia quebrado a *omertà*, nem que ela quase destruíra tudo pelo que ele e seus irmãos haviam trabalhado. Em vez disso, segundo Denise, os três desfrutaram de miniférias "tranquilas e agradáveis", o tipo de diversão familiar que nunca haviam tido. As concessionárias da Ferrari e as lojas Armani de Milão estavam a anos-luz dos pastos de cabras da Calábria, e Carlo parecia feliz por sua esposa e filha poderem aproveitar. Ele de casaco pendurado nos ombros, ao estilo milanês, e Lea e Denise de calças jeans e casacos grossos de nylon, os três andavam pelos canais e pelas piazzas de pedra polida, comendo pizza e *cannoli*, e vendo as vitrines da *galleria* do século 19, em frente ao exuberante Duomo gótico de Milão. Carlo pagava por tudo: roupas para Denise, jantar para os três, café e *gelato*. Ele até marcou horários para as duas fazerem as sobrancelhas em um salão de beleza de propriedade de seu amigo Massimo. Em outra ocasião, quando Lea estava sem haxixe, Carlo chamou um primo, Carmine Venturino, e se certificou de que ela não precisasse pagar.

Não que tenha sido perfeito, é claro. Denise estava ocupada alimentando um vício adolescente por cigarros e uma aversão à comida italiana pesada. Carlo, vendo esposa e filha pela segunda vez em treze anos e notando como elas eram parecidas, não pôde deixar de ser transportado de volta ao dia, dezenove anos antes, em que Lea, aos dezesseis anos, fugira com ele para casarem-se em Milão. Enquanto isso, Lea estava se esforçando para manter a coragem. Ela havia pedido a Carlo para não dizer a ninguém que estava em Milão, mas ele já a havia apresentado a Massimo e Carmine, que ao menos parecia mais do que apenas um amigo de Carlo. Ela também tinha a sensação recorrente de que estavam sendo vigiadas.

Lea se voltou para um velho hábito. A mãe de Denise havia muito tempo precisava de um ou dois baseados só para conseguir dormir à noite, mas como atestavam as pontas que Denise encontrava no quarto, também tinha passado a fumar constantemente durante o dia. O sono e a paz eram bons, é claro, e uma verdadeira raridade para Lea. Porém, era preciso questionar se era prudente ficar chapada ao redor de Carlo, um mafioso que passara treze anos perseguindo-a por toda a Itália e tentando matá-la.

Mesmo assim, a viagem correu melhor do que Lea temera. Inicialmente, ela havia pedido a Denise para fazer companhia quando Carlo estivesse por perto porque, nas palavras de Denise, "se eu estivesse lá, nada aconteceria com ela". Logo, no entanto, Lea se sentiu segura o suficiente para ficar sozinha com o marido. Na noite de 23 de novembro, Denise foi dormir cedo, e Lea e Carlo saíram para jantar sozinhos. Se os anos tinham deixado Lea mais tensa, pareciam ter relaxado Carlo. Ele se assemelhava a um barril, com orelhas grossas, cabeça raspada e nariz de pugilista, mas seu jeito era gentil e atencioso. Quando Lea mencionou o plano de Denise de estudar na Universidade de Milão, Carlo se ofereceu para ficar de olho nela. Quando Carlo contou ter reservado duzentos mil euros para a filha, e Lea o repreendeu pelas dezenas de milhares que ele havia gastado tentando localizá-las – "e a troco de nada, porque você sempre chegava tarde demais" –, Carlo, excepcionalmente, levou a crítica numa boa. Após pagar a conta, Carlo foi dar um passeio de carro pela cidade com Lea, os dois deslizando pelas ruas vazias em silêncio, apenas observando a paisagem e curtindo a companhia. Carlo estava tão distraído que ultrapassou um farol vermelho, encantando Lea, que teve o privilégio de ver o grande mafioso tentando se livrar de uma multa.

Quem os observasse juntos naqueles dias – Lea fumando e rindo, Carlo coçando o pescoço de brutamontes e deixando um sorriso suavizar sua carranca –, disse Denise, podia ver que eles tinham sido apaixonados antes. Daria até para acreditar que tudo daria certo para os três. "A gente chegava a comer juntos, os três, como uma família", contou Denise mais tarde. Carlo "estava nos mostrando como era carinhoso e bondoso". E não havia como negar que Lea ainda o seduzia. Mesmo sem um centavo no bolso, e apesar de tudo o que havia acontecido, sua mãe ainda era bela e tinha algo de raro, uma fada da floresta da Calábria com o mesmo espírito puro que a havia diferenciado de todas as outras garotas de Pagliarelle tantos anos atrás. Carlo, Denise tinha certeza, devia estar se apaixonando novamente por Lea. "Eu não pensava absolutamente nada de ruim sobre meu pai", falou ela.

O último dia de Lea e Denise em Milão foi 24 de

novembro de 2009. As duas planejavam pegar o trem noturno das 23h30 de volta para a Calábria. No quarto no Losanna, Lea e Denise fizeram as malas. Para ajudar a levar a bagagem à estação, Carlo trouxe um Chrysler cinza grande que ele havia pegado emprestado de um amigo.

Enquanto carregava as malas, Carlo perguntou a Denise se ela gostaria de jantar naquela noite com a família: tio Giuseppe, tia Renata e os dois filhos, Domenico e Andrea, de dezoito e quinze anos. Denise deveria aproveitar a oportunidade de passar um tempo com os primos, disse Carlo. Uma noite sozinha também daria a seus pais a chance de discutir algumas últimas coisas.

Denise concordou. Ela e Lea então foram ao centro fazer as últimas compras. Era um dia nublado, e um frio de rachar, pouco mais de 0 °C, emanava dos edifícios de granito. Mais tarde, as câmeras de segurança mostraram Lea com uma jaqueta preta de colarinho felpudo virado para dentro e Denise com uma jaqueta branca grossa com o capuz levantado e uma mochila preta. Mãe e filha flanaram pelas arcadas, aquecendo-se nos cafés e almoçando em um McDonald's, felizes por estarem juntas na cidade e, para variar, sem temer os arredores.

Uma hora após o anoitecer, pouco antes das 18h, Denise ligou para Carlo. Ela e Lea estavam perto do Arco da Paz, no parque Sempione, não muito longe do hotel, disse. Alguns minutos depois, Carlo chegou no Chrysler, acendeu o pisca-alerta e lembrou Denise pela janela do motorista que os primos a esperavam para jantar. Lea não quis ir: embora estivesse se dando melhor com Carlo, não queria ter nada a ver com a família dele. Carlo sugeriu deixar Denise, depois voltar para levar Lea para um jantar tranquilo. Após todos terem comido, Carlo e Lea iriam buscar Denise e os três seguiriam para a estação. As mulheres concordaram.

– Vejo você na estação, *mamma* – disse Denise para Lea enquanto entrava no carro.

– Até mais tarde – respondeu Lea. – Vou tomar um drinque.

Carlo levou Denise até o número 6 da Viale Montello, à beira do bairro chinês de Milão. Um prédio de seis andares grande e sujo, sem elevador, com mais de uma centena de apartamentos dispostos em torno de um pátio interno sem graça, o número 6 da Viale Montello já havia pertencido ao Maggiore Ospedale, um dos primeiros hospitais públicos da Europa, inaugurado em 1456. Porém, o local havia caído em desuso e sido posteriormente abandonado, até que, nos anos 1980, a 'Ndrangheta de Pagliarelle o tomara como sede dos negócios de heroína e cocaína, bem como moradia. O térreo era ocupado por meia dúzia de lojas chinesas baratas – mercearias, lavanderias, tabacarias – cujas portas metálicas eram decoradas com grafites extravagantes. A maioria dos apartamentos era lar de imigrantes da China, Romênia, Albânia,

Polônia, Eritreia e Nigéria, inquilinos cujo próprio status legal incerto assegurava não serem amigos da polícia. O restante fora entregue a cerca de uma dúzia de famílias mafiosas. Carlo, Lea e Denise haviam morado em um dos apartamentos no início dos anos 1990. Os irmãos mais velhos de Carlo, Vito e Giuseppe, ainda estavam instalados em outros com suas esposas e filhos. Era para aqueles apartamentos que toneladas de cocaína e heroína eram transportadas todos os anos antes de serem reembaladas e enviadas para o norte da Europa.

Carlo deixou Denise com sua tia Renata às 18h30 no Bar Barbara, um café de donos chineses na Piazza Baiamonti, no final da Viale Montello, e foi buscar Lea. Denise pediu um café *espresso*. Renata disse que o jantar era minestrone e frios. Denise falou à tia que não estava com tanta fome, então ela e Renata foram a um supermercado asiático ali ao lado para comprar uma pequena bandeja de sushi. Denise tentou pagar, mas Renata não deixou.

Em retrospecto, Denise diria que foi por aí que o faz de conta parou. No apartamento do segundo andar da tia em Viale Montello, Denise comeu o sushi sozinha. Depois se sentou com Renata, Domenico e Andrea enquanto eles comiam a sopa e os frios em frente à TV. Longe da reunião familiar que Carlo havia descrito, seus primos passaram a noite toda entrando e saindo. Seu tio Giuseppe nem estava em casa, o que era duplamente estranho, pois havia um jogo importante naquela noite, do AC Milan no estádio do Barcelona. Havia algo mais, também. Pelo que conhecia de Renata, de antes, Denise lembrava-se de achar a tia uma esposa ciumenta, sempre ligando para Giuseppe para perguntar onde ele estava, com quem, o que estava fazendo e quando voltaria para casa. Naquela noite, Denise notou, Renata não ligou uma única vez para Giuseppe.

Denise, que após anos em fuga havia desenvolvido um sexto sentido para essas coisas, começou a sentir que havia alguma coisa errada. Por volta das 20h, ligou para a mãe. O telefone de Lea não respondia. Isso também era estranho. Lea sempre se certificava de que o celular estivesse carregado. Denise mandou uma mensagem à mãe. "Na linha de 'Onde você se meteu?'", contou Denise mais tarde no tribunal.

O jogo começou às 20h40. O Barcelona logo abriu o placar. Denise mandou mais algumas mensagens para Lea. Sem resposta. Renata disse que Denise não precisava ter medo de fumar na frente da família – ninguém contaria a Carlo – e, conforme a noite seguia, Denise começou a fumar um cigarro atrás do outro. Seus primos resmungaram quando o Barcelona marcou o segundo gol pouco antes do intervalo. Um pouco depois das 21h, logo quando Denise começava a se sentir nervosa de verdade, Giuseppe enfiou a cabeça pela porta, registrou o placar e a presença de Denise, e saiu novamente. Alguns minutos depois, o celular de Denise tocou. Era Carlo. Ele estava chegando para buscar a filha e levá-la para a estação. Ela deveria descer e esperar por ele no apartamento de seu tio Vito, no primeiro andar.

Denise deu um beijo de despedida nos primos e na tia e desceu a escada para a casa de Vito. Carlo não tinha chegado, então a esposa de Vito, Giuseppina, fez café. Já eram 21h30 – mais de três horas desde a última vez que Denise tivera notícias da mãe –, e ela estava lutando contra uma crescente sensação de pânico. Depois de um tempo, Vito apareceu à porta. Atrás dele, ao fundo do corredor, Denise vislumbrou o pai na entrada de outro apartamento. Ela ainda nem sabia que Carlo estava no prédio. Em vez de ir buscá-la, ele estava conversando com o irmão, Giuseppe, e dois outros homens. Carlo olhou de relance para a filha e disse para ela esperá-lo no carro. Denise desceu para a rua e encontrou o Chrysler. Lea não estava lá. Eram 22h. Quando Carlo entrou no carro, Denise perguntou-lhe imediatamente:

– Cadê minha mãe?

– Deixei na esquina – respondeu Carlo. – Ela não queria entrar e ver todo mundo.

Carlo dirigiu em silêncio até uma rua atrás da Viale Montello. Denise o analisou. Ele parecia chateado, pensou. A maneira como estava dirigindo, mal se concentrando na estrada. "*Scossato*", disse ela mais tarde. Abalado.

Quando eles viraram a esquina, Lea não estava lá. Denise estava prestes a falar quando Carlo a interrompeu. Lea não estava esperando por eles, disse Carlo, porque o que havia acontecido era que Lea havia pedido dinheiro, e ele lhe dera duzentos euros, mas ela tinha gritado que não era suficiente, então ele dera mais duzentos, mas mesmo assim ela fora embora, irada. Eles não tinham jantado. Na verdade, continuou Carlo, ele não comera nada.

Carlo ficou em silêncio. Denise não disse nada.

– Você sabe como é sua mãe – disse Carlo. – Ninguém pode fazer nada.

Cuidadosamente, Denise perguntou ao pai:

– Onde está minha mãe agora?

– Não faço ideia – respondeu Carlo.

Denise achou que o pai mentia muito mal. "Eu não acreditei nele nem por um nanossegundo", disse ela. "Em nenhuma palavra." Toda a bondade dos últimos dias, todas as portas abertas, pegar os casacos e levá-las para todo lado de carro – todo o seu fingimento de milanês *bella figura* –, tudo isso tinha desaparecido. Carlo parecia ter regredido. Ele parecia bruto, quase primitivo. Nem sequer olhou para ela. De repente, Denise entendeu. O jantar com os primos. As ligações não completadas para Lea. A espera interminável. A discussão acalorada entre os homens do apartamento em frente. Lea tinha razão o tempo todo. Denise, que havia implorado à mãe para deixá-las ir para Milão, estivera terrivelmente equivocada. "Eu *soube*", disse Denise. "Eu soube imediatamente."

Denise entendeu mais duas coisas. Primeiro: já era tarde demais. Denise não falava com a mãe havia três horas e meia. Lea nunca desligava o celular por tanto tempo, muito menos sem avisá-la. *Está feito*, pensou Denise. *Ele já teve tempo.*

Segundo: confrontar o pai seria suicídio. Se ela quisesse sobreviver, naquele momento, precisaria aceitar o destino de Lea e não pensar naquilo como algo possível ou reversível, mas como algo certo e definitivo. Ao mesmo tempo, precisava convencer o pai de que não fazia ideia do que havia acontecido, quando na realidade não tinha nenhuma dúvida. "Entendi que havia muito pouco que eu poderia fazer por minha mãe", lembrou Denise. "Mas eu não podia deixar que *ele* entendesse o que *eu* estava pensando." Por dentro, Denise forçou a mente a passar por um beco sem saída apertado e no passado. "Eles fizeram o que tinham de fazer", disse a si mesma. "Era sempre assim que as coisas iam acabar. Era inevitável." Por fora, ela se comportou como faria alguns minutos antes: uma filha preocupada à procura da mãe desaparecida. A velocidade dos acontecimentos ajudou. Era absurdo, até irreal, o fato de, em um momento, Denise haver perdido a mãe, a melhor amiga e a única pessoa que a conhecera de verdade. Ela não precisava fingir que estava com dificuldade de aceitar. Tinha até a sensação de que, se desejasse com força suficiente, poderia ressuscitar Lea.

Foi nesse estado, com Carlo atordoado e Denise fingindo que ainda havia esperança no mundo, que pai e filha percorreram Milão de carro. "Fomos a todos os lugares onde tínhamos estado", disse Denise. "Onde tínhamos tomado drinques, onde tínhamos comido pizza, o hotel onde tínhamos ficado, até o parque Sempione. Fomos a um café local, a um shopping, ao McDonald's onde almoçamos e à estação de trem, onde meu pai comprou dois bilhetes, para minha mãe e para mim. Andamos por toda a cidade. Eu telefonava e mandava mensagens para minha mãe o tempo todo. E, é claro, não encontramos nada nem ninguém."

Por volta da meia-noite, logo após a partida do trem para a Calábria, o telefone de Denise tocou. Ela ficou assustada ao ler a palavra "*mamma*" na tela. Porém, a voz do outro lado pertencia a sua tia Marisa, irmã de Lea que vivia em Pagliarelle, e Denise lembrou que tinha pegado emprestado o celular da prima antes de partir para Milão.

Recompondo-se, Denise disse a Marisa que não conseguia encontrar Lea e que elas tinham acabado de perder o trem de volta para a Calábria.

– Você tem notícias dela? – Denise perguntou à tia. – Ela ligou para você?

Tia Marisa respondeu que tinha uma ligação perdida de Lea um pouco depois das 18h30, mas que não conseguia falar com ela desde então. Marisa estava ligando para ver se estava tudo bem. Denise respondeu que o celular de Lea tinha estado sem bateria a noite toda.

– Eles desapareceram com ela – disse Marisa a Denise, assim mesmo, com Carlo sentado ao lado no carro.

"Ela foi tão direta", lembrou Denise. "Como se todos nós esperássemos aquilo. Como se todos sentíssemos o mesmo."

Denise e Carlo continuaram dirigindo por Milão até 1h30 da manhã. Por fim, Denise disse que não havia mais onde procurar e que eles deveriam apresentar queixa à polícia. Carlo a levou para uma estação dos *carabinieri*. O policial disse a Denise que ela tinha de esperar 48 horas para fazer um boletim de ocorrência de desaparecimento. Com Carlo lá, Denise não pôde dizer ao policial que ela e Lea haviam se escondido durante anos do homem que estava ao seu lado, então agradeceu, e eles voltaram para a casa de Renata, onde a tia de Denise abriu a porta de camisola, meio dormindo.

Renata ficou surpresa até de saber que Lea estava na cidade.

– Viemos juntas para cá – explicou Denise. – A gente não contou porque não queria dar trabalho.

Os três ficaram na porta por um segundo. Denise se viu olhando para as roupas do pai. Ele tinha passado a noite toda usando-as. Tinha sido com aquele casaco, pensou Denise. Aquela camisa. Aqueles sapatos.

Carlo quebrou o silêncio dizendo que continuaria procurando Lea um pouco mais e voltou para o carro. Renata disse que Denise podia dormir no quarto de Andrea. Para chegar lá, Denise precisou passar pelo quarto de Renata e Giuseppe. "Eu vi que Giuseppe não estava", contou ela mais tarde. "E ignorei. Ignorei tudo *por um ano*. Fingi que nada tinha acontecido. Eu comi com essa gente. Trabalhei na pizzaria deles. Saí de férias com eles. Brinquei com os filhos deles. Mesmo sabendo o que tinham feito. Eu precisava ter muito cuidado com o que falava. Eles diziam que minha mãe estava viva, mesmo eu não a vendo por mais de um ano. Eu só fingia que não sabia. Mas eu sabia. Eu soube desde aquele primeiro momento."

2

Na Calábria, o desaparecimento de Lea Garofalo não precisava de explicação. A máfia tinha até um termo para pessoas que, um dia, simplesmente desapareciam: *lupara bianca* ("espingarda branca"), um assassinato que não deixava nenhum cadáver, não era visto por ninguém. Em Pagliarelle, a remota aldeia serrana no arco da bota da Itália onde nasceram Lea e Carlo, as pessoas sabiam que nunca mais deveriam pronunciar o nome de Lea.

Contudo, não conseguiriam esquecê-la completamente. A modesta quitinete de primeiro andar de Lea, com as persianas e os canos pintados de rosa-chiclete, ficava a apenas alguns metros da *piazza* principal. Porém os quatrocentos habitantes de Pagliarelle tinham aprendido havia muito tempo a viver com seus fantasmas. Em três décadas, 35 homens e mulheres haviam sido assassinados por vingança da máfia em Pagliarelle e na cidade vizinha de Petilia Policastro, inclusive o pai de Lea, Antonio, seu tio Giulio e seu irmão, Floriano. Nesse lugar, nessa família, o desaparecimento de Lea poderia parecer inevitável, até mesmo uma espécie de resolução. Anos mais tarde, sua irmã Marisa olharia da rua para a janela de Lea, no primeiro andar, e diria: "Lea queria liberdade. Ela nunca abaixou a cabeça. Mas, para as pessoas que seguem a 'Ndrangheta, essa escolha é considerada muito excêntrica. Muito séria. Você quer ser livre? Vai pagar com a vida". Na verdade, Marisa estava dizendo que ninguém podia fazer nada.²

Alessandra Cerreti sabia que muitos de seus colegas compartilhavam dessa visão. Sete meses antes, ao chegar à Calábria, vinda de Milão, como a mais nova promotora antimáfia da província, ficara impressionada com a quantidade de calabreses que ainda aceitavam a 'Ndrangheta como um fato imutável da vida. Fora do sul da Itália, pensava-se na máfia como coisa de filme ou romance, uma lenda divertida, até mesmo glamorosa, que um dia tivesse contido alguma veracidade histórica, mas que, em época de preocupações mais sofisticadas, como crises financeiras, mudanças climáticas ou terrorismo, parecia uma fábula de eras passadas. Não na Calábria. Como suas primas mais famosas na Sicília e em Nápoles, a 'Ndrangheta foi fundada na segunda metade do século 19. Porém, enquanto os sicilianos, em particular, viram o poder ser constantemente corroído por repressão estatal e resistência popular, a 'Ndrangheta se tornou cada vez mais forte. A organização ainda era dirigida pelos fundadores originais, 141 antigas famílias de pastores e agricultores de laranja que governavam os vales isolados e as cidades montanhosas da Calábria. Seus homens ainda extorquiam tranquilamente bilhões de euros por ano dos comerciantes, donos de restaurantes e fabricantes de *gelato* da Calábria – e assassinavam os ocasionais *carabinieri*, juízes ou políticos teimosos que se colocavam no caminho. O que transformou a 'Ndrangheta, no entanto, foi um novo internacionalismo. Ela contrabandeava de 70% a 80% da cocaína e heroína da Europa. Saqueou mais dezenas de bilhões do Estado italiano e da União Europeia. Intermediou negociações ilegais de armas para criminosos, rebeldes e terroristas em todo o mundo, incluindo todos os lados da Guerra Civil Síria. Pela contagem dos promotores, até 2009 o império da 'Ndrangheta incluía cinquenta países, um quarto do planeta, da Albânia ao Togo, ligando uma guerra da máfia em Toronto ao assassinato de um advogado em Melbourne, e a propriedade de um bairro inteiro em Bruxelas a uma pizzaria que entregava cocaína no Queens, em Nova York, chamada Cucino a Modo Mio ("cozinho do meu jeito"). No início da segunda década do novo milênio, a 'Ndrangheta era, por quase todas as medidas, a corporação criminosa mais poderosa do mundo.

Se a violência cruel era o combustível desse império global, uma espantosa riqueza era seu resultado. A organização acumulava receitas de 50 a 100 bilhões de dólares por ano,[3] equivalentes a até 4,5% do PIB italiano, ou o dobro da receita anual de Fiat, Alfa Romeo, Lancia, Ferrari e Maserati somadas. Era tanto dinheiro que lavá-lo e ocultá-lo exigia um segundo negócio. Os calabreses ficaram tão bons em lavagem de dinheiro – passando bilhões através de restaurantes e empreiteiras, pequenos bancos estrangeiros e grandes instituições financeiras, através até mesmo do mercado de flores holandês e do comércio europeu de chocolate – que os colegas promotores de Alessandra começaram a ver pistas de que outros grupos do crime organizado – do Leste Europeu, da Rússia, da Ásia, da África, da América Latina – estavam pagando à 'Ndrangheta para fazer o mesmo com suas fortunas. Isso significava que a 'Ndrangheta estava administrando um fluxo de centenas de bilhões ou mesmo trilhões de dólares ilícitos ao redor do mundo.

E era isso, a dispersão do dinheiro do crime global pela 'Ndrangheta em todo o planeta, que garantia que os calabreses estivessem presentes na vida de todos. Bilhões de pessoas viviam em seus prédios, trabalhavam em suas empresas, faziam compras em suas lojas, comiam em suas pizzarias, compravam e vendiam suas ações, faziam negócios com seus bancos e elegiam políticos e partidos financiados por ela. A 'Ndrangheta era tão rica quanto as maiores empresas, bancos ou governos, e o dinheiro administrado por ela moveu mercados e mudou vidas de Nova York a Londres, de Tóquio a São Paulo e Joanesburgo. Nas duas primeiras décadas do novo milênio, era difícil imaginar outra empreitada humana com tanta influência sobre tantas vidas. O mais notável de tudo: quase ninguém tinha ouvido falar dela.

A 'Ndrangheta – pronunciada *ãn-dran-gueta*, palavra derivada do grego *andraganthateai*, que significa sociedade de homens de honra e valentia – era um mistério até mesmo para muitos italianos.[4] Na verdade, essa ignorância se devia tanto à percepção quanto à enganação. Muitos italianos do norte tinham dificuldade até de imaginar riquezas ou conquistas no sul. O contraste era *mesmo* marcante. O norte tinha Florença e Veneza, *prosciutto* e *parmigiana*, Barolo e balsâmico, o Renascentismo e o Iluminismo, o AC Milan e a Inter de Milão, a Lamborghini e a Maserati, a Gucci e a Prada, Caravaggio, Michelangelo, Pavarotti, Puccini, Galileu, Da Vinci, Dante, Maquiavel, Marco Polo, Cristóvão Colombo e o Papa. O sul tinha limão, *mozzarella* e sol de inverno.

Tratava-se, Alessandra sabia, da grande mentira de uma Itália unida. Dois mil anos antes, o sul tinha sido uma fonte da civilização europeia. Porém, quando o general Giuseppe Garibaldi, do norte, fundiu a península italiana em uma única nação, em 1861, ele estava tentando unir os alfabetizados, industriais e cultos com os feudais, não instruídos e sem esgoto. A contradição tinha se mostrado grande demais. O norte prosperou no comércio e na indústria. O sul se deteriorou e milhões de sulistas partiram, emigrando para o norte da Europa, as Américas ou a Austrália.

Com o tempo, as províncias ao sul de Roma ficaram conhecidas como *Mezzogiorno*, a terra onde o sol do meio-dia brilhava, uma extensão seca e entorpecida de camponeses e pescadores com pequenos barcos que se estendia de Abruzzo, passando por Nápoles, até a ilha de Lampedusa, a 110 quilômetros do norte da África. Para grande parte do sul, uma descrição tão abrangente era vista como um estereótipo grosseiro. Porém, para a Calábria, o bico da bota, era vista como precisa. Os romanos a chamavam de Bruttium e, por 250 quilômetros de norte a sul, a Calábria era pouco mais que espinheiros e montanhas de rocha nua entremeadas por bosques de oliveiras nodosas e campos de poeira cinza e fina. Era terrivelmente vazia: mais de um século de emigração havia assegurado que houvesse quatro vezes mais calabreses e seus descendentes fora da Itália do que em sua terra natal. Quando saiu de Reggio e entrou no campo, Alessandra passou por uma sucessão de cidades vazias, vilarejos desertos e fazendas abandonadas. Parecia o rescaldo de um gigantesco desastre – o que, se considerarmos os séculos de miséria, era mesmo.

Apesar disso, havia uma beleza áspera no lugar. No alto das montanhas, lobos e javalis vagueavam por bosques de faia, cedro e azevinho. Abaixo dos picos, fissuras profundas na rocha se abriam em ravinas através das quais rios gelados se precipitavam em direção ao mar. À medida que a inclinação diminuía, os bosques davam lugar a vinhedos e pastos de verão, seguidos por estuários repletos de pomares de limoeiros e laranjeiras. No verão, o sol queimava a terra, transformando o solo em pó e a grama espinhosa em um tom de dourado queimado. No inverno, a neve cobria as montanhas e as tempestades golpeavam os penhascos da costa e varriam as praias.

Alessandra se perguntava se era a violência de suas terras que gerava tal ferocidade nos calabreses. Eles viviam em antigas cidades construídas sobre fortalezas naturais de pedra. No campo, cultivavam pimenta ardente e jasmim inebriante, e criavam vacas de chifres grandes e cabras-das-montanhas que assavam inteiras sobre lareiras alimentadas com lenha nodosa de videira. Os homens caçavam javalis com espingardas e peixe-espada com arpões. As mulheres temperavam sardinhas com pimenta e secavam trutas ao vento por meses antes de transformar a carne em um guisado marrom picante. Para os calabreses, também havia pouca divisão entre o sagrado e o profano. Nos dias santos, as procissões matinais eram seguidas por festas de rua à tarde, nas quais as mulheres serviam pratos gigantescos de *maccheroni* com *'nduja*, um salame apimentado quente e macio, da cor de tijolo moído, engolido com um vinho escuro que manchava os lábios e queimava a garganta. Quando o sol começava a cair, os homens dançavam a tarantela, que ganhou esse nome por causa dos efeitos da mordida venenosa da tarântula. Ao som de um bandolim, da batida de um tamborim de pele de cabra e de uma canção sobre o amor frustrado, ou o amor de mãe, ou a emoção de um jato de sangue quente do coração de um traidor esfaqueado, os homens competiam por horas para ver quem dançava mais rápido e por mais tempo. "A Grécia da Itália", escreviam os jornais, embora na realidade isso fosse um insulto à Grécia. Ao contrário de sua vizinha jônia, a economia legal do sul da Itália não crescia desde a virada milênio. O desemprego entre os jovens, mais de um em cada dois, era o pior da Europa.

Havia, no entanto, um desenvolvimento experimen-tado pelo sul. Muitos sulistas viam como um ato de colonização a criação, por Garibaldi, de um Estado italiano dominado pelo norte. Já julgados por quem eram, eles pouco se importavam com as opiniões do norte sobre o que faziam. Por todo o *Mezzogiorno*, desde o nascimento da República, bandoleiros governavam. Alguns se organizavam em grupos familiares. No século e meio desde a unificação, algumas centenas de famílias em Nápoles, Sicília e Calábria haviam enriquecido. Como rebeldes criminosos subvertendo secretamente um Estado invasor, usavam a intimidade e lealdade da família, além de um violento código de honra e justa resistência, para colocar um véu de omertà sobre sua riqueza. Mesmo em 2009, os chefes do crime da Calábria ainda se disfarçavam de agricultores de laranja. Foi só nos últimos anos que o governo italiano começou a compreender que esses homens brutais, com suas mulheres com cara de pássaro e seus filhos insubordinados, estavam entre os maiores criminosos do mundo.

Não havia, pelo menos, nenhum mistério sobre quem dirigia a 'Ndrangheta. A falta de progresso do sul era tanto social quanto material. A tradição dizia que cada família era um reino feudal em miniatura, no qual homens e meninos reinavam supremos. Os homens concediam às mulheres pouca autoridade e independência, nem mesmo muita vida além da existência como vassalas da propriedade e da honra da família. Como reis medievais, os pais prometiam as filhas adolescentes em casamento para selar alianças de clã. Os espancamentos de filhas e esposas eram rotineiros. Para os homens, as mulheres eram desejáveis, mas fracas, não se podia confiar nelas para permanecerem fiéis ou dirigirem a própria vida, devendo ser mantidas em rédea curta para seu próprio bem. Mulheres vistas como traidoras, mesmo que à memória de um marido falecido havia vinte anos, eram mortas pelas mãos de seus pais, irmãos, filhos e maridos. Somente o sangue poderia lavar a honra da família, diziam os homens. Muitas vezes, eles queimavam os corpos ou os dissolviam em ácido para ter certeza de apagar a vergonha da família.

Uma tal perversão do sentido de família teria sido extraordinária em qualquer tempo ou lugar, e o era especialmente na Itália, onde a família era algo próximo do sagrado.[5] A gravidade da misoginia levou alguns promotores a comparar a 'Ndrangheta com extremistas islâmicos. Como o Estado Islâmico ou o Boko Haram, os membros da 'Ndrangheta rotineiramente aterrorizavam as mulheres e massacravam os inimigos a serviço de um código imutável de honra e retidão.

Portanto, sim, os promotores da Calábria diriam, a vida de uma mulher da 'Ndrangheta, como Lea Garofalo, era trágica. E, sim, o machismo desumano da 'Ndrangheta era mais um motivo para destruí-la. Porém, isso não significava que as mulheres fossem muito úteis naquela luta. Quase desde o primeiro dia em que Alessandra chegou de Milão, em abril de 2009, seus colegas lhe disseram que as mulheres da máfia eram apenas outras vítimas. "As mulheres não importam", diziam eles.[6] Quando ouviram falar do desaparecimento de Lea, seus colegas admitiram que a notícia era desoladora, especialmente para aqueles que tinham conhecido Lea e Denise no programa de proteção a testemunhas. Porém, a morte de Lea era apenas um sintoma do problema, insistiam. Não tinha nenhuma influência na causa.

Alessandra discordava. Ela não alegava ter qualquer conhecimento especial sobre a dinâmica familiar. Aos 39 anos, era casada, não tinha filhos e sua aparência – magra, meticulosamente bem-vestida, de cabelos curtos e lisos, repartidos ao meio de um jeito duro e juvenil

– enfatizava um profissionalismo frio. Quando o assunto era A Família, porém, Alessandra argumentava que, pela lógica, as mulheres teriam um papel substancial em uma organização criminosa estruturada em torno de parentes. A família era a força vital da máfia. Como um cordão umbilical invisível e intacto, a família era como a máfia se alimentava de um poder nutritivo e fortificante. E, no coração de qualquer família, havia uma mãe. Além disso, argumentou Alessandra, se as mulheres realmente não importavam, por que os homens arriscariam tudo para matá-las? As mulheres *tinham* de ser mais do que meras vítimas. Como siciliana e mulher dentro do Judiciário italiano, Alessandra também entendia de patriarcas que menosprezavam as mulheres, apesar de dependerem delas. A maioria de seus colegas não percebia a importância das mulheres da 'Ndrangheta, disse ela, porque os homens eram maioria. "E os homens italianos subestimam todas as mulheres", afirmou. "É um problema sério."

Quando Lea Garofalo desapareceu, provas para apoiar o ponto de vista de Alessandra estavam expostas em todos os jornais italianos. Durante dois anos, a imprensa havia enchido as páginas com as acusações de espionagem e atitudes claramente conservadoras de um promotor estadual em Perúgia chamado Giuliano Mignini, que havia acusado uma estudante americana, Amanda Knox, de – com a ajuda de dois homens, um dos quais era namorado dela havia cinco dias – assassinar sua colega de apartamento britânica, Meredith Kercher. Mignini alegara que os dois homens estavam à mercê da atração satânica de Knox. Na linha de Mignini, um advogado do caso descrevera Knox como uma "diaba... semelhante a Lúcifer, demoníaca..., entregue à luxúria". Com 59 anos de idade, católico devoto e pai de quatro filhas, Mignini disse mais tarde a um documentarista que, embora as provas forenses contra Knox fossem escassas, seu caráter "desinibido" e "falta de moral" o haviam convencido. "Ela levava meninos para casa", comentou ele. "Prazer a qualquer custo. Esse é o coração da maioria dos crimes."[7]

No final, Knox e seu namorado foram absolvidos em segunda e terceira instâncias, e os promotores foram repreendidos pela Suprema

Corte da Itália por apresentarem um caso com "falhas impressionantes". Porém, na época do desaparecimento de Lea, Knox estava a dias de ser condenada pela primeira vez, e a versão de Mignini dos acontecimentos – que uma mulher americana solteira que havia transado com sete homens era bem o tipo de diabólica perversa que faria escravos sexuais assassinarem sua colega de apartamento – era a verdade aceita.

Alessandra não deu sermões sobre emancipação feminina aos colegas. Na vida pessoal, eles eram livres para ter as opiniões que desejassem, e ela não ia deixar nenhum deles achar que estava pedindo tratamento especial. Porém, quando se tratava de quebrar a omertà que camuflava a maior máfia da Europa, Alessandra argumentou que o Estado tinha razões pragmáticas para se importar com o preconceito dos gângsteres. A 'Ndrangheta era a organização criminosa mais perfeita que qualquer um deles já tinha encontrado. Existia havia um século e meio, empregava milhares de pessoas em todo o mundo e lucrava dezenas de bilhões por ano. Não era apenas o maior obstáculo no caminho de a Itália finalmente se tornar uma nação moderna e unida, mas também uma perversão diabólica da família italiana, que era o coração e a essência da nação. No entanto, até alguns anos antes, o Estado italiano mal sabia de sua existência. Quando chegou a Reggio Calabria, ninguém no Palácio da Justiça conseguia dar a Alessandra mais do que estimativas aproximadas de quantos homens a 'Ndrangheta empregava ou onde operava, nem quanto dinheiro ganhava, mesmo considerando uma margem de erro de cinquenta bilhões de dólares. O tipo de livre-arbítrio e independência que Lea Garofalo representava, e o machismo assassino que caíra sobre ela como resultado, eram símbolo de uma das poucas vezes em que a 'Ndrangheta havia saído de seu esconderijo. As provas de Lea contra Carlo Cosco também estavam entre as primeiras oportunidades que os promotores tinham de espiar a organização. O fanatismo violento da 'Ndrangheta não era apenas uma tragédia, disse Alessandra. Era uma grande falha. Com o tipo certo de cultivo, podia se tornar uma crise existencial. "Libertar suas mulheres", declarou Alessandra, "é a maneira de derrubar a 'Ndrangheta".

3

Alessandra Cerreti nasceu em 29 de abril de 1970, no porto de Messina, na costa leste da Sicília.[8] Tendo partido havia 22 anos, ela raramente visitava a cidade natal. Contudo, se mudara para Reggio Calabria, cidade-irmã de Messina, a quase cinco quilômetros pela água, e raramente fora do campo de visão. Alessandra percebeu que nunca havia notado como Messina mudava ao longo do dia. Ao amanhecer, uma luz rosa animava suas piazzas, avenidas e palmeiras, destacando-as de um brilho púrpura. Ao meio-dia, o sol pintava a cena com cores primárias: mar azul, telhados vermelhos, colinas amarelas e o cone branco do monte Etna ao sul. O pôr do sol era lânguido, conforme o vento afrouxava e Messina afundava de volta no crepúsculo sob nuvens cercadas de filigranas laranjas. A noite dava início a um glamour mediterrâneo, um breu insondável, em contraste com um colar de luzes brancas enfileiradas como pérolas ao longo da estrada costeira.

Era uma cena que atraía artistas e escritores havia gerações. Aqueles criados ao lado do Estreito de Messina, no entanto, há muito entendem que a verdade do lugar está em suas profundezas. O estreito é um abismo delgado e fundo formado quando a África e a Europa colidiram há cinquenta milhões de anos e a África se inclinou para o centro da Terra. Nesse abismo subaquático, as apressadas correntes criadas no encontro dos mares Jônio e Tirreno formam algumas das águas mais revoltas de todos os oceanos. Os remoinhos de ebulição e os vórtices de sucção prendem iates e barcos de pesca. As marés de deriva fazem balsas e cargueiros derraparem lateralmente em direção às rochas. Aqueles que espreitam as profundezas veem peixes assustados de olhos arregalados, e até mesmo tubarões e baleias, disparando para a superfície a partir do fundo do mar, 250 metros abaixo. Os redemoinhos nos ventos do estreito refletem essa agitação, invertendo o padrão normal do ar quente sobre o frio para criar uma ilusão de ótica chamada *Fata Morgana*, na qual os barcos e a terra no horizonte parecem flutuar de cabeça para baixo no céu.

Em terra, a história humana é o espelho dessa convulsão natural. Reggio e Messina foram fundadas por colonos gregos cujo rei, Ítalo, acabou dando seu nome ao país. Durante três milênios, o estreito foi continuamente conquistado e apropriado, primeiro pelos siracusanos em 387 a.C., depois por campanos, romanos, vândalos, lombardos, godos, bizantinos, árabes, normandos, reis alemães da Dinastia de Hohenstaufen, angevinos, aragoneses, Habsburgos espanhóis (duas vezes), otomanos, piratas bárbaros, Bourbons franceses reacionários e bonapartistas, antes de, finalmente, em 1860 e 1861, Reggio e Messina serem capturadas por Giuseppe Garibaldi na guerra que unificou a Itália. A riqueza de seus ocupantes dera a Messina e Reggio seus antigos portos de pedra amarela, seus nomes de rua árabes e uma arte antiga cuja expressão requintada era vista nos Bronzes de Riace, esculturas de dois homens barbudos e nus datadas de 450 a.C., descobertas por um mergulhador na costa da Calábria em 1972. Esse globalismo precoce, porém, também teve seus custos. Foi pelos portos do estreito que a peste bubônica vinda da Ásia entrou na Europa, em 1346, exterminando dois terços da população do continente. Em 1743, quando os números da humanidade mal tinham se recuperado, a peste voltou, matando 48 mil só em Messina. Ao lado desses desastres, os terremotos mortais de 1783 e 1894 foram em grande parte esquecidos, embora não o terremoto e o tsunami de doze metros ocorridos em 28 de dezembro de 1908, que destruíram tanto Reggio quanto Messina, matando duzentas mil pessoas. Reconstruídas inteiramente, as cidades gêmeas foram aterradas outra vez por bombardeiros das forças Aliadas em 1943.

Assaltadas por tempestades, consumidas pela catástrofe, as pessoas do estreito podiam ser perdoadas por pensarem que estavam amaldiçoadas. Muitos usaram magia e sabedoria popular para dar conta de seu sofrimento. Na *Odisseia*, Homero havia escrito sobre dois monstros marinhos que viviam em lados opostos do estreito. Surgindo da Calábria, a Cila de seis cabeças arrebatava marinheiros do convés dos navios, enquanto da Sicília, Caríbdis sugava barcos inteiros sob as ondas com sua sede insaciável. As pessoas explicavam as erupções mortais do Etna descrevendo a montanha como o lar de Vulcano, ou às vezes de ciclopes, tanto um como os outros irados, trovejantes e tendo os mortais em baixa conta. Dizia-se que os tremores que as pessoas sentiam sob seus pés eram Colapesce mudando a posição das mãos; ele seria um filho de pescador que um dia fez um mergulho profundo, viu que a Sicília era segurada por uma única coluna que estava desmoronando e ficou nas profundezas para evitar seu colapso. As ilhas flutuantes que apareceram sobre Reggio, por sua vez, foram entendidas como vislumbres de Avalon, para onde a fada-bruxa Morgana (de onde vem o nome do fenômeno *Fata Morgana*) levou um rei Artur moribundo. Lá também, dizia-se, estava o *Flying Dutchman*, um navio fantasma condenado a navegar pelos oceanos para sempre.

Alessandra carregaria a sensação do estreito consigo durante toda a vida. Estava lá no modo como um frio de inverno a lembrava da brisa matinal das docas da cidade ou como os primeiros dias de verão quase instantaneamente mudavam a cor de seus antebraços de alabastro para mel. Também estava em seu desgosto pela forma como as pessoas frequentemente pareciam preferir a ficção à realidade. Enquanto a maioria das crianças ficava encantada por crescer em um mundo de deuses e castelos no céu, Alessandra não se comovia. Histórias de monstros e fadas eram divertidas, mas, para ela, obscureciam a realidade mortal do estreito. A cada verão, ela observava os guardas costeiros de Messina carregarem uma procissão constante de macas molhadas e cobertas nas docas. Não fazia sentido para ela imaginar essas mortes lamentáveis e evitáveis como parte de algum grande plano místico. Havia pouca lógica, também, nas outras lendas espúrias que os sicilianos contavam para glorificar a ilha. Em 1975, quando Alessandra tinha cinco anos, um jovem de 26 anos de Messina chamado Giovanni Fiannacca nadou até a Calábria em trinta minutos e cinquenta segundos, um recorde que se manteria por quarenta anos. Os vizinhos de Alessandra proclamaram Fiannacca o maior nadador de longa distância da Sicília, talvez até mesmo de todos os tempos. A realidade, como Alessandra sabia – e sabia que seus vizinhos sabiam – era que ele tinha programado a travessia para coincidir com uma maré leste-oeste particularmente forte que teria levado até um pato de borracha para a Calábria.

Em outra vida, em outra terra, Alessandra poderia ter perdoado essas ilusões e os adultos crédulos que as repetiam. Porém, sua casa era o lugar de nascimento da Cosa Nostra. Nos anos 1970, a máfia siciliana operava na ilha praticamente sem oposição. Era um Estado alternativo, arrecadando impostos via extorsão, dividindo contratos públicos entre empresas mafiosas, resolvendo disputas, entregando punições – e mentindo, enganando e assassinando para preservar sua posição. No entanto, ninguém dizia nada. Para os forasteiros curiosos, os sicilianos alegavam que a máfia era uma fábula, um clichê ou até mesmo uma calúnia infundada. Entre si, a caracterizavam em termos mais míticos, como uma antiga irmandade siciliana construída com base em coragem, honra e sacrifício. Não importava que a própria máfia tivesse inventado essas lendas românticas e as embelezado com folclore mais recente, a exemplo da história dos mafiosos que dirigiram tanques aliados para libertar a Sicília na Segunda Guerra Mundial. Não importava que, em seu coração, a maioria dos sicilianos soubesse que estavam sendo enganados. Assim como os ilhéus achavam difícil aceitar a indiferença mostrada à sua cidade pela natureza e pelo homem, também a maioria preferia não confrontar a verdade de que seus companheiros sicilianos haviam enriquecido roubando e matando.

Alessandra lamentava a cumplicidade dos vizinhos com essas mentiras, embora entendesse. Décadas depois, lendo relatos sensacionalistas de jornais sobre as aventuras mafiosas, ela reagiria da mesma forma de quando era criança. Os fatos sobre a tirania e a matança eram claros. Por que disfarçá-los como outra coisa? O que Alessandra realmente detestava, no entanto, era a forma como os forasteiros ajudavam na elaboração do mito da máfia. Duas semanas antes de ela nascer, Mario Puzo, um escritor americano de revistas *pulp*, vendeu o roteiro de seu livro, *O poderoso chefão*, à Paramount por cem mil dólares. Um ano depois, Francis Ford Coppola estava dirigindo Al Pacino no filme em Savoca, quarenta quilômetros ao sul de Messina.

O filme, um dos mais bem-sucedidos de todos os tempos, continha elementos de verdade. A família Corleone *era* um sindicato do crime do sul de Palermo. Também *houve* um desacordo dentro da máfia nos anos 1950 sobre a entrada ou não do narcotráfico, disputa que levou a uma guerra interna. O que Alessandra achou imperdoável foi a forma como Hollywood usou a tragédia diária dos italianos do sul como um dispositivo para tornar seus dramas mais convincentes. Ela não compartilhava nem um pouco da empatia de Coppola pelos homens que assassinavam suas esposas e namoradas. Também não conseguia entender as mulheres, criaturas passivas e risonhas que permitiam que seus homens as levassem do amor à traição e à morte prematura. Ela não reconhecia nada da majestade sombria ou da grandiloquência lúgubre do filme no sangue que manchava as sarjetas enquanto caminhava para a escola. Quando Alessandra tinha oito anos, dois chefões ambiciosos, Salvatore Riina ("o açougueiro de Corleone") e Bernardo Provenzano ("o trator", assim chamado porque, nas palavras de um informante, "ele passa por cima das pessoas"), iniciaram o que se tornou uma guerra de máfia ao assassinar vários rivais sicilianos.[9] A década e meia que se seguiu, abrangendo a maior parte da adolescência de

Alessandra, ficou conhecida como *la mattanza*, "o massacre". Mais de 1.700 sicilianos morreram. Mafiosos eram baleados no carro, em restaurantes, enquanto andavam pelas ruas. Em um único dia em Palermo, em novembro de 1982, doze deles foram mortos em doze assassinatos separados. No entanto, durante tudo isso, turistas estrangeiros chegavam a Messina perguntando como chegar ao vilarejo de *O poderoso chefão*. "Não", pensava Alessandra. Aquilo era uma ilusão horrível e intencional. Era uma mentira. Tinha de ser corrigido.

Enquanto os corpos se amontoavam nos primeiros meses de *la mattanza*, a professora de Alessandra pediu a seus alunos de oito anos que escrevessem um ensaio sobre o que queriam ser quando crescessem. Deixem a mente voar, instruiu a professora. Vocês podem ser qualquer coisa, em qualquer lugar do mundo. Entusiasmada com a chance de escapar da violência e do medo de Messina, a maioria dos colegas de Alessandra escreveu caprichos de se tornar princesa, se mudar para os Estados Unidos ou ir para a Lua de foguete. Alessandra disse que ficaria onde estava. *Eu quero ser promotora antimáfia*, escreveu. *Quero colocar os gângsteres atrás das grades.*

Foi para realizar sua ambição que, em 1987, aos dezessete anos de idade, Alessandra pegou o trem em direção ao norte para estudar direito. Ao chegar na estação central de Milão no dia seguinte, ela se viu em uma nação diferente, mas rapidamente se encontrou. Ela se formou na Universidade de Milão em 1990, qualificou-se como magistrada em Roma em 1997 e entrou na Direção Distrital Antimáfia e Antiterrorismo, um departamento de elite em Milão, em 2005, com 34 anos de idade. Nos quatro anos seguintes, ela investigou a expansão da 'Ndrangheta pelo norte da Itália, descobriu casos de evasão fiscal de bilhões de euros no mundo da arte, foi juíza de um caso de recrutamento terrorista de alto nível e, em um fim de semana tranquilo, casou-se com um promissor policial *carabinieri* antimáfia, Paolo Blanca.[10]

Ninguém ficou surpreso por Alessandra se casar com alguém da área. Poucas pessoas de fora tolerariam a vida de cônjuge de uma promotora antimáfia. A ampla autonomia de que os promotores italianos gozavam em suas investigações era basicamente sua única liberdade. A constante ameaça à vida exigia que Alessandra vivesse isolada atrás de uma parede de aço – literalmente, no caso da porta de seu escritório e de seu carro blindado – e que fosse escoltada por quatro guarda-costas 24 horas por dia. A espontaneidade estava fora de questão; todos os seus movimentos eram planejados com um dia de antecedência. Uma vida normal – encontrar amigos e familiares, sair para jantar ou almoçar, fazer compras – era impossível. "Não vamos a lugar nenhum com multidões por causa do risco para os outros", disse Alessandra. Pela mesma razão, ela e Paolo haviam decidido, muito tempo antes, não ter filhos. "Eu teria que temer por eles", disse ela. "Da forma como as coisas são, eu não tenho medo por mim nem por meu marido."

Alessandra não gostava dos sacrifícios que o trabalho exigia, mas tinha passado a aceitá-los como úteis no desenvolvimento da personalidade de que precisava para enfrentar a máfia. Sua reação ao romantismo e glamour da máfia permaneceu como era em Messina: uma insistência nos fatos. Alessandra sabia que, para alguns, podia parecer fria e distante, vivendo uma vida triste e sem graça, regida por procedimentos, disciplina e evidências. Ela dizia a si mesma que precisava dessa distância – dos mafiosos, das vítimas, até mesmo da vida – para preservar sua perspectiva. Paixão, sangue, família, tragédia – isso era a máfia, e a máfia era inimiga. Ela tinha que ser o oposto: intelectual, forense e fria.

Aos 39 anos, o que tinha sido uma obstinação de menina havia amadurecido e virado equilíbrio, estoicismo e autocontrole. Em seu escritório espartano no Palácio da Justiça, Alessandra mantinha a escrivaninha limpa. Além de uma fotografia dos lendários promotores sicilianos Giovanni Falcone e Paolo Borsellino, ela pendurara apenas um desenho em grafite da Dama da Justiça e uma ilustração em pastel do Estreito de Messina. Entre seus funcionários, o foco frio da jovem promotora era o tema de discussão preferido. Ela não se assustava nem se emocionava, como alguns dos homens haviam previsto que aconteceria. Ao contrário, era inabalável, escrupulosa e terrivelmente calma – *legale*, diziam –, suas repreensões ainda mais esmagadoras por sua impassibilidade, seus sorrisos ainda mais encantadores por sua imprevisibilidade.

Dentro daquela vida estreita e monótona, Alessandra se permitia alguns prazeres. Todo mês de agosto, ela e Paolo saíam para passar férias no exterior sem guarda-costas e sem dizer a ninguém aonde iam – "o único momento em que posso ser livre", contou ela. Em uma estante do escritório, ela mantinha uma coleção de cinquenta globos de neve dispostos em três fileiras, registro comicamente espalhafatoso de uma década de tediosos congressos internacionais sobre crime. Alessandra também gostava de se vestir bem. No tribunal, usava ternos escuros e elegantes sobre blusas brancas simples. No escritório, usava xales de lã com botas de couro, ou jeans justos com jaqueta de couro, ou saltos com vestidinho sem manga, as unhas dos pés e das mãos pintadas de esmalte cor de chocolate no inverno e tangerina no verão. Não se tratava de ficar bonita para o mundo. Os promotores antimáfia raramente eram vistos por alguém. Ao contrário, o que estava em questão era a liberdade. Fazer seu trabalho e não ser definida por ele, aceitar suas restrições e não ser destruída por elas, enfrentar as ameaças de dez mil mafiosos e reagir com a graça e elegância de uma mulher – isso era estilo verdadeiro e, em um mundo de brutalidade masculina, uma demonstração de feminilidade inflexível e irredutível.

Durante sua estadia no norte, Alessandra tinha

mantido uma vigilância atenta na luta do sul contra a máfia. Era uma batalha longa e sangrenta. Depois que o estado interveio para tentar deter *la mattanza* nos anos 1980, juízes, policiais, *carabinieri*, políticos e promotores também se tornaram alvos. Somente em Palermo, a Cosa Nostra matou onze juízes e promotores. Em 23 de maio de 1992, a máfia detonou meia tonelada de explosivos sob uma estrada elevada fora da cidade, pela qual Giovanni Falcone, o mais célebre promotor italiano contra a máfia, estava dirigindo com a esposa e três guarda-costas da polícia. De tão grande, a explosão foi registrada nos monitores de terremoto da Sicília. Ao ouvir a notícia do assassinato de Falcone, seu colega promotor Paolo Borsellino, que havia crescido no mesmo bairro de Palermo e sempre ficara um pouco à sombra de Falcone, comentou: "Giovanni me venceu outra vez". Dois meses mais tarde, Borsellino e cinco policiais foram mortos por um carro-bomba em frente à casa da mãe de Borsellino em Palermo. Seis casas foram arrasadas e 51 carros, furgões e caminhões, incendiados.

A morte de Falcone foi para os italianos o que a do presidente John F. Kennedy foi para os americanos: todos se lembram de onde estavam quando ficaram sabendo. Para o pequeno grupo de sicilianos, como Alessandra, que tinha assumido a luta contra a Cosa Nostra, a perda de seus dois defensores foi profundamente pessoal. Na época, Alessandra tinha 22 anos, se formara em direito em Roma e acabara de começar a estudar para ser magistrada. O sacrifício de Falcone e Borsellino só fez com que os dois promotores parecessem mais heroicos. "Eles inspiraram toda uma geração", disse ela. "A morte deles nos tornou mais fortes." Até hoje, os dois promotores continuam sendo os titãs com os quais todos os promotores italianos se comparam. Uma foto de Falcone ou de Borsellino, e geralmente de ambos, está pendurada na parede de cada promotoria antimáfia na Itália, muitas vezes acompanhada por alguma frase famosa de Falcone. "A máfia é um fenômeno humano e, como todos os fenômenos humanos, teve um começo, uma evolução e também terá um fim" era uma das favoritas. "Aquele que não teme a morte morre apenas uma vez" era outra.

Com o tempo, até mesmo a Cosa Nostra reconheceria que os assassinatos haviam sido um erro de cálculo. Eles não deram aos mestres políticos do Ministério Público escolha senão abandonar as tentativas de negociar a paz com a máfia e tentar esmagá-la em vez disso. Cerca de 150 mil soldados foram despachados para a Sicília. A morte dos dois promotores também trouxe uma nova valorização de suas realizações.

A principal conquista de Falcone, Borsellino e seus dois colegas promotores, Giuseppe di Lello e Leonardo Guarnotta, foi finalmente desmentir a grande mentira siciliana. Após décadas de negação, a Cosa Nostra foi exposta não como um mito ou um filme, mas como uma organização criminosa global, sediada na Sicília, com extensas ligações com negócios e política na Itália e no mundo inteiro. O clímax de suas investigações, o maxiprocesso, levou 475 mafiosos ao tribunal, acusados de delitos que iam de extorsão a tráfico de drogas e 120 assassinatos.

Como Falcone e Borsellino conseguiram? Muitas de suas realizações se basearam em uma nova lei de 1982, o crime de associação mafiosa, que proibia qualquer relacionamento com a máfia, mesmo sem evidência de ato criminoso. Isso efetivamente tornava crime apenas nascer em uma família mafiosa e visava diretamente a omertà e as estreitas relações de sangue sobre as quais a máfia era construída. A nova legislação funcionou. Primeiro um punhado, depois muitos, depois centenas de mafiosos viraram *pentiti* (literalmente "penitentes"). Um grande número de parentes inocentes fez o mesmo. A partir das provas produzidas por eles, os promotores italianos conseguiram construir pela primeira vez uma imagem da estrutura interna da Cosa Nostra.

A outra inovação dos sicilianos foi abandonar a autonomia volátil de que gozavam tradicionalmente os promotores individuais. A autonomia em relação aos mestres políticos, que eram frequentemente alvo de investigações antimáfia, continuou sendo essencial. Porém, o individualismo habitual dos promotores muitas vezes se expressava de maneira menos útil, como lutar uns contra os outros por status. Em contraste, os promotores antimáfia de Palermo trabalhavam como uma equipe indivisível, o "*pool* antimáfia", como se autodenominavam, compartilhando informações, difundindo a responsabilidade e coassinando todos os mandados. Dessa forma, asseguravam que seu trabalho fosse coordenado e eficiente, e que nunca dependessem da saúde de nenhum deles.

Foi assim que, nos meses após as mortes de Falcone e Borsellino, outros promotores – primeiro Gian Carlo Caselli; depois os sicilianos

Piero Grasso, Giuseppe Pignatone e seu adjunto Michele Prestipino – retomaram de onde seus predecessores haviam parado. Em mais uma década e meia, os promotores e o pelotão de investigação de elite de Palermo terminaram a maior parte do que seus antecessores haviam começado. Em meados dos anos 2000, quase todos os chefes da Cosa Nostra estavam na cadeia, suas ligações com políticos do alto escalão estavam expostas e seus esquemas, embora ainda existissem, eram uma sombra do que haviam sido. Em abril de 2006, em uma cabana pequena e com poucos móveis nos arredores de Corleone, Pignatone e Prestipino estavam presentes para a prisão do último *capo tutti* da Cosa Nostra, Bernardo Provenzano, de 73 anos de idade, foragido havia 43.

Nas visitas de volta à Sicília, Alessandra viu a transfor-
mação em sua pátria. Nas ruas de Palermo e Messina, um novo movimento popular chamado Addiopizzo ("Adeus, *pizzo*", gíria mafiosa para extorsão) uniu lojistas, agricultores e donos de restaurante em uma recusa de pagar por proteção. Dezenas de milhares de manifestantes antimáfia marcharam de braços dados pelas ruas. A Cosa Nostra, em seu estado enfraquecido, foi incapaz de reagir. Quando um incêndio mafioso bombardeou uma *trattoria* antimáfia em Palermo, os moradores da cidade encontraram para os proprietários um novo local em um cruzamento movimentado no centro da cidade, onde o restaurante foi reaberto e rapidamente se tornou um dos destinos mais celebrados da área. Com o tempo, Palermo e Messina puderam ostentar no centro da cidade lojas dirigidas por um grupo ativista chamado Libera ("Livre"), que vendia azeite de oliva, molhos, vinho e massas feitas exclusivamente por agricultores que se recusavam a pagar proteção à Cosa Nostra.

Porém, com o fim da guerra contra a Cosa Nostra, uma nova ameaça tomou seu lugar. Durante *la mattanza*, do outro lado do mar, na Calábria, a 'Ndrangheta tinha inicialmente brincado de se juntar à guerra da Cosa Nostra contra o Estado, chegando a matar alguns policiais por si mesma. Contudo, os calabreses logo perceberam que, com os sicilianos e o governo tão distraídos, o jogo estratégico não era ficar do lado da Cosa Nostra, mas tomar seu negócio de narcóticos. A 'Ndrangheta pagou as dívidas dos sicilianos com os cartéis de cocaína colombianos, efetivamente substituindo-os na posição de parceiros de contrabando dos latino-americanos.

Carlo Cosco chegou a Milão em 1987, assim como Alessandra. No entanto, a intenção de Carlo não era se encaixar no norte da Itália, mas conquistá-lo – e o momento era perfeito. A 'Ndrangheta estava expandindo seu império de drogas para o norte através da Europa. Milão era uma base fundamental nessa expansão. E nunca existira um negócio semelhante ao tráfico de cocaína na Europa nos anos 1990 e 2000. Depois de saturar o mercado dos Estados Unidos, os produtores sul-americanos estavam procurando outros territórios para crescer. A Europa, com o dobro da população da América do Norte e um padrão de vida semelhante – mas, nos anos 1980, com apenas um quarto do consumo de cocaína visto do outro lado do Atlântico –, era a oportunidade óbvia. Com a ajuda da 'Ndrangheta, os cartéis inundaram o continente com a droga. Em 2010, o mercado europeu de cocaína igualou o americano em 350 toneladas por ano, no valor de 22 bilhões de euros. Na Espanha e na Grã-Bretanha, a droga se tornou tão típica da classe média quanto os Volvos e as feiras de orgânicos nos fins de semana.

Na estimativa dos promotores italianos, a 'Ndrangheta era responsável por três quartos disso. Ficou tão rica, e tão rápido, que era difícil manter o controle. Nas escutas telefônicas, os *carabinieri* ouviam membros falarem de sacos de dinheiro enterrados que apodreciam nas colinas e encararem a perda de alguns milhões aqui ou ali como algo inconsequente. No porto de Gioia Tauro, na costa oeste da Calábria, os oficiais apreendiam centenas de quilos de cocaína de contêineres de transporte marítimo, mas consideravam ter encontrado menos de 10% do que entrava. Um vislumbre de quanto a 'Ndrangheta tinha crescido veio nas primeiras horas de 15 de agosto de 2007 – o feriado nacional da Festa da Ascensão na Itália –, quando dois pistoleiros da 'Ndrangheta atiraram e mataram quatro homens mais velhos e dois jovens, de dezoito e dezesseis anos de idade, ligados a um clã rival em frente a uma pizzaria em Duisburgo, no coração industrial da Alemanha. Aparentemente, o norte da Europa se tornara território da 'Ndrangheta.

A Itália e a Europa tinham uma nova guerra de máfia a combater. E, embora seu império fosse global, a 'Ndrangheta permaneceu tão ligada à Calábria quanto a Cosa Nostra à Sicília. Em abril de 2008, dois dos promotores que haviam humilhado a máfia siciliana, Giuseppe Pignatone, então com sessenta anos, e Michele Prestipino, com cinquenta, tiveram seus pedidos de transferência para a Calábria aceitos. Seu amigo e aliado no esquadrão de Palermo, Renato Cortese, foi com eles. Enquanto os três montavam uma equipe que pudesse fazer com a 'Ndrangheta o que havia sido feito com a Cosa Nostra, eles perceberam que enfrentavam um problema. Muitos promotores italianos se mostravam reticentes com a ideia de ser alocados para um lugar universalmente considerado, ao mesmo tempo, um fim de mundo e um território inimigo. Em 2008, apenas doze dos dezoito cargos de promotores na Calábria estavam preenchidos, e a província tinha apenas cinco especialistas antimáfia. Em Milão, no entanto, Alessandra se candidatou. Ela estava pronta para voltar para o sul, explicou aos chefes. Entendia que o trabalho seria "mais arriscado", mais "difícil e complicado". Isso só o tornava ainda mais urgente.[11]

Em abril de 2009, Alessandra e Paolo fecharam seu

apartamento em Milão e voaram para o sul, seguindo o sol pela costa oeste da Itália. Quando o avião começou sua descida, Alessandra viu as ilhas Eólias a oeste, depois a Sicília e a neve do Etna ao sul, então as ruas de Messina abaixo. Ao passar sobre o largo azul do Estreito de Messina, ela admirou os rastros de espuma branca dos cargueiros enferrujados que contornavam a ponta da península italiana e viravam ao norte para Nápoles, Gênova, Marselha e Barcelona. Não foi a primeira vez que ocorreu a Alessandra que o arco preguiçoso da costa, de uma distância adequada, formava um dedo do pé muito grande.

O novo destacamento de segurança de Alessandra se encontrou com ela e Paolo no aeroporto de Reggio. Eles tomaram a via expressa para a cidade em uma caravana de dois carros. A estrada subia bem acima da cidade, contornando os terraços empoeirados que levavam ao interior da Calábria. Abaixo, estavam as ruas de paralelepípedos e os prédios residenciais em ruínas, cujos nomes eram familiares a Alessandra por causa de dezenas de investigações sobre tiroteios e bombardeios. Em algum lugar lá embaixo também estavam os bunkers, casas subterrâneas inteiras onde os chefes da 'Ndrangheta se escondiam por anos, surgindo por portas e túneis escondidos para ordenar novas matanças e planejar novos negócios.

Quando chegaram ao extremo norte de Reggio, os dois carros pegaram uma saída e mergulharam na cidade, descendo por curvas fechadas e sinuosas, chacoalhando em buracos e poças d'água, caindo cada vez mais aos trambolhões através de ruas estreitas antes de parar logo atrás da orla marítima. Uma vez em superfície plana, os motoristas aceleraram pelas ruas, passando por hotéis abandonados, cinemas fechados com tábuas e villas vazias antes de subir de novo em direção às colinas e entrar pelos portões de um quartel dos *carabinieri*. Em seus 3.500 anos de existência, Reggio havia sido uma potência mediterrânea, berço do reino da Itália, uma fortaleza normanda e um balneário da Riviera. Naquele momento, era um país de bandidos. Bairros inteiros eram interditados para os *carabinieri* e promotores. Para Alessandra e Paolo, o lar nos cinco anos seguintes seria um apartamento oficial sem nada nas paredes, enfiado no telhado do quartel, com vista para o Estreito de Messina.

4

Denise dormiu por uma hora e meia na noite do desaparecimento de Lea.[12] No dia seguinte, 25 de novembro de 2009, ela tomou café da manhã com sua tia Renata, caminhou com ela até o jardim de infância onde a tia trabalhava e passou a manhã fumando em silêncio com Andrea e Domenico em uma praça próxima. À tarde, Carlo telefonou e disse a ela para encontrá-lo no Bar Barbara. No caminho, Denise encontrou um primo do lado da família de Lea, Francesco Ceraudo, que morava em Gênova. Ela disse a Francesco que Lea estava desaparecida e perguntou se ele a tinha visto. Francesco ficou sem expressão.

– Você sabe de alguma coisa? – perguntou Denise.

– Absolutamente nada – disse ele, e seguiu seu caminho.

Todo o clã Cosco estava no Bar Barbara: Carlo, seus irmãos Vito e Giuseppe e tia Renata. Giuseppe e Renata estavam jogando videopôquer no canto. Giuseppe ganhou cinquenta euros e, sem jeito, deu o lucro a Denise. Após algum tempo, os *carabinieri* ligaram para o celular de Denise dizendo que precisavam falar com ela. Durante a ligação, uma viatura parou em frente ao bar. Vito perguntou o que estava acontecendo.

– Lea está desaparecida – explicou Carlo.

Os Cosco não iam deixar parente algum ir sozinho encontrar os *carabinieri*. Vito deixou Carlo e Denise na estação por volta das 20h30, e pai e filha entraram juntos. Lá, porém, o *carabiniere* marechal Christian Persurich disse a Carlo que precisava falar com Denise a sós, e a levou para uma sala de interrogatório. Ele lhe informou que, na Calábria, sua tia Marisa havia relatado o desaparecimento de Lea. Marisa dissera ainda aos *carabinieri* que Lea testemunhara contra a 'Ndrangheta e que ela e Denise haviam passado algum tempo no programa de proteção a testemunhas. Lea já estava desaparecida havia mais de 24 horas. Persurich precisava da história toda. Era para Denise levar o tempo que precisasse e não deixar nada de fora. O interrogatório seria estritamente confidencial.

Denise assentiu com a cabeça.

– Se minha mãe está desaparecida – começou –, provavelmente é porque foi morta pelo meu pai.

O marechal Persurich interrogou Denise por cinco

horas, terminando pouco antes das duas da manhã. Denise saiu e encontrou Carlo para lá e para cá na sala de espera, exigindo que os oficiais o deixassem ler a declaração dela. Ao ver a filha, Carlo a confrontou:

– O que você disse a essa gente?!

– Que você nos convidou para vir a Milão – respondeu Denise, sem demonstrar emoção. – Passamos alguns dias juntos. Você ficou de buscá-la. Mas não a encontrou. Então a procuramos por toda parte.

Carlo parecia pouco convencido. Cinco horas para isso?

No caminho de volta para a casa dos primos, Carlo e Denise pararam em um bar, o Drago Verde, ou dragão verde, em homenagem ao símbolo de Milão. Lá estava Carmine Venturino, o primo que dera haxixe para Lea fumar. Carmine tinha cara de bebê e parecia um malandro nato, e Denise havia gostado dele desde o momento em que o conhecera em um casamento na Calábria no verão anterior. Porém, naquela noite, eles não tinham nada a dizer um ao outro. Depois que Carmine e Carlo tiveram uma breve discussão sussurrada, Carlo levou a filha de volta à Viale Montello. Lá, Denise dormiu no quarto de Andrea pela segunda noite.

Na manhã seguinte, Carlo, Denise e um amigo de Carlo, Rosario Curcio, consultaram um advogado na cidade. Carlo disse ao advogado que queria ver as declarações de Denise. O advogado perguntou à garota o que ela havia dito aos *carabinieri*. Denise repetiu o que dissera a Carlo: que ela e a mãe tinham ido a Milão para passar alguns dias com o pai, e que Lea tinha desaparecido na última noite. Ela começou a chorar. O advogado falou que poderia tomar providências para que o desaparecimento de Lea fosse divulgado em televisão nacional. Havia um programa, *Chi l'ha visto?* [*Quem o viu?*], que pedia informações sobre pessoas desaparecidas.

– Ah, pelo amor de Deus! – gritou Carlo.

O advogado não entendeu nada. Carlo se levantou e saiu, deixando Denise chorando no escritório do homem.

Depois que Denise se recuperou, ela, Carlo e Rosario foram a um salão de beleza de propriedade da namorada de Rosario, Elisa. Carlo chamou Rosario para outra conversa em voz baixa. Elisa perguntou a Denise o que estava acontecendo. Denise caiu em prantos outra vez e explicou que a mãe havia desaparecido duas noites antes. Elisa comentou que era estranho, porque Rosario sumira por algumas horas na mesma noite. Eles tinham um encontro marcado, contou Elisa, mas Rosario tinha cancelado, depois desligado o celular. Quando ela finalmente conseguira falar com ele, por volta das 21h, ele dissera a Elisa algo sobre precisar consertar um carro com Carmine. Não fazia sentido. Por que a pressa repentina de consertar um carro? Por que à noite? Denise estava prestes a dizer algo quando Carlo interrompeu para avisar que ia levá-la de volta à Viale Montello. Ela dormiu no quarto do primo pela terceira noite.

No dia seguinte, três dias após o desaparecimento de Lea, Denise detectou uma melhora no humor de Carlo. Ele anunciou que iria com Denise para Reggio Emilia, não muito longe de Bolonha, passar a noite com outro primo. Partiram no início da tarde. Enquanto o pai dirigia, Denise, em silêncio, via o sol de inverno brilhar através dos álamos como um holofote passando pelas barras de uma cerca. Como a mãe dela podia simplesmente desaparecer? Como uma pessoa podia estar ali em um minuto e não haver sinal dela no outro? Como Denise voltaria a falar com o pai?

Em Reggio Emilia, ela foi dormir cedo, e Carlo e o primo saíram para jantar. Na manhã seguinte, Carlo levou Denise de volta a Milão, trocou o carro por uma BMW azul e anunciou que iriam imediatamente para a Calábria com mais dois amigos. Enquanto faziam as malas, Carmine chegou para se despedir. Denise ficou impressionada com sua expressão. "Rígida e formal", pensou. Havia algo por trás da maneira como ele evitava seu olhar.

Do banco de trás da BMW, Denise viu as grandes piazzas e lojas chiques de Milão darem lugar às terras planas e cinzentas das fazendas ao norte de Florença, depois às colinas cor de ferrugem da Toscana e Úmbria, e enfim, quando o sol afundou no mar a oeste, aos imponentes vulcões negros ao redor de Nápoles e Pompeia. Já estava escuro quando eles atravessaram para a Calábria. Denise sentiu a mudança da estrada, de asfalto liso para ondas desgastadas. O carro navegou uma sucessão quase interminável de obras na estrada, depois mergulhou no íngreme vale de Cosenza, deslizando pelas falésias enquanto descia o abismo antes de chegar ao fundo do vale.

Logo, Denise sentiu o carro virar à esquerda e acelerar de volta para as colinas. Registrou as curvas mais fechadas e o som de pneus raspando em pedras soltas. O frio da janela secou os rastros de suas lágrimas e as transformou em uma crosta salgada. Enquanto o carro se enchia do cheiro de pinheiros, a conversa entre os três homens assumia um tom alegre e jubiloso. "Eu só pensava na minha mãe", lembrou ela. "Eu estava só sentada lá atrás, chorando. Mas os outros – eles estavam tão felizes. Conversando, sorrindo, brincando e rindo alto."

Depois de uma hora de subida, o carro chegou a um desfiladeiro de montanha e começou a descer. À beira de uma floresta, ao lado de um riacho, eles chegaram a uma pequena aldeia. Estavam indo para o único lugar onde Carlo podia ter certeza de que Denise nunca mais falaria o que não devia. Pagliarelle.

"Pagliarelle" vem da palavra *pagliari*, que significa

abrigo. O nome celebra a forma como, durante milhares de anos, quando a neve do inverno derretia, os pastores da Calábria conduziam as ovelhas e cabras por uma trilha até as montanhas e encontravam um riacho em cujas margens os animais pastavam durante semanas. Mantendo um olho nos lobos e outro no mar no horizonte, os homens recolhiam pinho, faziam churrasco de carne de cabra, bebiam vinho e dormiam em um punhado de tendas abertas que cobriam com abeto e barro. No século 20, a trilha que vinha da cidade vizinha de Petilia Policastro foi asfaltada, a eletricidade chegou e o local de descanso dos pastores se transformou em um modesto assentamento de casas de pedra cinza e azulejos vermelhos, reunidas em torno de uma pequena praça central. O nome sobreviveu, assim como o riacho, que foi canalizado para uma fonte na praça, à qual as mães enviavam Lea e Carlo, na infância, para encher baldes no início do dia.

Foi ali, no alto das montanhas congeladas de granito do leste da Calábria, que Denise se viu andando em uma corda bamba de dissimulação nas semanas após o desaparecimento da mãe. Lea não fora apenas mãe de Denise. Após tantos anos sozinha, ela havia definido a vida de Denise, que se via de volta ao lugar de onde a mãe havia tentado escapar por tanto tempo, à deriva entre as pessoas que ela estava certa de que a haviam matado. Era impossível saber como se comportar. Sem corpo e sem enterro, Denise não conseguia viver seu luto. Carlo dizia às pessoas que Lea havia fugido, talvez para a Austrália, e Denise se viu obrigada a acreditar que seu pai assassino não havia de fato matado sua mãe corajosa, mas que, ao contrário, sua mãe volúvel abandonara o marido e a única filha, fugindo para uma nova vida ao sol. Denise sabia que sua semelhança com Lea – o mesmo cabelo, as mesmas maçãs do rosto – a tornava objeto imediato de suspeita. Pior ainda, Carlo estava fazendo um alvoroço do retorno de Denise. Após anos de problemas com a esposa e a filha, o chefe finalmente tinha colocado as duas mulheres em seu lugar – e queria que todos soubessem. Dez dias após o desaparecimento de Lea, Carlo organizou uma festa de dezoito anos para Denise, com centenas de convidados de Pagliarelle e Petilia Policastro, e até comprou um carro para a filha. Quando Denise se recusou a ir à comemoração, Carlo seguiu com a festa de qualquer maneira.

Na maior parte do tempo, Denise passava os dias tentando aprender com tia Marisa, com quem morava. Desde que Lea tinha denunciado pela primeira vez a 'Ndrangheta, em 1996, Marisa era forçada a fazer um teatro diário em Pagliarelle. Convencer uma aldeia inteira de que ninguém precisava ter dúvidas sobre ela exigia que Marisa não apenas contasse mentiras, mas que as vivesse também. Em sua mente, Marisa sufocou qualquer afeto que sentia por Lea e concentrou-se no ressentimento por sua irmã pelos problemas que ela havia causado. Denise percebeu que também teria de aprender a odiar a mãe. "Eu conhecia minha tia e a família dela", disse Denise. "Sabia como eles pensavam. Minha ideia era entender a mentalidade deles e ver se eu também conseguiria descobrir como viver lá. Eu não queria acabar igual à minha mãe. Queria continuar viva."

5

Denise não era a única que vivia uma mentira em Pagliarelle. Observar a filha de Lea era uma das melhores pistas para os *carabinieri* descobrirem o que havia acontecido com ela. Porém, qualquer lembrança da relação do Estado com Lea ou qualquer insinuação de que essa relação talvez continuasse com a filha seria suficiente para condenar Denise. Os *carabinieri* decidiram que a única presença estatal visível em Pagliarelle deveria continuar sendo o policial da aldeia. Sem serem vistos nem ouvidos, porém, dezenas de policiais vigiavam Pagliarelle dia e noite.

Ao longo dos anos, o desafio colocado pela máfia obrigara os serviços de segurança da Itália a inovar. Perseguir violentos membros da 'Ndrangheta através de terrenos montanhosos tinha levado os *carabinieri* calabreses a formar um esquadrão peculiar de Forças Especiais, os *cacciatori* (caçadores), uma unidade composta de franco-atiradores, especialistas em eliminação de bombas, operadores de armas pesadas, pilotos de helicópteros e alpinistas. A visão de um helicóptero dos *cacciatori* voando baixo sobre as montanhas Aspromonte era uma correção para quem duvidava que o Estado estivesse em uma guerra no sul da Itália.

Porém, mesmo os recursos dos *cacciatori* eram pequenos comparados aos usados pelas unidades secretas de inteligência da Itália. No mundo, apenas algumas unidades policiais especializadas podem escutar as ligações telefônicas de suspeitos ou espioná-los por meios eletrônicos. Na Itália, para se ter uma dimensão da ameaça representada pela máfia, as três forças policiais – a polícia doméstica, os *carabinieri* militaristas e os Guardian di Finanza, especializados em crimes econômicos – tinham divisões de vigilância que empregavam milhares de pessoas e, em 2009, o Estado italiano tinha grampeado um total de 119.553 telefones, usando 11.119 aparelhos de escuta. Quase nenhum tipo de reconhecimento era proibido. Para estabelecer o paradeiro dos alvos, policiais à paisana os seguiam, filmavam com minicâmeras escondidas e lentes de zoom maiores instaladas a distância – vários quilômetros do outro lado do vale, no caso de Pagliarelle –, e rastreavam o sinal de GPS dos celulares. Para descobrir o que os investigados estavam dizendo, hackeavam suas mensagens, ligações telefônicas, e-mails e conversas em redes sociais.

Em Reggio, quase um andar inteiro do gracioso edifício que servia como sede dos *carabinieri* da cidade havia sido transformado em um campo interno de espionagem eletrônica. No centro, havia uma sala de controle a partir da qual as perseguições e operações eram coordenadas. Ao seu redor, vinte escritórios menores, cada um dedicado a uma operação de vigilância diferente. Cada sala estava repleta de dezenas de telas, servidores, modens e fios pretos espessos e compridos. Trabalhando em turnos de seis horas que funcionavam ininterruptamente, dia e noite, oficiais em Reggio e uma equipe idêntica em Milão vinham seguindo chefões como Carlo havia anos. Escolhidos por sua facilidade com dialetos e sua capacidade de habitar a pele dos investigados, os operadores os conheciam tão bem que eram capazes de decifrar o significado de suas palavras a partir de um eufemismo ou mesmo de uma inflexão na voz. As equipes calabresas também tinham uma habilidade particular com as escutas. Plantavam dispositivos em carros, casas e jardins. Colocaram escutas em uma lavanderia de porão cuja localização subterrânea, cortadora de sinal, fazia dela um dos locais de encontro favoritos da 'Ndrangheta. Colocaram escutas em um pomar de laranjeiras onde um chefe gostava de fazer reuniões e, pela mesma razão, colocaram escutas em uma floresta. Uma vez se utilizaram do mesmo artifício até em uma estrada onde um chefe fazia caminhadas, rasgando o asfalto e voltando a asfaltá-lo com alcatrão, no qual foram embutidos dispositivos de escuta.

Tamanha engenhosidade trouxe resultados. No início de 2008, o esquadrão que caçava o *supremo* da 'Ndrangheta, Pasquale Condello, que tinha 57 anos e passara dezoito foragido, observou que a cada duas semanas, como se seguisse um cronograma, o sobrinho de Condello despistava a vigilância no centro de Reggio, trocando da garupa de uma moto para outra em uma série de mudanças coreografadas. Os *carabinieri* estavam convencidos de que as manobras eram uma preparação para o encontro com Condello. Um dia, um policial notou que o sobrinho usava sempre o mesmo capacete. Algumas noites mais tarde, outro *carabiniere* perfurou o silenciador de um carro, depois o dirigiu para cima e para baixo em frente à casa do sobrinho para disfarçar o som de um segundo policial invadindo e trocando o capacete por um idêntico implantado com um rastreador. Quando chegou a hora do próximo encontro, os *carabinieri* seguiram o sobrinho em suas acrobacias habituais, usando o rastreador, até uma pequena casa cor-de-rosa em uma ruela no lado sul de Reggio Calabria. Rodeado por mais de cem *cacciatori*, Condello se rendeu sem lutar.

Essa era a linha de frente na qual Alessandra se ima-ginava trabalhando ao ser transferida para a Calábria. Contudo, uma falta de pessoal fez com que, ao chegar, ela fosse designada para Reggio como juíza da cidade. Apesar de seu conhecimento de Milão e da

Calábria, e de seu interesse pelas mulheres da 'Ndrangheta, ela foi forçada a assistir de longe ao desdobramento do caso Lea Garofalo.

Mesmo assim, havia vantagens em um início tão tranquilo. Por um lado, a carga horária pouco exigente permitia muito tempo para reconhecer o terreno. Alessandra acompanhou as investigações ativas, conversando com os policiais na sede dos *carabinieri*, a uma curta caminhada do Palácio da Justiça. Em outros momentos, ela pesquisava a história da 'Ndrangheta. Em seu escritório, reuniu pilhas de arquivos de casos, transcrições de vigilância dos *carabinieri*, declarações de *pentiti*, artigos acadêmicos, livros de história e até mesmo relatos do folclore calabrês.

As origens da 'Ndrangheta eram familiares para uma siciliana como Alessandra. A maior força da organização ficava longe das grandes cidades, nas centenas de pequenos vilarejos de montanha como Pagliarelle, que se encontravam nos vales que levavam para longe da costa. Como na Sicília, muitos desses povoados haviam sido berço de algumas das primeiras civilizações da Europa. Alessandra leu que pinturas de touros datadas de 12.000 a.C. haviam sido encontradas em cavernas da Calábria. Em 530 a.C., Pitágoras ensinava matemática em Kroton (mais tarde, Crotone) na planície abaixo de Pagliarelle, enquanto os cidadãos da vizinha Síbaris bebiam vinho canalizado para suas casas por vinodutos. Como os sicilianos, os calabreses tinham seu próprio idioma arcaico, nesse caso, o greco-calabrês, um dialeto grego remanescente da Idade Média, quando a Calábria fazia parte do Império Bizantino.

Mais uma coisa que a Calábria tinha em comum com a Sicília: desde o início, era uma terra à parte. Muitos dos vales eram acessíveis apenas a partir do mar, naturalmente isolados atrás de encostas íngremes de montanhas, densas florestas de pinheiros e, no inverno, neve que podia deixar vilarejos bloqueados por meses. Durante milhares de anos, não havia ninguém para defender as famílias que viviam nesses vales. Elas cuidavam das oliveiras, pescavam no mar e olhavam o horizonte enquanto exércitos invasores vinham de Roma, Alemanha, Arábia, Espanha, França, Itália e América. Eram pobres, resilientes e resolutamente autônomas, e, à medida que o norte da Itália eclipsava constantemente o sul, seu distanciamento do restante da península italiana só crescia. Quando, em 1861, um grupo do norte começou a enviar burocratas, professores e *carabinieri* para os vales com o objetivo de proclamar o governo de uma Itália recém-unida, foram as famílias que repudiaram, frustraram e ocasionalmente mataram os colonizadores.

No início, as famílias não tinham nenhuma conexão com a máfia. O fenômeno do crime organizado surgiu na Itália na década de 1820, com a Camorra, em Nápoles, e depois, nas décadas de 1840 e 1850, com o que se tornou a Cosa Nostra, na Sicília. Em ambos os casos, os criminosos comuns se encontravam presos com revolucionários burgueses cultos que lutavam contra o domínio estrangeiro e o feudalismo, e que muitas vezes se organizavam em seitas maçônicas. Como patriotas, os rebeldes ensinaram aos futuros mafiosos a importância de uma causa justa. Como maçons, ensinaram a hierarquia, e o poder da lenda e da cerimônia.

Quando a Sicília simultaneamente se unificou com o norte da Itália e acabou com o feudalismo, o caos que se seguiu deu aos criminosos do lugar a oportunidade de colocar essas novas lições em prática. Embora os duques e generais do norte liderando a unificação descrevessem esse processo como um ato de modernização, muitos sulistas o consideraram apenas mais uma conquista estrangeira. Somando-se ao descontentamento, o efeito imediato do advento da propriedade privada na Sicília deu lugar a uma erupção de disputas de propriedade. Para se protegerem, proprietários de terras, cidades e vilas criaram milícias que, por uma taxa, protegiam seus bens, caçavam ladrões e resolviam conflitos. Para serem eficazes, esses grupos exigiam homens que intimidassem os outros. Criminosos endurecidos pela prisão eram uma escolha natural.

Logo esses bandos de capangas estavam se chamando de *mafiosi* – mafiosos –, um termo derivado da palavra siciliana *mafiusu*, que significa superioridade ou bravata. O novo nome era, na verdade, um reposicionamento. Os criminosos violentos sempre haviam sido capazes de inspirar medo. Os mafiosos também queriam respeito. Embora não negassem um interesse criminoso egoísta, eles insistiam que aquela nova empreitada era honrosa: proteger os pobres sulistas dos proprietários de terras gananciosos e do norte opressivo. Naturalmente, os sicilianos logo perceberam que as pessoas das quais mais precisavam de proteção eram os próprios mafiosos. Nascia a extorsão da proteção.

De acordo com as leituras de Alessandra, quando o crime organizado chegou à Calábria, uma ou duas gerações mais tarde, repetiu muitos dos mesmos padrões. Como a Cosa Nostra, a máfia da Calábria começou na prisão. Um dos principais centros administrativos calabreses era Palmi, uma cidade montanhosa com vista para a costa leste que, sendo a capital provincial do *piano* de Gioia Tauro, a planície do estuário, contava com uma delegacia, uma sala de audiências e uma prisão. Na primavera de 1888, bandos de marginais, muitos deles formados na cadeia da cidade, começaram a protagonizar brigas de facas nas tabernas, bordéis e piazzas de Palmi. À medida que o calor aumentava, com o verão se aproximando, aquilo pareceu fomentar um violento vandalismo entre os ex-presidiários, que começaram a correr as ruas, golpeando cidadãos com facas e navalhas, extorquindo apostadores, prostitutas e proprietários de terras, roubando gado e cabras, até mesmo ameaçando magistrados, a polícia e editores de jornais.

Naqueles primeiros tempos, os protótipos de mafiosos se chamavam *camorristi*, uma cópia direta da máfia de Nápoles, ou *picciotti*, uma palavra que o historiador britânico John Dickie traduz como "rapazes com atitude".[13] Se eram unidos, era principalmente por seu estilo de dândi: tatuagens, topetes extravagantes, lenços de seda atados no pescoço e calças apertadas nas coxas e largas no tornozelo. Em sua história das três grandes máfias italianas, *Irmandades de sangue: as origens das máfias italianas,* Dickie descreve como a cultura *picciotto* se espalhou pela Calábria em meses.[14] Como todas as modas dos homens jovens, ela poderia ter morrido tão rapidamente quanto surgiu se não tivesse penetrado nos vales das colinas. Ali, as famílias tinham pouco gosto pela vestimenta dos *picciotti,* mas o interior remoto e defensivo da Calábria era um território fértil para um movimento cujos métodos eram principalmente físicos e cuja desconfiança do Estado era pronunciada. Assim como mandavam em tudo nos vales, as famílias logo começaram a mandar na *piccioterria*.

Um objetivo central de todas as máfias era criar um consenso em torno do poder. Sempre que se levantava a questão do poder – político, econômico, social, divino –, a resposta tinha de ser a máfia. As máfias italianas tiveram a sorte peculiar de as circunstâncias conspirarem para enxertar sua empreitada na mais duradoura das estruturas de poder do sul da Itália: a família. Na Sicília, a máfia passou a ser conhecida como Cosa Nostra, que significa "coisa nossa", e Coisa Nossa era, na verdade, Nosso Segredo Familiar, uma superação do Estado do norte construída sobre a intimidade e a obediência dos parentes. Da mesma forma, na Calábria, as famílias do vale deram aos *picciotti* uma hierarquia pronta, ordem, legitimidade e sigilo. Isso – lealdade ao sangue e à terra natal – foi o fundamento de todos os horrores que viriam.

Na virada do século 20, os bandidos de rua da Calábria haviam sido organizados em células locais chamadas *'ndrine*, cada uma com território, hierarquia e chefe próprios. No início, os *picciotti* eram úteis para pequenos trabalhos: apropriar-se do campo de um vizinho para as vacas do chefe, resistir às cobranças de aluguel de proprietários intrometidos, ou extrair dinheiro de proteção da *trattoria* do bairro. Roubo em estradas, contrabando, sequestro e agiotagem eram lucrativos para os *picciotti* mais empreendedores. Os chefes também assumiam tarefas adicionais, como resolver disputas de propriedades ou defender a honra de uma mulher.

Porém, com os *picciotti* sofrendo sucessivas repressões por parte das autoridades, alguns se perguntavam como poderiam virar o jogo contra o Estado. Se a fonte do poder do mundo mais amplo vinha do dinheiro, eles raciocinaram, será que a maneira de atacar esse mundo externo não era se aventurar nele, roubar seu dinheiro e tomar seu poder?

A máfia calabresa logo passou a usar o dinheiro para comprar favores dos *carabinieri* e do Judiciário. Depois disso, vieram os subornos a partidos políticos, a prefeituras, à burocracia estatal e ao Parlamento italiano. Com o tempo, as famílias também puderam infiltrar seus próprios homens nessas instituições. Os infiltrados então defraudaram e desviaram fundos públicos para empresas de propriedade da máfia, como construtoras, coletoras de resíduos e estivadoras. As eleições eram fraudadas e mais lealdades eram sucessivamente compradas. Aqueles que não podiam ser corrompidos ou intimidados eram espancados, explodidos ou mortos.

Tudo isso era familiar a uma siciliana como Alessandra. Entretanto, os calabreses superavam seus pares em dois aspectos. Se os sicilianos recrutavam de uma área determinada, os calabreses dependiam da família: quase sem exceção, os *picciotti* nasciam em uma *'ndrina*, ou entravam nela pelo casamento. E, enquanto os sicilianos certamente contavam histórias sobre si mesmos, os calabreses sonharam lendas que teciam honra, religião, família e separatismo do sul da Itália em um elaborado e quase impenetrável véu de distração.

No início do século 20, os membros da 'Ndrangheta traçavam suas origens a três cavaleiros medievais errantes. São figuras que aparecem nos mitos de criação da máfia da Ásia à África e à Europa.[15] Na versão da 'Ndrangheta, os cavaleiros eram irmãos espanhóis – Osso, Mastrosso e Carcagnosso – que haviam fugido da pátria depois de vingar o estupro da irmã. Desembarcando na pequena ilha de Favignana, ao largo da costa oeste da Sicília, e refugiando-se em cavernas úmidas e frias no mar, o trio cultivou um sentimento de justo ressentimento e lealdade familiar firme durante 29 anos longos, desconfortáveis e úmidos. Com o tempo, suas discussões tornaram-se a base para uma irmandade fundada na defesa mútua. Com a Sociedade Honrada, que jurava proteger todos os membros, e eles a ela, nenhum forasteiro jamais pensaria em humilhar outra vez os irmãos e suas famílias. Quando os irmãos se sentiram prontos para levar sua criação ao mundo, Mastrosso viajou a Nápoles para fundar a Camorra em nome da Madonna (Nossa Senhora), Osso navegou para a Sicília e fundou a Cosa Nostra em nome de São Jorge e Carcagnosso tomou uma terra entre seus dois irmãos – a Calábria –, onde estabeleceu a 'Ndrangheta em nome de São Miguel Arcanjo.

A história, é claro, é só palavrório. A máfia calabresa não tem séculos – mal tem 150 anos. A história dos três cavaleiros também parece copiada da história da Garduña, uma mítica sociedade criminosa espanhola do século 15 cuja lenda fundadora seria familiar a membros da 'Ndrangheta desde a época em que a Espanha governava a Calábria. A ironia é que a maioria dos historiadores concluiu que a Garduña era, também, uma invenção.[16] Era, então, uma tentativa mafiosa de enganar os outros com uma ficção gângster que, de fato, os tinha enganado.

Esse, no entanto, estava longe de ser o único exemplo de faz de conta mafioso. O nome com som de antigo da 'Ndrangheta não derivava de uma herança venerável; como Dickie descobriu, era um artifício moderno que apareceu pela primeira vez em relatórios policiais nos anos 1920 e em reportagens nos anos 1950.[17] Alessandra encontrou ficções mafiosas mais recentes na forma de vídeos da internet que pegavam cenas de filmes de gângsteres americanos como *O poderoso chefão* e *Os bons companheiros* e colocavam como trilha sonora canções folclóricas calabresas. As letras dessas melodias não eram lá muito poéticas, mas nem por isso eram menos arrepiantes:

Manter a honra da família.
Vingar meu pai.
Preciso usar com habilidade armas e facas
Porque não paro de pensar nisso.
A dor em meu coração –
Só pode acabar se eu vingar meu pai.

Havia ainda os rituais "antigos". Para o filho de um chefe, Alessandra leu, eles podiam começar logo após o nascimento. Um menino recém-nascido era colocado, esperneando e gritando, em uma cama, com uma chave ao lado da mão esquerda e uma faca ao lado da direita, representando o Estado e a máfia. O primeiro dever de uma mãe da 'Ndrangheta era garantir, com alguns empurrões cuidadosos, que o filho agarrasse a faca e selasse seu destino. Em *Tired of Killing: The*

Autobiography of a Repentant 'Ndranghetista [*Cansado de matar: a autobiografia de um 'Ndranghetista arrependido*], Alessandra leu sobre o início da vida de Antonio Zagari, filho de um chefe da 'Ndrangheta que virou informante em 1990.[18] Em seu livro, Zagari descreve um período de experiência de dois anos, durante o qual se esperava que um *picciotto* adolescente provasse seu valor cometendo crimes e até matando, além de aprender de cor a fábula de Osso, Mastrosso e Carcagnosso e um conjunto de regras e prescrições sociais. Depois, veio uma cerimônia de iniciação formal. O ritual começou quando Zagari foi conduzido a uma sala escura na qual um grupo de membros da 'Ndrangheta estava reunido em círculo. No início, Zagari foi excluído. O chefe dirigiu-se aos membros, perguntando se eles estavam "à vontade".

– Muito à vontade – responderam eles. – Com o quê?

– Com as regras – disse o chefe.

– Muito à vontade – responderam mais uma vez.

O chefe então "batizou" a reunião em nome da Sociedade Honrada "como nossos antepassados Osso, Mastrosso e Carcagnosso batizaram-na... com ferros e correntes". Cerimonialmente, confiscou todas as armas. A congregação confirmou sua lealdade à Sociedade sob pena de "cinco ou seis facadas de punhal no peito". O chefe então comparou sua empreitada em comum a "uma bola que perambula pelo mundo inteiro, fria como gelo, quente como fogo e fina como seda". Após os membros do círculo afirmarem três vezes que estavam prontos para aceitar um novo membro, eles abriram a roda para admitir o recém-chegado. O chefe cortou uma cruz no dedo de Zagari para que sangrasse sobre uma imagem ardente de São Miguel enquanto entoava:

– Como o fogo queima esta imagem, assim você queimará se for manchado pela infâmia.

Era a deixa para Zagari fazer seu juramento:

– Juro perante a sociedade organizada e fiel, representada por nosso honrado e sábio chefe e por todos os membros, cumprir todos os deveres pelos quais sou responsável e todos aqueles que me são impostos, até com meu sangue, se necessário.

Finalmente, o chefe beijou as duas bochechas de Zagari, recitou as regras da sociedade e fez uma homilia à humildade, à ilha de Favignana e ao sangue – que, caso alguém não tivesse entendido, era a essência da bola gelada, ardente, sedosa e errante que ele havia mencionado anteriormente.

Era surpreendente alguém levar aquilo a sério, pensou Alessandra. Certamente, o medievalismo mentiroso das performances da 'Ndrangheta fazia historiadores se engasgarem. Dickie comparou os "delírios solenes" de seu ritual de iniciação a uma cerimônia de escotismo que cruzava *O senhor das moscas* com Monty Python. Um dos historiadores mais eminentes da máfia italiana, Enzo Ciconte, também desdenhou das "fantasias de Chapeuzinho Vermelho" da 'Ndrangheta.[19] Porém, Ciconte advertiu que ridículo não era o mesmo que sem significado: "nenhum grupo de pessoas consegue durar muito só pelo uso da violência, só por matar, roubar e furtar – é preciso algum tipo de fé ou ideologia. A 'Ndrangheta não tinha tradição. Tinha de inventar uma".

Era um bom argumento, pensou Alessandra. O que importava na fé não era a plausibilidade, mas a crença. A maioria das principais religiões se agarrava a mitos improváveis e histórias sagradas, que chamavam de milagres ou atos de Deus. Poucas foram prejudicadas por pessoas rindo delas – muito pelo contrário. Mais importante, uma mentira era apenas isto: uma mentira, uma ficção, uma fraude. Ninguém estava alegando que os chefes da 'Ndrangheta acreditavam nisso. Afinal, eram eles que contavam.

Uma pergunta melhor era por que os chefes da 'Ndrangheta achavam tão oportunas essas fantasias decorosas. A resposta se encontrava em sua espetacular ascensão. Por mais que o culto da 'Ndrangheta parecesse, ao exame acadêmico, artificial e derivativo, ele havia garantido à organização a lealdade e o sigilo de seus membros, o medo e o respeito dos calabreses comuns e, como resultado, um denso manto de opacidade sob o qual ela se escondia do mundo. As histórias da 'Ndrangheta podem ter sido atraentes para os calabreses por causa de sua própria desconfiança do Estado ou de seu senso de teatro, ou simplesmente porque eram transmitidas de pai para filho com a solene convicção de uma verdade sagrada. A questão era que funcionavam. Foi com o mito que a 'Ndrangheta assumiu um propósito moral quando era evidentemente imoral, se pintou como romântica e divina quando era vil e profana e convenceu as pessoas de que era sua defensora justa enquanto as roubava e assassinava. Foi com o mito que quem estava dentro da organização se convenceu de estar seguindo um código mais elevado e quem estava de fora dela se via perplexo até mesmo pelas perguntas mais simples, como quem era quem. Tudo aquilo era uma enorme mentira, mas era uma mentira que explicava como, quase sem que ninguém percebesse, um pequeno grupo de famílias das colinas ermas do sul da Itália havia se tornado a mais formidável máfia do século 21.

Alessandra ficou fascinada com os meandros da-

quela enganação. A 'Ndrangheta era um quebra-cabeça extraordinário, um mosaico de vários níveis. A partir de transcrições de telefonemas e conversas sob escuta, ela descobriu que os membros da 'Ndrangheta tinham sua própria linguagem, *baccagghju*, gírias oriundas do greco-calabrês cujo significado era obscuro para quase todos, exceto para os iniciados. Mesmo quando falavam italiano, usavam um código de metáforas para encobrir seu significado. Uma família da 'Ndrangheta em parceria criminosa com outra se descreveria como "andando com" aquela outra família. Em vez de exigir dinheiro de proteção, os membros da 'Ndrangheta pediam uma "doação para os primos", alusão aos homens na cadeia cujas famílias precisavam de apoio. Um chefe que descrevesse um homem como "perturbador" ou "problemático" estava emitindo uma sentença de morte indireta, mas inequívoca. Os eufemismos podiam ser altamente convolutos. *Pizzo*, a palavra para um pagamento por extorsão, era um termo cuja origem era o "pedaço" de chão sobre o qual um prisioneiro do século 19 dormia na prisão, que era determinado de acordo com a proximidade com o chefe. Fora da cadeia, no século 20, tinha passado a denotar o imposto que um chefe esperava dos bens imobiliários dentro de seu território.

Decifrar o verdadeiro significado do dialeto da 'Ndrangheta era uma luta constante.

– É preciso se tornar mais perspicaz, mais capaz de decifrar – falou Alessandra a Paolo enquanto jantavam em seu apartamento. – Mafiosos muito raramente fazem uma ameaça direta. Em vez disso, enviam mensagens com um significado duplo.

Até o menor gesto poderia ter a maior importância.

– Eles podem ordenar um assassinato apenas olhando para alguém da cela do réu no tribunal.

Uma das mentiras mais audaciosas da 'Ndrangheta era sua relação com a igreja. A 'Ndrangheta era claramente uma organização nada cristã, mas, como vinha da mais católica das terras, simplesmente insistia no contrário. Invocava os santos, especialmente Nossa Senhora e São Miguel Arcanjo, imitava a oração e as missas da igreja em seus rituais, e cooptava e criava sacerdotes. Na missa, alguns padres nas áreas da 'Ndrangheta exortavam seus congregados a resistir aos forasteiros. Nos dias santos, ordenavam aos celebrantes que se curvassem diante das estátuas da Nossa Senhora em frente à casa do *capo*, enquanto, na Páscoa, a honra de levar estátuas de Jesus, São João e Nossa Senhora era reservada aos *picciotti*. O exemplo mais impressionante da 'Ndrangheta subvertendo o cristianismo acontecia no dia 2 de setembro de cada ano, quando multidões de milhares se reuniam na pequena cidade de San Luca, nas montanhas Aspromonte, para a festa da Nossa Senhora de Polsi. Entre os peregrinos, havia centenas de membros da 'Ndrangheta, incluindo os chefes de todos os clãs, que desde pelo menos 1901 usavam o evento como cobertura para sua Assembleia Geral Ordinária, chamada *gran crimine*. À vista de todos, os chefes sentavam-se em uma mesa lotada de massa e molho de carne de cabra, apresentavam suas contas anuais – o que haviam ganhado, quem haviam matado – e elegiam um novo *capo crimine* para o ano seguinte.

– A igreja tem muita responsabilidade em tudo isso – comentava Alessandra com Paolo. – É culpada de coisas muito, muito, *muito* terríveis.

Embora a organização achasse o cristianismo útil, Alessandra concluiu que, em sua essência, a 'Ndrangheta era mais um culto de sangue. O sangue era a ligação entre as famílias, que eram a força da 'Ndrangheta. O ato de derramar sangue também era reverenciado como uma fonte de poder temível. Isso tinha levado a algumas rixas imperdoáveis dentro da organização. O massacre de Duisburgo de 2007 – que a polícia identificou como um ataque a uma celebração de iniciação da 'Ndrangheta quando uma imagem queimada de São Miguel foi encontrada no bolso do morto de dezoito anos – era a mais recente atrocidade em uma briga entre dois clãs de San Luca. A briga havia começado em 1991, quando um grupo de meninos de uma família jogou ovos podres na janela de um bar de propriedade de outra. Incluindo Duisburgo, nove pessoas haviam morrido desde então. Muitas outras haviam sido feridas. Para evitar serem baleados, membros da 'Ndrangheta em San Luca se escondiam no porta-malas de um carro só para percorrer cem metros. Os assassinatos eram cronometrados para causar o máximo horror. No ano anterior a Duisburgo, um chefe de um clã foi paralisado por uma bala que atravessou sua coluna enquanto ele estava em pé em uma sacada, ninando o filho recém-nascido. Por vingança, a esposa de um chefe rival foi morta a tiros na casa da família no Natal.

Por que a crueldade? Para a 'Ndrangheta, a resposta era fácil: incutir medo e adquirir poder. Para cada um dentro da máfia, a questão era mais controversa. Por que entrar para a 'Ndrangheta se seu destino era passar longos períodos na prisão, infligir violência indescritível a seus vizinhos e, com toda a probabilidade, morrer jovem? Alessandra decidiu que tudo voltava à mentira. A 'Ndrangheta tinha usado suas fantasias sobre honra, sacrifício, lealdade e coragem para construir uma prisão ao redor de seus jovens, enjaulando-os em uma seita claustrofóbica baseada em sangue e carnificina. O orgulho da herança rural da 'Ndrangheta chegou a encorajar alguns de seus membros a imbuir sua violência de uma estética rústica. Frequentemente, porcos estavam envolvidos. Uma família que era alvo de intimidação poderia descobrir que os pescoços de todos os seus porcos machos haviam sido cortados. Em uma ocasião, os *carabinieri* registraram um membro da 'Ndrangheta gabando-se de ter espancado outro homem até deixá-lo inconsciente e depois dado o corpo para seus próprios porcos comerem. A sede de sangue também podia ser literal. Mais de uma vez, homens leais a um chefe assassinado foram vistos correndo para o local da matança, mergulhando os lenços no sangue do *capo* falecido e pressionando o pano encharcado em seus lábios.

Alessandra percebeu que o culto insincero a sangue, família e tradição da 'Ndrangheta também era responsável pela opressão de suas mulheres. A tirania misógina era bem real. Dirigindo pela pequena cidade da Calábria, Alessandra raramente via mulheres ao ar livre e, quando via, quase nunca estavam desacompanhadas. No entanto, foi com uma sensação de inevitabilidade que ela leu que os valores conservadores da 'Ndrangheta eram mais uma afetação.

Já em 1892, a 'Ndrangheta havia admitido duas mulheres bandoleiras entre seus membros. John Dickie encontrou registros de tribunal dos anos 1930 mostrando que os *picciotti* já haviam tido um forte apego pessoal e profissional à prostituição, tanto como cafetões quanto como clientes. Porém, parecia que a 'Ndrangheta acabara dispensando a prostituição porque, embora o negócio fosse lucrativo, era construído sobre características como infidelidade, disciplina frouxa e padrões desiguais que eram prejudiciais à ordem e ao controle. A cultura familiar fechada, rígida e isolada da Calábria tradicional, por outro lado, era perfeita para o crime organizado. Também foi por meio dos laços familiares que a 'Ndrangheta criou um polvo criminoso global a partir do padrão de emigração calabresa para os Estados Unidos, Canadá, Austrália, África do Sul e América Latina na década de 1920.

Quanto mais lia, mais Alessandra percebia que a verdadeira genialidade da 'Ndrangheta tinha sido a cooptação da família italiana. Quanto mais a organização se tornava indistinguível da tradicional cultura calabresa familiar, mais qualquer um que pensasse em sair precisava considerar que estaria abandonando tudo o que sabia e tudo o que era. Para a maioria, seria impossível ver além disso.

Porém, ao se sustentar na família, a 'Ndrangheta não estava apenas reforçando o sigilo e a lealdade. Ela havia compreendido que a própria família era uma espécie de corrupção. O inegável amor de uma mãe por um filho ou de uma filha por um pai – esses eram os tipos de vínculos que garantiam que até os mais cumpridores da lei a violassem. Os pais garantiam as vantagens que podiam para sua família. Os filhos nunca traíam seus pais. As mães, acima de tudo, faziam qualquer coisa para proteger seus filhos e levar uma terrível vingança para aqueles que os prejudicassem. A 'Ndrangheta era a família estendida e acentuada em uma entidade criminosa perfeita. Era, claro, uma transformação diabólica. O uso de crianças era nitidamente violência contra a criança, enquanto que perverter a família em um país como a Itália era envenenar a alma de uma nação. Era também um golpe de mestre. Se família era corrupção e família era a essência da Itália, então era pela família que a 'Ndrangheta podia subverter e até mesmo possuir a Itália.

Para que essa empreitada familiar pudesse funcionar, Alessandra estava convencida de que as mulheres precisavam ter um papel. A partir de sua leitura dos arquivos de casos e investigações, ela logo descobriu que tinham vários. As mulheres atuavam como mensageiras entre homens foragidos ou presos, passando pequenos bilhetes dobrados – *pizzini* – endereçados pelo uso de um código numérico. Se um homem fosse morto ou estivesse inacessível na cadeia, sua viúva poderia se tornar sua substituta de fato e continuar o negócio da família. Algumas mulheres atuavam como tesoureiras e contadoras.

Mais significativamente, as mulheres asseguravam o futuro da 'Ndrangheta, produzindo a próxima geração de mafiosos, criando filhos com uma crença inflexível no código de honra, vingança e omertà, além de um repúdio violento a forasteiros que, as mães sussurravam, eram fracos e sem vergonha, com sua conversa solta e mulheres mais soltas ainda. "Sem mulheres desempenhando esse papel, não haveria 'Ndrangheta", disse Alessandra. O segredo e o poder eram os fins. A misoginia masculina e a subserviência feminina, forçada ou mesmo voluntária, eram os meios.

O que confirmava a influência das mulheres dentro da 'Ndrangheta era que, embora frequentemente fossem vítimas de sua violência, também instigavam parte dela. Ao estudar as transcrições das escutas telefônicas, Alessandra ficou surpresa ao descobrir uma mãe do clã Bellocco que superava todos os homens em sede de sangue. Os *carabinieri* haviam conseguido colocar dispositivos em uma reunião familiar convocada para discutir a melhor maneira de vingar um de seus homens, morto em uma rixa de clã. Os homens propuseram matar o chefe de seus rivais ou mesmo alguns de seus homens. Então a mãe do falecido falou:

– Matem todos eles. Até as mulheres. Até as crianças.

A mulher queria uma família inteira de trinta pessoas varrida da face da terra.

Não havia como nada daquilo funcionar sem as mães, pensou Alessandra. Para uma promotora engenhosa e de cabeça aberta, essa era uma possibilidade sedutora. No século 21, outras Lea Garofalo deveriam existir por aí, mães da máfia infelizes com a vida e com o destino dos filhos. A mãe, a madona, era uma figura santa na Itália, e a 'Ndrangheta a corrompera e a curvara à sua vontade criminosa. Tinha de haver mulheres dentro da organização que odiavam a maneira como estavam sendo usadas. Tinha de ser possível para Alessandra oferecer a essas figuras cheias de informação uma vida diferente e persuadi-las a trair seus maridos e pais. Imagine se ela conseguisse.

– Quebraria a corrente – argumentou a seus colegas promotores. – Removeria as guardiãs das tradições da 'Ndrangheta. Se elas também levassem seus filhos, estariam removendo os futuros soldados. Seria muito especial, muito importante. Empobreceria toda a família mafiosa. Prejudicaria toda a cultura e a mentalidade.

Alessandra estava refinando sua teoria. A maneira de destruir a Família, ela estava começando a perceber, era usando suas *mamma*.

6

Em janeiro de 2010, Pignatone e Prestipino finalmente deram a Alessandra o trabalho que ela queria.[20] A partir do Ano-Novo, ela seria a promotora antimáfia da costa oeste da Calábria, trabalhando com os vilarejos do *piano* de Gioia Tauro, a cidade de Rosarno e o porto de Gioia Tauro. Ela se reportaria diretamente a Pignatone e Prestipino. Também teria um segundo promotor como assessor, Giovanni Musarò, de 37 anos, em seu primeiro grande posto.

Como Alessandra, Musarò foi atraído pelo dinamismo de Pignatone e Prestipino. "Eu era muito jovem, eles tinham uma enorme experiência em Palermo e trouxeram com eles uma maneira completamente diferente de trabalhar", disse. Inspirados em Falcone e Borsellino, o velho modelo de promotores como "heróis solitários" tinha acabado, contou Giovanni. A nova palavra de ordem era colaboração. "Eles faziam um grande esforço para criar uma equipe, compartilhando informações com os colegas e se comportando como uma democracia", declarou. Cada membro do grupo tinha forças diferentes. "Alessandra era movida pela ética e muito determinada. Pignatone tinha uma grande capacidade de prever os acontecimentos. Prestipino era muito inteligente e pragmático. Ele conhecia todas as investigações e todos os investigadores. Era capaz de ir até cada um de nós e dizer: 'de repente, procure a Alessandra, e encontrará tal coisa. Ou quem sabe vá aqui e pergunte a este investigador, e ele o ajudará com isso'."

Para Alessandra, o prêmio era seu novo território. Palmi, no extremo sul do estuário de Gioia Tauro, foi onde nasceu a 'Ndrangheta. Um século e meio depois, o *piano* permanecia como o coração do império, embora não desse para saber só de olhar, pensou Alessandra. A 'Ndrangheta era mais rica do que a maioria das corporações globais e, em Rosarno, considerava-se que até mesmo a menor das famílias 'Ndrangheta tinha 3, 4 ou 5 milhões de euros escondidos. No entanto, por algum motivo, em um país de campos de milho cor de âmbar, colinas de oliveiras e montanhas azuis salpicadas de vilarejos de telhado vermelho e magníficas cidades romanas e renascentistas, a 'Ndrangheta tinha se esforçado para transformar suas cidades em verrugas de feiura descuidada de concreto. Ao visitar Rosarno pela primeira vez, Alessandra sentiu como se tivesse chegado depois de um apocalipse. Tudo parecia queimado. As árvores estavam enegrecidas, e suas folhas, alaranjadas e quebradiças. O único parque era composto apenas de pedrinhas esfareladas e ervas daninhas secas. As ruas, cujo asfalto parecia lava derramada, estavam cheias de lixo. Tudo era coberto de grafites grosseiros. E a cidade estava morta. As lojas estavam fechadas ou desertas. Muitas das casas de blocos de concreto estavam inacabadas e vazias, os jardins eram canteiros de obras e as janelas sem vidro pareciam vazias como olhos em um crânio. Na *piazza* principal, ninguém se sentava nos bancos, ninguém comia nos restaurantes. De um lado, um parquinho infantil que consistia em um balanço enferrujado, um escorregador quebrado e um pedaço de concreto sujo de embalagens, pontas de cigarro e vidro quebrado. Alessandra sentia. O medo. A omertà. Tudo lembrava-a da Messina de sua infância.

Desvendar o paradoxo de como aquele lugar desesperador poderia ser lar de um império criminoso tão rico era essencial para compreender a história da ascensão moderna da 'Ndrangheta. Tudo começou às três da manhã de 10 de julho de 1973, quando um pequeno bando de capangas da 'Ndrangheta das aldeias ao redor de Gioia Tauro sequestrou John Paul Getty III, o neto de dezesseis anos do bilionário John Paul Getty, em frente à sua casa na Piazza Farnese, no centro de Roma. A quadrilha manteve o menino nas montanhas da Calábria durante cinco meses. Seu pai, John Paul Getty Jr., entorpecido por heroína no momento em que o filho fora levado, inicialmente pensou que o sequestro fosse uma farsa encenada pelo próprio garoto em troca de dinheiro. Os sequestradores ligaram para o patriarca da família, o primeiro John Paul Getty, e ameaçaram cortar os dedos do neto a menos que recebessem um resgate de dezessete milhões de dólares. Getty recusou, argumentando:

– Se eu pagar um centavo agora, terei catorze netos sequestrados.

Para pressioná-lo, a quadrilha cortou a orelha esquerda do jovem e a mandou para um jornal em Roma. O pedido foi acompanhado de um bilhete ameaçando mandar a segunda orelha em dez dias, a menos que o resgate fosse pago. O avô cedeu e pagou apenas 2,2 milhões de dólares, o valor máximo que, segundo seus contadores, seria bom para os impostos. Ele emprestou o saldo final do resgate, setecentos mil dólares, ao filho, o pai do menino, com juros de 4%.

John Paul Getty III nunca se recuperou de seu sequestro nem da indiferença do avô. Morreu aos 54 anos, alcoólatra e viciado em drogas, em uma cadeira de rodas, tendo desenvolvido uma deficiência aos 25 anos por uma combinação quase letal de Valium, metadona e bebida. Já para a costa oeste da 'Ndrangheta, esse começo sujo foi a semente de um império. Eles realizaram mais 150 sequestros. Em Gioia Tauro, usaram o dinheiro dos resgates para comprar caminhões de construção. Homens da 'Ndrangheta dentro do governo local garantiram que esses caminhões fossem contratados para a construção de uma usina siderúrgica perto do porto de Gioia Tauro. Quando o governo abandonou o projeto por não ser rentável, os caminhões foram trabalhar em um canteiro maior: a expansão do próprio porto.

Os próprios contratos de construção com o Estado – construção de estradas, ligações ferroviárias de alta velocidade e até parques eólicos e solares, ao mesmo tempo agiotando empréstimos a taxas extorsivas para forçar os rivais a saírem da concorrência – passaram a se tornar um gigantesco e lucrativo negócio da 'Ndrangheta. Na época em que Alessandra foi mandada para a costa oeste, um projeto para ampliar e reparar a rodovia arterial que vai do oeste da Calábria pela costa da Itália até Salerno tinha de alguma forma acabado custando ao Estado dez bilhões de dólares em três décadas pelo que ainda era pouco mais do que uma sucessão de obras rodoviárias.[21] A obra mais lucrativa, no entanto, foi o próprio porto de Gioia Tauro. Uma vez concluída sua expansão, o porto era a maior instalação de contêineres da Itália e a sexta maior do Mediterrâneo, com capacidade para carregar e descarregar milhões de contêineres por ano em um cais que se estendia por 3,5 quilômetros, e era apoiado por uma avenida de gruas gigantescas. A 'Ndrangheta, como única potência na área, tinha controle total. O grupo "taxava" cada contêiner que passava pelo porto a 1,50 dólar por vez. Ele cobrava dos operadores portuários a metade de seus lucros, uma renda anual que chegava a vários bilhões de dólares. Utilizava o porto para enviar armas ao redor do mundo. E nos anos 1980 e 1990, durante *la mattanza*, foi por Gioia Tauro que a 'Ndrangheta construiu seu império de cocaína.

Contudo, fora uma única rua de casas novas em San Luca apelidada de Via John Paul Getty, não havia sinal da riqueza da 'Ndrangheta. Para a mentira da máfia, uma fachada de pobreza era crucial. Ajudava a escapar da atenção do Estado e a acrescentar credibilidade à sua pretensão de ser defensora de um sul desfavorecido contra um norte opressivo. A 'Ndrangheta fazia um enorme esforço para manter seu fingimento. Quando Alessandra visitou Rosarno pela primeira vez, Domenico Oppedisano, um figurão da 'Ndrangheta de 78 anos, ainda podia ser visto com seu chapéu de feltro e seu terno empoeirado, dirigindo uma van de três rodas e entregando suas laranjas e limões na feira.

Para os 97% da população de Gioia Tauro que não eram da 'Ndrangheta, no entanto, a privação era real. A Calábria era a província mais pobre da Itália. A renda era cerca da metade da do norte, o desemprego era de 28% e, mesmo em 2009, arganazes assados eram considerados uma iguaria. O governo provincial, entretanto, era tão disfuncional que, em 2008, uma missão de averiguação da embaixada dos Estados Unidos concluiu que, se fosse um país independente, a Calábria seria uma nação fracassada.

Dirigindo pelo delta do estuário entre Rosarno e o porto, foi fácil para Alessandra adivinhar quem a tinha arruinado. A área era cortada por uma série de rodovias de duas pistas ligadas por um espaguete de ramais e rotatórias, uma moderna grade industrial construída com dezenas de milhões de euros doados pela União Europeia e pelo governo italiano. Economistas e burocratas em Bruxelas, ao que parecia, haviam imaginado uma nova zona de armazenagem para apoiar o porto, o que por si só reverteria a fortuna econômica de uma das áreas mais pobres da Europa. Inicialmente, as construtoras da 'Ndrangheta tinham ficado felizes em aceitar qualquer valor público que fosse oferecido. Depois, a 'Ndrangheta esmagou o projeto. Ameaças, violência e exigências de pagamentos de proteção paralisantes asseguraram que todas as empresas internacionais de transporte e logística propostas para o local, exceto uma, fechassem ou nunca tenham sido abertas. Ervas daninhas e matagais de bambu cresciam e invadiam a estrada. Estradas asfaltadas e baías de concreto rachavam e se abriam sob o sol. Buganvílias gigantes ultrapassavam os muros dos parques comerciais vazios. Palmeiras antes luxuosas haviam crescido grotescamente, suas explosões de folhas verdes, amareladas por uma camada de poeira pegajosa. Postes de iluminação eram onipresentes, mas sem vida, ligados a um campo de grandes painéis solares pretos que rapidamente desapareciam sob uma longa grama. Placas enferrujadas, algumas salpicadas por explosões de espingarda, apontavam o caminho para empresas agora extintas, cujos portões eram decorados com bandeiras internacionais branqueadas pelo sol. Diante de uma entrada grandiosa, havia um gigantesco globo de latão em cima de uma estaca em um ângulo estranho, um sonho de dominação mundial transformando-se, continente por continente, em uma pequena pilha de metal enferrujado no chão. O único sinal de vida era um rebanho de cabras pastando em valas de drenagem lotadas de papoulas, ranúnculos, flores cor-de-rosa e roxas e, ao lado, um campo de tendas de vários milhares de migrantes africanos, que as autoridades, ou possivelmente a 'Ndrangheta, haviam mantido caprichosamente fora de vista.

O lugar parecia uma zona de guerra. De certa forma, era mesmo. Cobrindo todo o cume de uma colina no alto do porto, havia um complexo de casarões e jardins espalhados, outrora pertencentes ao clã Piromalli, em cujo território ficava o porto. Dali, os Piromalli haviam supervisionado seu império como generais. O Estado tinha, no fim das contas, confiscado a propriedade, mas, como ninguém estava disposto a comprá-la, as casas e os jardins estavam vazios, uma lembrança obstinada e impossível de ignorar de onde estava o verdadeiro poder. Abaixo dos muros da *villa*, havia uma capela e um cemitério cheio de túmulos barrocos de membros da 'Ndrangheta. Como fora construída sem permissão, a autoridade local havia ordenado a demolição da capela, apenas para descobrir que nenhum empreiteiro estava disponível para fazer o trabalho.

Em toda Gioia Tauro, alguns empresários solitários haviam se posicionado. Um deles foi Antonino de Masi, que, nos anos 1990, decidiu diversificar o conglomerado de máquinas agrícolas familiares e começou a trabalhar com logística. O negócio havia naufragado sob a pressão da 'Ndrangheta, e De Masi buscava outros empreendimentos, como a construção de abrigos contra terremotos e fornos de pizza sem fumaça, ambos inventados por ele mesmo. Porém, ele se recusava a deixar sua sede. Esse simples ato de rebeldia lhe custou caro. Depois de receber inúmeras ameaças de morte, De Masi enviou a família para viver no norte da Itália. Ele mesmo era obrigado a se locomover em um carro blindado, ladeado por dois guarda-costas. Dois soldados do exército italiano uniformizados com fuzis automáticos e um jipe camuflado ficavam de guarda no estacionamento de seu escritório. De Masi se descrevia como "vivendo em território inimigo".[22]

Por que a 'Ndrangheta arruinaria sua terra natal? Porque De Masi estava certo. Como um homem de negócios rico, com os meios para alcançar sua ambição e a coragem de não pedir a permissão da 'Ndrangheta, ele era seu inimigo jurado. Não que a 'Ndrangheta odiasse o desenvolvimento. Apenas não tolerava nenhum outro poder além dela mesma. Dentro de seu território, não podia haver intrusão do mundo exterior e nenhuma fuga do mundo que a organização tinha criado. A educação, especialmente a que estimulava o livre pensamento, era desencorajada. O tipo de salvação oferecido pelo emprego remunerado com uma figura como Antonino de Masi também tinha de ser esmagado. A 'Ndrangheta até restringiu os caminhos físicos para sair dali. Havia apenas um ônibus por dia para Reggio Calabria. As estradas feitas pelas construtoras da 'Ndrangheta não se conectavam nem com as rodovias provinciais nem entre si. Pontes sobre rodovias e rios ligavam o nada com lugar nenhum. A ferrovia que ligava Gioia Tauro à Europa parava a 1,5 quilômetro do porto, fazendo com que toda a carga de um dos maiores portos de contêineres do Mediterrâneo europeu tivesse de ser carregada em caminhões de propriedade da máfia e conduzida por três minutos até a estação. Essa era a magnificência sufocante da 'Ndrangheta. O objetivo não era o dinheiro; era o poder.

Em 2010, os promotores antimáfia da Calábria estavam enfim juntando as peças do quanto a 'Ndrangheta havia acumulado influência. Até os veteranos de *la mattanza* como Pignatone e Prestipino ficaram surpresos. Se antes a 'Ndrangheta havia sido superada pela Cosa Nostra no tráfico de drogas, ela agora dominava todo o comércio europeu de narcóticos ilícitos. A cocaína era produzida e refinada na Colômbia, no Peru ou na Bolívia, transportada para o leste, geralmente para o Brasil ou a Venezuela, e de lá atravessava o Atlântico para a Europa via Caribe ou África Ocidental antes de desembarcar na Holanda, Dinamarca, Espanha ou Itália. Embora outros grupos criminosos estivessem envolvidos em cada etapa da jornada, como produtores e traficantes, a 'Ndrangheta tinha assumido uma posição de intermediária, supervisora e empregadora em toda a cadeia de abastecimento.

A criatividade era uma característica consistente desse império, em especial nos métodos de tráfico. Nas rotas marítimas através do Caribe, a 'Ndrangheta ou seus parceiros escondiam a cocaína sob arrastões de pesca cheios de peixe congelado ou dentro de latas de abacaxi, a costuravam dentro de bananas, ou até mesmo a dissolviam em garrafas de uísque. Outro truque era ocultar uma carga junto com etiquetas de segurança duplicadas dentro de um contêiner transportando outra carga. A droga poderia então ser retirada após atravessar o Atlântico, geralmente nos armazéns da alfândega ou em uma parada de reabastecimento, e os contêineres eram novamente lacrados com as etiquetas copiadas e enviados em seu caminho sem serem detectados. Para confundir ainda mais os agentes aduaneiros, dois navios podiam se encontrar no meio do oceano e fazer uma nova troca entre os contêineres.

Aeronaves eram outra opção. Em voos comerciais – pelo Atlântico para a África Ocidental, e pela África Ocidental para a Europa –, os contrabandistas usavam passageiros que engoliam até trinta saquinhos plásticos, totalizando uma carga total de um quilo cada. Em seguida, eles colocavam até quarenta "engolidores" em um avião, às vezes utilizando uma classe inteira de estudantes de intercâmbio africanos, que podiam pagar por vários anos em uma universidade estrangeira com uma só viagem. Membros da tripulação, que em geral passavam pela alfândega sem serem parados, eram outra boa opção. A maioria dos traficantes alistava comissários de bordo individuais, mas ocasionalmente recrutava equipes inteiras, incluindo os pilotos. Quando aviões particulares estavam disponíveis, os pilotos freelancer voavam a baixa altitude em pequenos propulsores, equipados com tanques de combustível aumentados, por milhares de quilômetros, cruzando o Atlântico, a partir da América Latina, para aterrissar na África Ocidental. Algumas vezes, os contrabandistas usaram um Boeing 727 envelhecido, que podia levar dez toneladas de cocaína de cada vez e que, em 2009, foi encontrado pelas autoridades de Mali no meio do Saara, abandonado e incendiado pelos traficantes depois de suas rodas quebrarem no pouso. A rota terrestre pelo Saara até o Mediterrâneo era talvez a mais dramática de todas as rotas de drogas, envolvendo comboios de 20 a 30 veículos 4x4 dirigindo para o norte por quatro ou cinco dias pelo deserto, navegando à noite e reabastecendo em uma série de postos avançados camuflados.[23]

Uma vez que as drogas chegavam ao Mediterrâneo, podiam ser levadas da Tunísia à Europa em navios de cruzeiro ou conduzidas no sentido anti-horário ao redor da costa, através da Líbia e do Egito, de Israel e da Turquia, uma viagem facilitada por guardas de fronteira e oficiais do exército. Para transportar cocaína pela Europa, era necessário um alto grau de subterfúgio. Toneladas de cocaína foram transportadas de Gioia Tauro para a Holanda escondidas sob flores destinadas ao maior mercado de flores da Europa, onde floristas tinham um segundo trabalho na lavagem de dinheiro da 'Ndrangheta. O pagamento que voltava pelo caminho inverso também era disfarçado. Bilhões de euros em crédito poderiam ser carregados em centenas de contas de apostas on-line. Uma vez, foram enviados 7,5 milhões de euros na forma de 260 toneladas de chocolates Lindt.[24]

Os promotores sabiam em quais *'ndrine* os colombianos confiavam a ponto de permitir a compra de cocaína a crédito. Sabiam quais famílias haviam diversificado e entrado para o tráfico de armas. Tinham investigado quem usava navios de contrabando em sua viagem de retorno para despejar produtos químicos perigosos e resíduos nucleares ao afundar barcos ao largo da costa da Somália. Ao longo das rotas de contrabando, os investigadores sabiam quais serviços aduaneiros, exércitos, rebeldes, extremistas islâmicos, oficiais, ministros, primeiros-ministros e presidentes ficavam com uma parte dos lucros. A alfândega de Moçambique, ponto médio de uma rota inteiramente lusófona do Brasil para Portugal via África, tinha sido comprada quase inteira. Assim como todo o governo da Guiné-Bissau, um pequeno país da África Ocidental e outra ex-colônia portuguesa, onde os soldados desobstruíam o tráfego das rodovias públicas para permitir a aterrissagem de narcoaviões.

O que mais fez os promotores refletirem foi como, conforme as recompensas do poder haviam se multiplicado, o mesmo ocorreu com a luta por ele. No início de 2010, a África Ocidental estava no meio de uma onda sem precedentes de golpes, guerras civis, revoluções e assassinatos impulsionados pela luta para enriquecer com o tráfico de drogas. Analisando o caos criado pela cocaína, os promotores perceberam que a 'Ndrangheta não tinha apenas arruinado a Calábria e minado o Estado italiano, mas feito o mesmo com grande parte do planeta. Isso deu nova urgência à missão. Não era a velha história de como as drogas eram prejudiciais. Era a história de como as drogas da 'Ndrangheta tinham prejudicado centenas de milhões de pessoas em países do outro lado do mundo, lugares dos quais poucos europeus tinham ouvido falar.

Essa tampouco era a parte mais preocupante. Em 2010, os promotores antimáfia da Calábria estavam vendo indícios de que as operações de lavagem de dinheiro da 'Ndrangheta minavam os mercados financeiros mundiais e até mesmo a soberania das nações. Giuseppe Lombardo, promotor que se especializou em rastrear o dinheiro da organização, disse que, com o crescimento da 'Ndrangheta, houve uma sofisticação financeira cada vez maior. Diante da necessidade de lavar quantidades cada vez maiores de dinheiro e observando como os mercados de ações do mundo tinham regulamentações cada vez mais brandas, algumas famílias da 'Ndrangheta fizeram suas primeiras incursões no mundo das finanças internacionais em meados dos anos 1980. Uma geração mais tarde, o que havia começado como uma experiência de diversificação e legitimação se tornara um gigantesco negócio multinacional de gestão de ativos dirigido por advogados, contadores e banqueiros da 'Ndrangheta em Milão, Londres e Nova York através de um labirinto de centros financeiros offshore especializados em sigilo e com impostos baixos: Chipre, Malta, Gibraltar, Ilhas Maurício, Suíça, Luxemburgo, Holanda, Ilhas Virgens Britânicas e outras colônias britânicas. A recessão global de 2007–2009, em especial, tinha sido uma bênção. Conforme as finanças legítimas secaram, empresas, bancos, mercados de ações e até partidos políticos se viram subitamente sem dinheiro. Para a 'Ndrangheta, essa crise de crédito provou-se uma chance única de converter o poder criminoso em poder econômico e político legal em todo o mundo.

A organização foi movida por duas motivações. Ela precisava lavar com segurança sua riqueza e queria tornar-se tão indispensável para a economia internacional que enfrentá-la seria um ato prejudicial para qualquer governo. De acordo com Lombardo, a 'Ndrangheta tivera grande sucesso em ambas as empreitadas. "Eles se tornaram um dos principais interlocutores no campo do crime", disse ele. "Mas, muito mais amplamente, se tornaram uma potência mundial."

De início, explicou Lombardo, a 'Ndrangheta havia comprado políticos que ofereciam proteção estatal e criado uma rede de contadores, advogados, corretores e outros facilitadores dentro do sistema bancário que permitiu que a organização limpasse e investisse seu dinheiro. Então, em uma segunda etapa crucial, a 'Ndrangheta tinha aberto sua estrutura financeira a grupos do crime organizado em todo o mundo: Cosa Nostra e Camorra, mas também tríades chinesas, organizações nigerianas, russas, colombianas e mexicanas, enfim, grupos criminosos de todas as partes do planeta. "A 'Ndrangheta desempenha o papel de agente de serviço para as outras máfias", contou Lombardo. "Eles colocam essa rede de profissionais financeiros que trabalham para eles à disposição de outras máfias. E, depois disso, quando se trata de finanças, todas as máfias andam juntas como uma grande máfia."

Isso significava que a 'Ndrangheta tinha trilhões de euros a seu comando. Tal tsunami de dinheiro a elevou a uma "posição fundamental e indispensável no mercado global", disse Lombardo, que era "basicamente essencial para o bom funcionamento do sistema econômico global". Essa nova centralidade proporcionou à 'Ndrangheta o nível de proteção que ela buscava. Também lhe ofereceu uma oportunidade de se entregar ao comportamento típico da máfia – bullying, intimidação, extorsão e chantagem – em uma escala totalmente nova. Lombardo tinha indícios de que a 'Ndrangheta manipulava regularmente os preços ou mercados de ações em seu benefício e até mesmo causara minicolapsos financeiros para criar oportunidades de compra.

O mais notável foi que o promotor tinha descoberto o gosto da máfia pelo endividamento do governo. "Encontrei uma enorme quantidade de capital empregado pela máfia para comprar títulos do governo e dívida do Tesouro", disse ele. No início, essa revelação confundiu Lombardo. Não havia um imperativo financeiro sólido para comprar títulos: os rendimentos costumavam ser baixos, e havia oportunidades muito melhores disponíveis em outros instrumentos financeiros. Até que ele percebeu que as motivações da 'Ndrangheta eram mais do que meramente financeiras. "Eles não precisam ficar mais ricos", disse ele. "Já são suficientemente ricos. Mas, ao lado do objetivo de ganhar dinheiro, está o objetivo de limitar a soberania nacional." A 'Ndrangheta sempre procurou minar o poder e a autoridade do Estado italiano, e estava fazendo o mesmo em todo o mundo. Fez isso comprando grandes parcelas da dívida de países estrangeiros, depois ameaçando esses países de transferir a dívida e provocar uma inadimplência financeira. A única opção de uma nação devedora era permitir que a 'Ndrangheta usasse seu território como base e local de lavagem de dinheiro. Até então, os promotores haviam coletado provas de que a 'Ndrangheta havia chantageado a Tailândia e a Indonésia dessa forma. Lombardo achava que a China e a Índia seriam as próximas. "Trata-se de condicionar o sistema econômico global, condicionar a cidadania global e condicionar as escolhas políticas das nações", declarou. "É assim que a 'Ndrangheta se torna governante não apenas de territórios na Itália, mas de outros países inteiros."

As investigações de Lombardo revelaram a 'Ndrangheta não apenas como uma ameaça para o sul da Itália, mas como um monstro global. Embora outras máfias fossem mais conhecidas, a 'Ndrangheta era a mais poderosa. Em nome do lucro e do poder, ela estava semeando guerra, caos e corrupção do Rio de Janeiro a Roterdã e a Reykjavik. Era o lado sombrio da globalização em carne e osso. De suma importância para os promotores italianos antimáfia, no entanto, a Calábria continuou sendo a chave para todo o empreendimento. Qualquer grande decisão empresarial – expandir território, entrar em um novo negócio, eliminar um rival – era levada para o antigo país. Em seus bunkers enterrados sob Reggio Calabria e Rosarno, e nos laranjais da planície de Gioia Tauro, os chefes decidiam o destino de nações. Ao ler os arquivos mais recentes dos casos, Alessandra percebeu que, com aquela nova repressão sobre a 'Ndrangheta, os promotores tinham nas mãos o destino de centenas de milhões, ou mesmo bilhões, de pessoas.

Os estímulos para a nova campanha do Estado

italiano contra a máfia foram vários: o clamor após o massacre de Duisburgo de 2007, a eleição, em 2008, de um novo governo publicamente comprometido em acabar com a ameaça do crime organizado e, no mesmo ano, a chegada à Calábria de Giuseppe Pignatone e Michele Prestipino, os destruidores da Cosa Nostra. A luta contra a máfia logo foi revigorada com novos recursos e energias. Durante 2008 e 2009, os *carabinieri* estavam com milhões de conversas sob escuta. Os membros da 'Ndrangheta ainda falavam quase sempre em enigmas e metáforas e, isoladamente, o significado de qualquer conversa era nebuloso. Porém, com o tempo e em conjunto, o volume de gravações se mostrou uma verdadeira revelação: o primeiro quadro completo da estrutura e dinâmica interna da 'Ndrangheta.

Houve várias surpresas. Até então, os promotores haviam entendido a 'Ndrangheta como uma aliança fraca de empresas familiares, cada uma com seu próprio território. A vigilância de Reggio Calabria e das cidades e aldeias vizinhas revelou que a estrutura horizontal de centenas de *'ndrine*, cada uma dirigida autonomamente por um chefe de família, ainda era a fundação da organização. Contudo, revelou-se também que, acima dela, estava uma nova hierarquia vertical e unificadora de onze fileiras. Várias *'ndrine* juntas formavam um agrupamento chamado *locale* ou *società*, administrado por um chefe supremo, assistido por um contador e um "gerente do crime" que supervisionava todas as atividades ilegais. Acima dos *locali*, estavam três autoridades regionais chamadas *mandamenti*, uma para a costa tirrena, uma para a costa jônica e outra para Reggio Calabria. Juntos, esses três grupos formavam um conselho chamado *la provincial*, *il crimine*, ou – o que chamou a atenção de Alessandra – *La Mamma*. Supervisionando tudo isso, havia um *capo crimine*, ou chefe dos chefes, que podia convocar um *tribunale*, de chefes superiores, para julgar um colega acusado de transgredir o código.[25] "Sempre havíamos pensado na 'Ndrangheta como um monte de organizações locais, menores", disse Alessandra. "De repente, percebemos que tinha uma estrutura federal e estava sendo administrada quase como uma organização militar."

Nos anos 1990, os *carabinieri* haviam captado a notícia de uma tentativa da 'Ndrangheta de unir os clãs. Ela acabou fracassando. Pelo que os *carabinieri* estavam ouvindo, desta vez, a reorganização tinha sido bem-sucedida. Por quê? Os velhos argumentos a favor de uma coordenação mais organizada para melhorar a eficiência e a disciplina ainda estavam lá, mas, em 2009, os *carabinieri* estavam detectando uma motivação mais sinistra: coordenar um ataque orquestrado às autoridades por meio de uma série de assassinatos e bombardeios. Em 31 de outubro de 2009, os *carabinieri* filmaram uma cúpula especialmente descarada da 'Ndrangheta nos arredores de Milão, na qual 22 chefes levantaram a taça para brindar o novo chefe da cidade dentro de um memorial dedicado a Giovanni Falcone e Paolo Borsellino.[26] A 'Ndrangheta estava abandonando sua política de infiltração discreta de décadas em favor do confronto direto. Por que a mudança? Pelo que os *carabinieri* puderam apurar, a organização sentia que estava sendo pressionada. O novo impulso contra o crime organizado tinha resultado na prisão de centenas de mafiosos, incluindo 21 dos 30 "mais procurados" da Itália, bem como no confisco de bens e negócios no valor de nove bilhões de euros.[27] Embora as operações tivessem prejudicado principalmente a Camorra, a 'Ndrangheta sabia que era a próxima. Seus chefes tinham decidido responder de maneira agressiva e unificada.

Para Alessandra, um episódio capturado pela nova inteligência foi especialmente significativo. Policiais que vigiavam um casamento da máfia na cidade de Plati, na colina, em 19 de agosto de 2009, entre dois clãs poderosos, os Pelle e os Barbaro, ficaram surpresos ao ver o *crème de la crème* da 'Ndrangheta entre os dois mil convidados. Estavam lá chefes não só de toda a Calábria, mas também do norte da Itália, da Europa e de tão longe quanto Canadá e Austrália. "Eles vieram de todo o planeta para esta pequena cidade no meio do nada", disse Alessandra. A razão para essa cúpula sem precedentes logo ficou clara. Grampos e escutas pegaram numerosas referências à eleição de um novo *capo crimine*, o chefe de Rosarno, Domenico Oppedisano, nomeado para liderar a guerra da 'Ndrangheta contra o Estado. Isso parecia confirmar a importância de uma reunião de chefes bem frequentada, realizada alguns dias antes no laranjal de Oppedisano. Duas semanas após o casamento, a promoção de Oppedisano foi formalmente confirmada na reunião anual da 'Ndrangheta realizada no festival da Madonna de Polsi em San Luca.

O que interessava a Alessandra não era o próprio Oppedisano, mas quem ele representava. Ela sabia que o *capo crimine* era eleito por uma espécie de meritocracia criminosa, com base em quem dentro da organização era considerado "mais carismático, mais admirável e mais cruel". O chefe tinha de ser alguém que a 'Ndrangheta inteira conseguisse concordar que era o melhor de todos em excelência criminal, um líder que garantisse que eles não perdessem mais tempo e sangue lutando uns contra os outros.

À primeira vista, Oppedisano, de 78 anos, com seu bronzeado de fazendeiro e uma família que era superada na hierarquia por pelo menos outras duas em Rosarno, era uma escolha excêntrica. Porém, com seu crescente conhecimento dos clãs, Alessandra conseguiu ver a lógica. Mais do que um avanço para os Oppedisano, a nova posição de Domenico confirmava a ascendência dos clãs da costa oeste dentro da 'Ndrangheta. Especificamente, atestava o domínio de determinada família criminosa de Rosarno com a qual Oppedisano estava relacionado por casamento. Era o domínio dessa família sobre o comércio da cocaína, junto com duas outras famílias de Gioia Tauro, mais do que qualquer outra coisa, o responsável pelo crescimento espetacular da 'Ndrangheta nas últimas três décadas. Sua reputação de violência implacável garantia que, além de ser uma das famílias criminosas mais ricas e poderosas de toda a Itália, ela fosse também uma das mais temidas. "A partir de Gioia Tauro, eles estavam administrando todas as drogas e todas as armas", disse Alessandra.

Tão espetacular tinha sido o progresso dessa família e tão aberta era sua ambição de dominar a 'Ndrangheta, no entanto, que quase todas as outras 'ndrine se ressentiam. Uma tentativa anterior de forçar a eleição do *capo* de sua própria família havia sido ferozmente combatida por todos os lados como uma afronta inaceitável. As outras famílias poderiam ser insignificantes em comparação, mas a honra exigia que mantivessem as aparências fingindo o contrário. Nomear Domenico Oppedisano era um meio-termo astuto, combinando as características inconfundíveis da 'Ndrangheta: estratégia e enganação intencional.

Ainda assim, Alessandra não tinha dúvidas de quem detinha o poder dentro da 'Ndrangheta. Ela tinha visto vigilância em vídeo dos membros da família brindando Oppedisano com champanhe na noite em que ele foi eleito. Em qualquer nova guerra contra a 'Ndrangheta, aquela família seria o alvo número um. O sobrenome dela era Pesce.

7

Lea Garofalo não era a primeira pessoa da 'Ndrangheta a se voltar contra a organização, nem mesmo a primeira mulher.[28] Porém, era uma das poucas *pentiti* da 'Ndrangheta, e apenas a segunda mulher, e a história da *mamma* e filha do chefe de Pagliarelle que tinha mudado de lado havia reverberado como uma explosão de canhão pelos vales. Sete anos mais tarde, Lea estava muito provavelmente morta. A mensagem que foi enviada a lugares como Pagliarelle e Rosarno era que não havia alternativa à 'Ndrangheta. Quem sai, morre. Era um desastre para a nova guerra do Estado italiano contra a máfia. O que tinha dado errado?

Como os policiais que investigavam o desaparecimento de Lea, Alessandra descobriu que a longa luta de Lea com Carlo e a 'Ndrangheta estava bem documentada. Lea havia feito longas declarações contra a organização e Carlo três vezes, em 1996, 2002 e 2008. Nelas, o quadro pintado da Calábria rural onde Lea e Carlo haviam crescido era de um mundo perdido, isolado do resto da humanidade por um muro de tirania violenta. Para a maioria das crianças da 'Ndrangheta, bastava nascer em um lugar como Pagliarelle para conhecer seu destino.

Mas Lea tinha sido diferente. O pai dela, um chefe da *'ndrina* chamado Antonio Garofalo, foi morto por três irmãos de um clã rival na noite de Ano-Novo de 1974, quando ele tinha 27 anos, e Lea, apenas oito meses – e, para Lea, nada fazia sentido depois disso. A rixa, ou *faida*, que o assassinato de seu pai desencadeou entre os Garofalo e os Mirabelli, outra família de Pagliarelle, durou toda a sua infância, até Lea completar dezoito anos. Quando ela tinha sete anos, em 1981, seu tio, Giulio, tentou vingar o irmão e abriu fogo em um velório dos Mirabelli. Alguns meses depois, Giulio foi morto em retaliação. Em 1989, quando Lea tinha quinze anos, outro de seus primos foi morto a tiros, bem na sua frente e em pleno dia, no centro de Petilia Policastro. No mesmo ano, os Garofalo começaram a se vingar, matando um dos três irmãos Mirabelli. Atiraram em um segundo em 1990 e no terceiro em 1991, e, em 1992, assassinaram Mario Garofalo, um primo que – ilustrando a natureza incestuosa da rixa – trabalhava para os Mirabelli.

O irmão mais velho de Lea, Floriano, liderou a maior parte da sangria. Ele envolveu sua irmã de nove anos, pedindo que ela escondesse um revólver pertencente ao tio quando uma batida policial era iminente.[29] Porém, apesar das instruções de Floriano sobre os deveres da vingança, apesar dos avisos de Marisa sobre a necessidade de fingir, apesar de toda a raiva que ela sentia pela morte do pai e de mal saber que qualquer outra vida existia, Lea não conseguia se lembrar de um dia em que não tivesse enxergado a mentira. "Lea nasceu em uma família em que a violência era a regra", disse sua antiga advogada, Vincenza Rando, conhecida por todos como Enza. "Era 'mate um dos meus e eu mato um dos seus'." Lea via o mundo de maneira diferente, contou Enza. Para ela, "a 'Ndrangheta era um culto à morte, e Lea era uma mulher que amava a vida. A 'Ndrangheta escreve seu destino para você. Lea queria escrever o próprio destino".

A independência de Lea talvez tenha vindo da mãe. Embora a mãe tivesse se casado com um membro da 'Ndrangheta, ela sempre trabalhou, principalmente como faxineira em uma escola em Petilia. "Nossa mãe tinha uma mentalidade completamente diferente das pessoas por aqui", falou Marisa. "Ela era uma mulher decente." Foi a mãe de Lea que ensinou o que Lea sempre dizia a Denise: que educação era liberdade, e que prover à família era o que dava dignidade a uma mulher.

Apesar disso, a mãe delas não era afetuosa, disse Marisa. Ela, Floriano e Lea cresceram principalmente aos cuidados dos avós, que pareciam ser de outro século. Dos três filhos, Marisa disse que foi Lea, a mais nova, quem sentiu mais profundamente a ausência dos pais. Ela vivia pedindo fotos do pai, que, como nunca havia conhecido, era livre para imaginar sendo perfeito: carinhoso, amoroso e cruelmente tirado da filha que adorava. Quando adolescente, Lea tatuou um pequeno "A" de Antonio na mão. Embora a violência os rodeasse, Lea não podia imaginar seu pai querendo que ela passasse a vida cavando breves momentos de paz em um trabalho sem futuro, como a mãe havia feito. "Você não *vive*", disse Lea aos *carabinieri* em 2002. "Você só sobrevive, de alguma forma. Você sonha com algo – qualquer coisa – porque nada é pior do que aquela vida." Quando Lea cresceu, percebeu que a liberdade que ela desejava seria impossível, a menos que ela deixasse Pagliarelle.

A tragédia de Lea era que, como muitas mulheres da 'Ndrangheta, ela achou que o amor fosse sua saída. Quando tinha quinze anos, ela se apaixonou por um rapaz do vilarejo que conhecia a vida toda, um brutamontes robusto com nariz achatado e cabelo curtinho chamado Carlo Cosco. Carlo, com dezenove anos na época, estava de volta de sua nova vida no norte e passando férias em Pagliarelle. Algo de que Lea gostava especialmente nele era que ele parecia não ter outra ambição além de ter um trabalho honesto e criar uma família. E ele morava em Milão, "uma cidade grande onde ela poderia recomeçar", disse Enza. Lea e Carlo fugiram após algumas semanas. Quando ela tinha dezesseis anos, em 1991, eles se casaram e se mudaram para Milão, onde Carlo tinha um apartamento em um grande prédio marrom na Viale Montello.

Quase imediatamente, Lea percebeu que sua fuga era uma miragem. O número 6 da Viale Montello era de posse da 'Ndrangheta, e Carlo acabou se revelando um dos vários membros da organização que o usava como base para o tráfico de cocaína e heroína. Lea tinha rejeitado o código da 'Ndrangheta, mas, no final, seu novo marido abraçara aquilo de forma tão sincera que não viu problema em enganar Lea para que ela se casasse com ele. O pior de tudo era que Carlo estava trabalhando para o irmão de Lea, Floriano, cuja sede de sangue em Pagliarelle o havia impulsionado até o topo da *'ndrina* Garofalo. Lea havia pensado que conquistara Carlo, mas então lhe ocorreu que Carlo era quem tinha ido atrás dela – porque ela era irmã de um chefe da 'Ndrangheta. O casamento com ela fora uma promoção para Carlo. Para Lea, o amor que ela imaginava que a libertaria a aprisionara ainda mais profundamente.

Lea afundou na depressão. De acordo com Enza, ela tentou o suicídio diversas vezes. Quando engravidou, na primavera de 1991, tentou abortar. "Não queria dar a seu filho ou filha o mesmo futuro", explicou Enza. Em dezembro, com a gestação avançada, ela saiu da Viale Montello e pegou um ônibus para um hospital no interior do país. Deu à luz sozinha, a uma menina. Lea havia imaginado que poderia dar o bebê para adoção, em algum lugar onde Carlo nunca encontraria a criança. "Mas, quando Denise nasceu", disse Enza, "Lea se apaixonou de novo. Denise deu a Lea uma razão para viver."

Alessandra encontrou, nos arquivos Garofalo, mui-tos elementos que reconhecia. Como todas as pessoas que haviam trabalhado em casos de máfia em Milão, ela sabia tudo sobre o edifício da Viale Montello, 6. Um vasto e histórico edifício no meio da capital empresarial italiana, *il fortino delle cosche* (a fortaleza dos clãs) era não apenas uma base mafiosa, mas um desafio de seis andares à pretensão da Itália de ser um Estado moderno, unificado e legal. Em seus 129 apartamentos, os membros da 'Ndrangheta não pagavam aluguel, impostos, nem contas de serviços municipais como água ou eletricidade. Eles tratavam a mansão da Renascença com desdém. Um emaranhado de fios se pendurava das paredes e varandas desmoronadas. Os pátios e o jardim central estavam cheios de lixo e eletrodomésticos enferrujados e quebrados. As escadarias e os cantos cheiravam a urina. O prédio não era apenas um centro do comércio de drogas europeu, era a fonte de abastecimento para centenas de traficantes de rua de Milão, especialmente os da famosa Piazza Baiamonti, e um ponto focal para outros criminosos de todos os tipos: agentes, contrabandistas e assassinos; corruptores políticos e mediadores de contratos governamentais; policiais, juízes e políticos corruptos. Tudo isso à vista flagrante. A Viale Montello era uma rua arterial a apenas um quilômetro do centro da cidade e a poucos metros de uma delegacia. Sem surpresas, o edifício do número 6 era uma preocupação para os promotores antimáfia de Milão, que o tinham sob vigilância quase permanente.

Para os promotores, as relações dentro da Viale Montello, 6, nos anos 1990 – entre irmãos, sogros e até mesmo marido e mulher, e a forma como essas dinâmicas acabaram se desenrolando – se tornaram um importante estudo de caso inicial da nova máfia ascendente. Foi a partir da observação dos acontecimentos que os promotores puderam montar um quadro do que Alessandra descreveu como "uma organização moderna, eficiente e atual do crime organizado", cuja força residia em "impor o respeito pelas regras medievais". No final, os promotores concluiriam que estavam lutando contra uma cultura, e que tinham naquele edifício um laboratório especialmente educativo. Entre os eventos mais informativos a que assistiram, havia a ascensão de um ambicioso jovem chamado Carlo Cosco, e a desgraça em que acabou caindo por causa da esposa.

O primeiro grande passo de Carlo foi se casar com a irmã do chefe. No seu retorno a Milão, em 1991, as equipes de vigilância viram como os tenentes de Floriano em Milão, Silvano Toscano e Thomas Ceraudo, devidamente catapultaram Carlo e seus irmãos, Vito e Giuseppe, para posições de destaque, concedendo-lhes o controle dos lucrativos esquemas de droga e proteção na Piazza Baiamonti e nas proximidades de Cuarto Oggiaro. Como contrabandista e traficante de drogas, e extorsionário mediano, Carlo não estava livre das tarefas manuais. Às vezes, ele pedia à sua nova esposa, Lea, para ajudar a cortar e embalar heroína, cocaína e haxixe. Também lhe pedia outros favores, como espionar Antonio Comberiati, um rival na 'Ndrangheta que morava no prédio com a esposa, Gina.

Comberiati era esquentadinho e encrenqueiro. Seu apelido era *il lupo*, "o lobo". Ele ressentia-se da maioria das famílias da Viale Montello, aparentemente irritado porque ele e Gina não conseguiam engravidar, e ficou particularmente furioso com a promoção de Carlo.

Um dia, em fevereiro de 1994, Lea estava vestindo Denise, então com dois anos, para seu primeiro carnaval na cidade de Milão, quando Carlo interrompeu para dizer que tinha visto Comberiati falando com o dono da loja chinesa que "empregava" Carlo como segurança. Esse arranjo era padrão para os homens da Viale Montello. Sempre que os *carabinieri* pediam prova de ocupação, eram mostrados contratos de trabalho alegando um emprego de segurança para os comerciantes chineses no térreo. Carlo estava preocupado com o que poderia estar acontecendo entre seu "empregador" e seu rival, e pediu a Lea que escutasse da rua. Lea logo ouviu Comberiati insistindo que a loja fechasse porque estava sendo vigiada pelos *carabinieri*. Se Carlo fosse perder o "emprego", disse Comberiati, ele só se lamentava.

Foi demais para Lea. "Eu não consegui evitar", disse ela em testemunho anos mais tarde. "Interrompi e tentei defender Carlo, dizendo que tínhamos uma filha e Carlo tinha o direito de continuar trabalhando lá." Comberiati, indignado ao ser confrontado por uma mulher, ainda por cima esposa de seu rival, gritou de volta que ele era superior a Carlo. Então ameaçou matar Lea por ousar enfrentá-lo.

– Eu sou o chefe por aqui – gritou ele. – Eu estou no comando! É meu direito!

A briga continuou no pátio da Viale Montello. No fim, Gina e várias outras mulheres intervieram. Lea correu de volta para seu apartamento. Carlo estava esperando. Tinha ouvido tudo.

– Não se preocupe – ele tranquilizou Lea. – Um dia, Comberiati pagará.

Quando aconteceu, foi Comberiati quem começou. Em assassinatos simultâneos na noite de 30 de novembro de 1994, Thomas Ceraudo foi abatido em Cuarto Oggiaro, e Silvano Toscano foi sequestrado da casa da sogra em Petilia e morto, seu corpo jogado em um campo fora da cidade. Comberiati mal se deu ao trabalho de negar que a culpa era dele. As equipes de vigilância na Viale Montello relataram que ele se instalou imediatamente como o novo rei de Milão.

Porém, com os apoiadores de Carlo mortos e Floriano parecendo fraco, Comberiati estava desafiando Carlo a reagir. Seis meses depois dos assassinatos, logo após a meia-noite de 17 de maio de 1995, Lea estava dormindo na cama com Denise quando ouviu vários tiros no pátio abaixo. Quando abriu a porta, o corpo de Comberiati jazia no concreto. Estava chovendo. Gina gritava por uma ambulância, dizendo que o assassino ainda estava no prédio. Ela começou a quebrar as janelas de uma loja chinesa na qual estava convencida de que o pistoleiro havia se escondido. Lea a observou. Então, viu a ambulância e os *carabinieri* chegarem. Após vinte minutos, o irmão de Carlo, Giuseppe, apareceu à porta dela, entusiasmado.

– Ele está morto – declarou Giuseppe.

– Tem certeza? – perguntou Lea.

Giuseppe riu.

– O maldito não queria morrer – contou ele. – Parecia até que tinha o diabo dentro do corpo. Mas ele morreu, sim, com certeza.

Giuseppe partiu para seu apartamento. Carlo chegou segundos depois.

– Onde você estava? – questionou Lea.

– No karaokê – respondeu Carlo.

– Mentiroso – retrucou Lea.

Carlo riu.

– Bom, então, eu estava na loja pegando um sanduíche.

Lea disse mais tarde aos *carabinieri* que supusera que Carlo tinha ficado de guarda de Giuseppe enquanto seu irmão atirava em Comberiati, e que depois os dois haviam jogado a arma na rua. Fazia sentido

Giuseppe ter puxado o gatilho, porque ele "precisava ganhar pontos, e Carlo não precisa disso", explicou Lea aos promotores. "Ele já é cunhado de Floriano. Mas Giuseppe não é ninguém. Um assassinato como esse dá status. Ele se torna alguém."

Com o rival morto, a ascensão de Carlo e a elevação da família Cosco estavam completas. As gerações anteriores dos Cosco haviam sido pastores de cabras e fruticultores. Finalmente, valendo-se da sorte e da crueldade, eles eram parte de um império criminoso internacional em franca expansão. O próprio Carlo era braço direito e cunhado de Floriano Garofalo, um dos mais poderosos chefes de *'ndrina* de toda a Calábria.

Mas, para Lea, algo morreu com Comberiati. Seu marido havia trazido violência ao lar onde viviam com a filha. Anos antes, ela tentara fugir e não tinha dado certo. Pelo bem de Denise, tinha de tentar de novo. Olhar para a filha era como olhar para si mesma na terceira pessoa. Era tudo nítido: os problemas ao redor delas e o que precisavam fazer para superá-los. "Ela queria que Denise tivesse outras possibilidades na vida", disse Enza. "A chance de fazer parte do culto da vida, e da amizade, e do respeito, e de fazer parte de outro tipo de família."

Lea tentou mais uma vez convencer Carlo a sair da 'Ndrangheta. Os três poderiam recomeçar em algum lugar novo e criar a filha para ser o que ela quisesse ser. A resposta de Carlo foi bater nela. Essa foi a gota d'água para Lea. "Então ela decidiu ir até os *carabinieri* e contar-lhes tudo sobre o tráfico de drogas", disse Enza.

Em maio de 1996, Carlo, Floriano, Giuseppe e vários outros foram presos na Viale Montello, 6. A operação para detê-los – usando quatrocentos homens para fechar a rua e invadir o prédio – confirmou o novo status dos Cosco na elite europeia do tráfico de drogas. Carlo foi transferido para a prisão de San Vittore, no outro lado da cidade.

Embora tivesse desempenhado um papel fundamental na prisão dele, Lea decidiu que daria a Carlo uma última chance. Em setembro de 1996, Lea, com 22 anos, levou Denise, de cinco, para visitá-lo na prisão.

– Eu quero ficar com você – falou ela –, mas com uma condição: você colaborar com os *carabinieri* e denunciar a 'Ndrangheta. Quando você sair da prisão, podemos começar uma nova vida. Ou você continua esta vida e nunca mais verá nem a mim nem a Denise.

Carlo saltou sobre a barreira de proteção entre eles e agarrou Lea. Estava com as mãos em volta do pescoço dela quando os guardas da prisão o afastaram. Ele esperava que a esposa ficasse ao seu lado. Depois de todo o trabalho e todo o sangue, as manobras de Carlo tinham valido a pena, e ele era o rei de Milão. Lea estava traindo-o e tirando tudo dele: sua ligação com o chefe no velho país, sua posição na irmandade, até mesmo seu amor-próprio como homem. Lea havia quebrado o código. Havia apenas uma solução. A partir daquele dia, disse Enza, Lea sabia que estava vivendo sob uma "sentença de morte".

Lea voltou para a Viale Montello pela última vez. Ela fez a mala, e chamou um amigo para levar Denise e ela a um convento em Bérgamo, onde ficariam seguras. Renata, esposa de Giuseppe Cosco, viu Lea sair. "Lembro-me bem do dia em que Lea foi embora de Milão", testemunhou ela no tribunal quinze anos mais tarde. "Lea me olhou com raiva. Ela cuspiu no chão. Jurou que nunca mais colocaria os pés naquele lugar de merda. Gritou que queria um futuro diferente para si. Um futuro diferente para sua filha." E assim, de repente, Lea e Denise tinham ido embora.

Os seis anos seguintes foram os mais felizes da vida

de Lea e Denise. Inicialmente, a dupla ficou em um convento da Ordem de Santa Úrsula em Bérgamo, dedicado à educação de mulheres e meninas. Na madre Grata, que dirigia o convento, Lea pareceu descobrir a família que nunca tivera. Ela começou a ler pela primeira vez em anos, aprendendo sobre Giovanni Falcone, Paolo Borsellino e Giuseppe Impastato, um ativista antimáfia de Palermo que havia nascido em uma família da Cosa Nostra e sido assassinado pela organização aos trinta anos. Após alguns meses, Lea e Denise se mudaram para um pequeno apartamento na Via Alfieri, uma rua tranquila de bangalôs e sobrados pintados de amarelo e rosa, não muito longe do lago Iseo. Depois, mudaram-se para outro pequeno apartamento na Via Mose del Brolo, uma rua sem saída cheia de pensionistas e estudantes. Lea encontrou trabalho em fábricas e bares. Conheceu um homem. Ela e Denise adotaram um cachorro. Lea foi até pular de paraquedas.

Todo mês de junho, Lea e Denise iam passar as férias de verão em Pagliarelle com Marisa e seus parentes. Talvez tenham sido essas estadias na Calábria, sem ser incomodadas pelos homens de Carlo, que levaram Lea a pensar que havia conseguido fugir. Quando voltavam para casa, Lea até permitia que Denise visitasse Carlo na prisão de Catanzaro, para a qual ele havia sido transferido de Milão.

Contudo, Carlo nunca deixou de vigiar Lea. Quando os policiais que investigavam o desaparecimento dela localizaram Salvatore Cortese, um assassino da 'Ndrangheta que havia compartilhado uma cela com Carlo em Catanzaro de 2001 a 2003 e que desde então havia se tornado *pentito*, Cortese lhes contou que Carlo nunca perdoou Lea. Carlo, disse ele, vivia falando de como Lea o traíra e traíra a 'Ndrangheta. Carlo ficou especialmente indignado por ela ainda ficar com a família em Pagliarelle e andar pelo vilarejo sozinha, na frente de todos. Ela estava ostentando sua liberdade, falava Carlo. Ele sabia de seu caso em Bérgamo e suspeitava, já que Lea nunca fora visitá-lo, que os outros presos de Catanzaro haviam deduzido a mesma coisa. O pior de tudo era que Floriano, irmão dela, não estava fazendo nada a respeito de qualquer uma dessas coisas. Carlo havia sido injustiçado e enganado novamente. Era insuportável. "E", disse Cortese, "de acordo com as regras da 'Ndrangheta, o silêncio de Floriano permitia que Carlo apelasse para outros homens de honra para obter permissão para matar Lea".

No entanto, matar a irmã de um chefe era um negócio complicado. Carlo explicou a Cortese que Lea precisava ser despachada de uma forma que Floriano acreditasse que ela tinha fugido com seu novo amante. "O plano de eliminar fisicamente Lea Garofalo e se livrar de seu corpo dissolvendo-o em ácido estava sendo cultivado na mente de Carlo desde pelo menos o início dos anos 2000", disse Cortese. Os *carabinieri* perguntaram como ele sabia disso. Cortese explicou: ele estava entre aqueles a quem Carlo pediu ajuda.

Carlo sabia que poderia enganar Floriano, mas não toda a 'Ndrangheta. Para um assassinato tão audacioso dar certo, ele precisaria da aprovação dos superiores. Aproximando-se de dois chefes no pátio da prisão, ele explicou como sua honra e a de toda a 'Ndrangheta tinham sido tão manchadas que só poderiam ser restauradas lavando-as com sangue. Os dois chefes sabiam que Carlo tinha razão, mas tinham suas próprias rixas de clã a resolver. Calculando que a vingança de Carlo, de todo jeito, teria de esperar até ele sair da prisão, eles enrolaram.

Carlo ainda tinha esperança de que Floriano escolhesse o dever em vez do amor pela irmã. Fazer seus irmãos incendiarem o carro de Lea em Bérgamo em 2000 foi a maneira de Carlo lembrar Floriano de sua obrigação. Teve algum efeito. Um dia de verão dois anos depois, quando Lea e Denise voltaram a Pagliarelle, Lea levou Denise para comprar um *gelato* na praça principal. Vito Cosco chegou lá de carro. Estava agitado. Falou a Lea que estava cansado de levar Denise para ver Carlo. O próprio Carlo também estava farto da situação. Não era certo, disse Vito. Lea tinha de entrar na linha.

Lea se recusou. À medida que a discussão foi esquentando, Floriano, então já solto da prisão e de volta a Pagliarelle, chegou. Vito tinha razão, Floriano gritou para Lea. Que tipo de mulher deixa o marido apodrecer sozinho na cadeia? Que tipo de irmã ela era para ele, Floriano, um chefe de *'ndrina*? Então, no meio da praça, Floriano segurou Lea pelos ombros e deu um tapa na cara dela para todos verem. Ele se inclinou para a irmã, parecendo que estava prestes a golpeá-la outra vez. Ao fazer isso, porém, sussurrou ao ouvido dela:

– Lea! Você tem que fugir! Porque, sério, eu tenho que te matar!

Duas vezes, Lea tinha fugido da 'Ndrangheta. Duas vezes, a organização a tinha arrastado de volta. Por escolher a liberdade em vez da criminalidade assassina, seu marido a queria morta, a 'Ndrangheta exigia, e seu irmão lhe havia dito que seria ele a fazê-lo. Lea sentiu como se o mundo estivesse se fechando sobre ela. Em 29 de julho de 2002, alguns dias após a discussão com Vito e Floriano, a porta da casa da avó de Lea foi incendiada enquanto Lea e Denise estavam lá dentro. Era uma mensagem especialmente contundente da 'Ndrangheta. Não havia como sair.

Talvez por ser tão impensável, a 'Ndrangheta, no entanto, havia negligenciado uma saída. Na manhã de 29 de julho de 2002, o promotor Salvatore Dolce, na cidade vizinha de Catanzaro, recebeu uma ligação do chefe dos *carabinieri* em Petilia Policastro. "Ele me disse que tinha na sua frente a irmã de Floriano Garofalo. Estava junto de uma garota de dez anos. Ela queria dar provas de uma série de fatos e acontecimentos relativos à sua família. Queria romper com seu passado e com o ambiente em que vivia."

Dolce imediatamente compreendeu o significado do que estava ouvindo. Em 2002, as autoridades sabiam muito pouco sobre a 'Ndrangheta. Apesar de processarem vários membros da organização por seus papéis no conflito de Pagliarelle, seu conhecimento do que havia acontecido ia pouco além da contagem de corpos. Embora tivessem processado com sucesso Carlo e Floriano por tráfico de drogas, eles também não sabiam quase nada sobre as estruturas e a hierarquia mais ampla da 'Ndrangheta. "Até aquele momento, tínhamos muito pouco conhecimento do funcionamento da 'Ndrangheta", contou Dolce. "As testemunhas do Estado são nossa principal fonte de informação sobre qualquer máfia, e nós simplesmente não tínhamos tantas da 'Ndrangheta. A 'Ndrangheta era conhecida, claro – sua existência não era um grande segredo –, mas sua dinâmica interna não era."

Dolce soube imediatamente o que tinha de fazer. "Eu não fui para Petilia", disse ele. "É uma cidade pequena. O fato de ela ter procurado os *carabinieri* já teria alarmado as pessoas de lá. Portanto, não pude ir pessoalmente para ouvir o depoimento dela lá. Em vez disso, pedi aos *carabinieri* que a levassem urgentemente para um hotel a cem quilômetros de distância e fui lá para vê-la. E não fiz nada além de ouvi-la falar por dois dias."

O que impressionou particularmente Dolce foi como Lea era diferente do estereótipo de uma mulher da 'Ndrangheta. A maioria era submissa, ignorante e tinha pouca instrução. Lea era assertiva, inteligente e articulada. "Ela tinha uma perspectiva diferente", declarou Dolce. "Tinha uma mente aberta. Queria sua própria vida. Não queria depender de um homem nem ficar em casa. Queria sua independência. Queria ser a protagonista e o assunto de sua própria vida. Lea tinha coragem." Igualmente impressionante, disse Dolce, era que "ela era muito honesta. Se ela não tivesse contado que estava envolvida com as drogas, nunca teríamos sabido".

O testemunho de Lea começou com a morte de seu pai quando ela tinha oito meses de idade e passou por tudo o que havia acontecido naqueles 28 anos. Ela falou sobre a rixa de Pagliarelle. Deu um relato de todos os assassinatos e nomeou todos os assassinos. Detalhou como seu irmão Floriano esfaqueou e atirou em pessoas para abrir caminho até o topo, e como isso permitiu que ele assumisse os esquemas de extorsão e tráfico de cocaína em Milão, especialmente no Cuarto Oggiaro. Falou sobre embalagem e distribuição de cocaína dentro da Viale Montello, 6. Descreveu o assassinato de Antonio Comberiati e como Carlo e Giuseppe haviam falado de matá-lo. Por fim, declarou que tinha decidido entregar as provas ao Estado porque sentia que o tempo estava se esgotando. Seu maior medo era que alguém invadisse sua casa e atirasse em Denise.

Ao ler as declarações de Lea anos mais tarde, Alessandra ficou espantada com os detalhes. Dolce reagira da mesma maneira na época. "Tive experiência com falsos *pentiti* – homens que dizem só algumas coisas, mas não tudo", falou ele. "Eles fazem uma escolha utilitária. Decidem colaborar porque estão enfrentando penas de prisão perpétua." Lea era diferente, disse ele. Sua colaboração era "mais genuína e mais eficaz. Ela disse tudo o que sabia. Não escondeu nada. Dava para sentir como sua escolha a tinha feito passar por sofrimento e dor. Mas ela tinha um olhar muito digno. Estava muito determinada e orgulhosa do que havia feito".

Quanto mais Alessandra lia sobre Lea, mais se impressionava com a maneira como, sete anos antes, em dois dias de entrevistas e por iniciativa própria, a mulher havia provado sozinha sua teoria de que as mães eram o segredo para desfazer a 'Ndrangheta. O depoimento de Lea era uma visão sem precedentes sobre a organização. Sua motivação – dar a Denise uma vida melhor – era imbatível e imparável. Lea deveria ter feito o Judiciário italiano repensar completamente o valor das mulheres na luta contra a máfia. Com certeza, havia todos os motivos para imaginar que julho de 2002 fora o início de todo um novo capítulo na guerra contra a máfia. Isso tornava a investigação sobre o desaparecimento de Lea ainda mais crítica. O que tinha acontecido?

8

Lea era uma mistura sedutora de despreocupada e decidida.³⁰ Ela ria facilmente, porque a vida era para ser vivida, mas explodia se sentisse sua liberdade ou a de Denise ameaçada. Sabia que ela e Denise teriam estado mais seguras se tivesse sido capaz de aceitar a existência mansa e servil de uma mãe e esposa da 'Ndrangheta. Porém, para Lea, isso significava morrer de qualquer maneira. Se a felicidade de que ela desfrutava como mulher livre e as possibilidades de que Denise desfrutava fora da 'Ndrangheta eram muitas vezes eclipsadas pelo terror, era um preço que Lea sentia que elas tinham de pagar.

No dia em que Lea caminhou com Denise até uma delegacia em julho de 2002, estava aterrorizada. Annalisa Pisano, então com 34 anos, era uma defensora pública de plantão. "Havia uma lista de advogados para lidar com cooperação de testemunhas", lembrou ela. "Acho que eles me escolheram porque eu morava perto e era mulher." Alta, de cabelo loiro curto e com a postura toda profissional de uma jovem advogada penal com seu próprio escritório, Annalisa chegou à delegacia, tocou a campainha na sala de espera e sentou-se, sem saber que a mãe com uma filha pequena sentada calmamente ao seu lado era sua nova cliente. "Mas aí o *carabiniere* veio e disse: 'esta é a garota que pediu sua ajuda. Ela escolheu falar'. E tínhamos quinze minutos para nos preparar antes do início do depoimento."

Annalisa lembrou-se de pensar que Lea era "muito pequena, muito magra, e Denise, tão minúscula". Ela se perguntava como lidariam com o passo gigantesco que estavam dando. "Quase não há palavras para descrever a escolha que Lea estava fazendo", afirmou Annalisa. "Dava para ver que ela estava cega pelo terror, em uma condição de alta ansiedade e estresse. Ela tinha uma ideia sobre o irmão, achava que ele poderia tomar algumas medidas para se reconciliar com Carlo e preservar o status quo. Mas ela estava tentando, como todas as mães, ser corajosa, porque estava junto da filha." Annalisa tentou ser empática, dizendo a Lea que ela teria ajuda e apoio do Estado. Os *carabinieri* da província não ajudaram em nada.

– Você está interessada mesmo em cooperar? – perguntou um oficial, de modo áspero. – Porque, se não, vai ficar presa aqui.

A primeira tarefa do Estado era avaliar se valia a pena proteger Lea e Denise. Após dois dias de testemunho, avaliaram que Lea estava sendo sincera, e ela e a filha receberam proteção estatal. O processo, burocrático e banal, não combinava com a natureza grave do que estava acontecendo. Afinal, era assim que uma *pentita* abria mão da fidelidade à família e à terra natal, abandonava tudo e todos que já tinha conhecido, aceitava que para sempre estaria em guerra com uma das máfias mais impiedosas do mundo e colocava sua fé em um Estado que havia sido ensinada a desprezar desde o nascimento.

Inicialmente, Lea e Denise foram transferidas para Ascoli Piceno, uma província pequena e tranquila ao leste de Roma. Lea disse a Denise que iriam fingir que eram irmãs. Elas até tinham recebido novos nomes: Alessandra de Rossi e sua irmã mais nova, Sara. No entanto, Denise ficava esquecendo as regras, chamando Lea de "*mamma*" ou "*ma*", e, depois de algumas semanas, Lea mudou seus nomes para Maria e Denise Petalo, para que qualquer pessoa que as ouvisse por acaso pudesse entender que "*ma*" era o apelido de Lea.

Embora seguras, Lea e Denise acharam a nova vida difícil. Raramente ficavam em um lugar por tempo suficiente para criar raízes, mudando-se seis vezes em seis anos. Lea, para quem a liberdade significava a oportunidade de ser sociável, achou o isolamento especialmente difícil. Sua única conexão com o mundo exterior era um celular dado a ela pelos promotores, que ela usava para falar com Annalisa. "Conversamos todos os dias durante os seis anos seguintes, até aos sábados e domingos", disse Annalisa. "Durante todo esse tempo, eu era o único ponto de contato dela com o mundo externo."

Apesar dos esforços do Estado, Lea também sentia uma ameaça constante espreitando. Um dia, em agosto de 2003, ela leu no jornal como Vito Cosco, então com 34 anos, matou a tiros dois pequenos traficantes que o haviam insultado. Um dos tiros de Vito também havia matado uma menina de dois anos. Uma quarta vítima, um homem de sessenta anos de idade que testemunhou o tiroteio, tinha desmaiado e morrido no local. Vito se escondeu no número 6 da Viale Montello por três dias antes de telefonar para os *carabinieri* e dizer-lhes para irem prendê-lo. Os jornais chamaram as mortes de "o massacre de Rozzano", em referência à pequena cidade nos arredores de Milão onde ocorreram.

A fúria da *faida* Garofalo-Mirabelli também continuava. Em setembro de 2003, o primo de Lea, Mario Garofalo, foi baleado em seu carro em um cruzamento nos arredores de Pagliarelle. Em junho de 2005, Floriano, com cerca de quarenta anos, estava caminhando até a porta da frente de sua casa em Pagliarelle quando um homem saiu das sombras carregando uma espingarda. Floriano correu. Acelerando por uma horta, ele atravessou a estrada principal e subiu uma rua lateral. O pistoleiro correu atrás dele e atirou nas costas. Floriano caiu contra uma cerca. O pistoleiro recarregou, andou até Floriano e atirou várias vezes no rosto dele, explodindo sua cabeça até só sobrar um toco.

Embora Lea tivesse sentido medo de Floriano muitas vezes quando ele estava vivo, tinha se convencido de que seu irmão havia morrido por ter se recusado a matá-la. Carlo havia sido solto da prisão em dezembro de 2003. O assassinato de Floriano dezoito meses depois não podia ser coincidência.

– Foi por minha culpa que eles o mataram – disse ela a Marisa.

A culpa a destruiu. Tão ruim quanto isso, em seu esconderijo, seus agentes de proteção sorriam para ela e lhe diziam que a ameaça à sua vida havia desaparecido. Eles não entendiam nada. Nem que, provavelmente, fora Carlo quem tinha matado Floriano, nem que, com a morte de Floriano, Carlo não apenas governava a 'Ndrangheta de Pagliarelle, mas também herdara a tarefa de restaurar sua honra matando Lea. A ameaça a Lea havia disparado. Ela começou a virar noites e dormir durante o dia enquanto Denise estava na escola. Mesmo assim, mantinha uma faca debaixo do travesseiro.

Lea tinha razão em estar assustada. Carlo começou a busca por ela no dia em que saiu da prisão. Ele passou pelo convento em Bérgamo, explicando que era um parente e perguntando às freiras se tinham algum contato com sua prima. Em novembro de 2004, Gennaro Garofalo, membro da 'ndrina de Carlo que já havia trabalhado como auxiliar de polícia, apareceu em sua antiga delegacia em Monza, convidou os antigos colegas para comer uma pizza e, em seguida, acessou casualmente o sistema de proteção a testemunhas para procurar o endereço de Denise, que apareceu como Via Giovanni Ruggia, número 9, Perúgia. Mais tarde, no tribunal, Gennaro alegaria não ter visto nada de sinistro no desejo de um pai de saber o paradeiro da filha. "Carlo sempre tratou bem Denise", explicou ele. "Em Pagliarelle, ele se certificava de que Denise comesse e se vestisse bem. Ela sempre tinha brincos."

No início de 2005, Carlo enviou dois de seus homens, Rosario Curcio e Giovanni Peci, para encontrar Lea em Perúgia. O endereço na Via Giovanni Ruggia acabou sendo de uma delegacia de polícia. Quando os homens retornaram a Carlo de mãos vazias, ele os mandou de volta, furioso. Nesse ponto, no entanto, havia circulado em Pagliarelle a notícia de que Carlo estava se aproximando de Lea, e um primo viajara para Perúgia para avisá-la. Lea e Denise foram rapidamente transferidas para Florença. Carlo, contudo, era implacável. Em 2006, ele enviou outra prima, Genevieve Garofalo, para encontrar Lea com uma mensagem de que Carlo queria vê-la e tinha reservado duzentos mil euros para Denise.

– É uma armadilha – disse Lea a Denise. – Ele está tentando nos levar de volta à Calábria.

Lea tinha razão, sem dúvida. Mesmo assim, a insistência de Carlo estava fazendo efeito. Lea se sentia cada vez mais fechada em uma prisão de paranoia.

Alessandra tinha experiência suficiente com proteção de testemunhas para não se surpreender com o que estava lendo. O sistema não era perfeito. A máfia sempre teve seus homens dentro do Judiciário, passando informações sobre o paradeiro dos *pentiti*. Havia também uma contradição inerente entre tentar proteger alguém e simultaneamente dar-lhe sua liberdade. Às vezes, essa necessidade de libertação pessoal levava as testemunhas a se colocarem em perigo. A motivação de Lea sempre foi dar a Denise uma vida diferente, mas ela também ansiava por se libertar – e não tinha exatamente conseguido isso. Ela não podia sair desacompanhada. Não podia falar com desconhecidos. Devia viver de forma mansa e obediente, dependendo de esmolas. Era assustadoramente semelhante à vida na 'Ndrangheta. Alguns dos oficiais que a protegiam pareciam considerá-la pouco mais do que uma caipira calabresa de pouca idade que havia enganado o Estado e tido sorte. A verdade era que os sacrifícios que ela havia feito em sua luta contra a máfia – arriscando sua vida, abandonando sua família e amigos – eram muito maiores do que os que qualquer policial de província com um emprego em horário comercial jamais faria.

Lea começou a pressionar. Exigiu ver seu namorado de Bérgamo. Pediu para não ser colocada em cidades com populações calabresas. Saía para andar pela cidade sem dizer a ninguém. Recusava-se a aceitar as reclamações dos oficiais de proteção sobre seu comportamento.

– Por que tenho que me defender contra o Estado que supostamente deveria estar defendendo a mim e a minha filha? – perguntou ela.

Denise, uma menina em fase de crescimento, também estava se tornando difícil. "Lea explicava à filha por que elas estavam se mudando e por que tinham que trocar de nome", disse Salvatore Dolce, o promotor, "aí a filha falava disso na escola, e elas tinham que se mudar outra vez".

Com os meses virando anos, o Estado também começou a ter dúvidas sobre Lea e Denise por outras razões. O procedimento para os vira-casacas mafiosos era ficar bem escondidos enquanto suas provas eram avaliadas e corroboradas, e quaisquer julgamentos serem conduzidos. Somente depois disso, o governo lhes daria uma nova identidade permanente, casa e emprego. Porém, além de ser cansativo lidar com Lea, sem outros *pentiti* para confirmar suas provas, os investigadores estavam tendo dificuldades de construir um caso sólido contra Carlo. As declarações de Lea, em sua maioria descrevendo o que ela tinha ouvido, mas não visto, não eram suficientes por si só para fazer prisões ou obter condenações. "Investigamos por muito tempo, mas nunca encontramos confirmação suficiente", disse Dolce. "Então um colega me substituiu e foi muito severo em sua avaliação: falou que o que tínhamos não era suficiente para as prisões e das coisas bobas que Lea fazia. Assim, em fevereiro de 2006, Lea e Denise foram expulsas do programa."

Annalisa imediatamente conseguiu uma prorrogação temporária para Lea e Denise enquanto recorria da decisão de expulsá-las do programa de proteção a testemunhas, mas Lea estava arrasada. O Estado havia voltado atrás em sua promessa: tinha prometido a ela e a sua filha uma nova vida, e depois as traíra. Ela esperava que o Estado abrisse processos para todos os crimes que ela havia revelado, mas não havia feito isso com nenhum. Pior ainda, ao tomar seu depoimento, tinha exposto desnecessariamente Lea e Denise a ainda mais perigos do que antes. O governo italiano, decidiu Lea, era pouco melhor do que a 'Ndrangheta. A ironia era que, se Lea tivesse sido uma verdadeira participante da 'Ndrangheta – se ela tivesse se envolvido no negócio, nos roubos e na matança –, teria sido mais útil às autoridades. Parecia que eles estavam punindo-a por ser honesta.

Em julho, ela telefonou para Annalisa.

– Eu mudei de ideia – disse ela. – Vou sair do programa.

Denise declarou mais tarde: "Minha mãe decidiu desistir do Estado. Ela tinha perdido toda a confiança neles. Nossa vida era cansativa, e para quê? Suas declarações se revelaram inúteis".

Annalisa, ciente de que Lea sofria mudanças de humor cada vez mais drásticas, conseguiu conversar com a cliente. "Cada vez mais, ela se encontrava perdida em uma realidade que era maior do que ela", contou Annalisa. "É preciso lembrar que ela era muito jovem, com apenas 32 anos de idade. Achava que seu mundo e todos os seus planos estavam desmoronando ao seu redor." Lea já havia apresentado um pedido formal para sair do programa e, até que Annalisa pudesse conseguir sua readmissão, ela e Denise estavam por conta própria. Era aterrorizante, disse Annalisa. O Estado havia lavado as mãos em relação a Lea e Denise. Seu marido mafioso estava tentando matá-la. Lea não tinha ninguém. "E, assim", disse Annalisa, "a responsabilidade ficou para mim".

Annalisa fez o melhor que pôde. Em novembro de 2006, ela se mudou para perto de onde Lea e Denise moravam. Tornou-se, como disse, "mais mãe do que advogada". Mas Lea permaneceu volátil e desconfiada. Denise, que completou quinze anos em dezembro de 2006, também não era mais uma menina brincando de esconde-esconde com a mãe, mas, cada vez mais, uma adolescente com suas próprias opiniões. Lea tinha protegido sua filha de muito da verdade sobre Carlo. O preço da inocência de Denise era que ela não entendia por que, visto que ela e Lea estavam fora do programa de proteção a testemunhas, ela não podia ver o pai. "Denise não parava de pedir", contou Annalisa. "Ela insistia, pressionava sem parar. Lea me ligava todos os dias porque não conseguia lidar com Denise – você sabe como são os adolescentes." Annalisa tentou mediar as coisas entre mãe e filha. Denise respondeu exigindo que a advogada encontrasse uma maneira de ela encontrar o pai. Annalisa recusou-se na mesma hora. "Eu disse a Denise que era completamente inaceitável ela se encontrar com o pai. Só precisei ver o terror nos olhos de Lea quando o nome 'Cosco' surgiu. Mas acho que Denise começou a me odiar depois disso."

Procurando ajuda onde quer que pudesse encontrar, Lea se mudou brevemente com Denise de volta para Bérgamo, onde procurou o conselho da madre Grata e encontrou emprego em um bar. Depois se mudaram para Fabriano, onde também já haviam morado antes e Lea tinha um antigo namorado. No final de 2007, Lea foi a um café em Roma, dirigido pelo grupo antimáfia Libera. Ela conheceu o presidente da Libera, padre Luigi Ciotti, que a colocou em contato com uma advogada que fazia trabalho voluntário para a organização.

Lea conheceu Enza Rando em seu escritório em uma casa no centro de Módena. As duas mulheres eram muito diferentes. Lea, com 33 anos, era um espírito livre e apaixonada, e saber que poderia morrer a qualquer dia lhe dera a determinação de viver cada um deles como o último. Enza estava na casa dos cinquenta anos, era pequena, arrumada e conservadora. Em sua primeira reunião, Lea levou doces, depois se sentou e contou toda a história de sua vida. Quase imediatamente, Enza a amou. "Lea era linda", disse. "Muito inteligente e muito corajosa."

Annalisa tinha sido muitas vezes dura com Lea, especialmente quando se tratava de Denise. Embora Enza não pudesse oferecer a Lea muito mais do que Annalisa, para Lea, após seis anos de isolamento, era um rosto novo, alguém disposto a ouvir. A partir do momento em que Enza apareceu, Annalisa sentiu uma nova distância entre ela e Lea. "Houve uma mudança", declarou Annalisa. "Eu percebia que outro advogado estava dando conselhos a ela. Alguma coisa estava errada. Eu sentia que estava perdendo Lea. E achei que era melhor parar por ali. Sobreposições como essa – inconsistências, conselhos conflitantes – podiam ser muito perigosas para Lea."

Com o coração partido, Annalisa escreveu uma carta a Lea, demitindo-se. "Em minha mente, eu esperava que isso abalasse Lea e ela mudasse de ideia", disse ela. "Tínhamos tido altos e baixos, mas seis anos é muito tempo." Em vez disso, em junho de 2008, Lea aceitou o aviso de rescisão de Annalisa.

Em setembro de 2008, em grande parte como resultado dos anos de recursos e pedidos da Annalisa, Lea e Denise foram readmitidas no programa de proteção a testemunhas. Elas foram transferidas para Boiano, uma pequena cidade perto de Campobasso, no centro da Itália. Denise se deu bem na nova escola e logo tinha um novo grupo de amigos. No entanto, o estado de espírito de Lea havia passado de paranoico a perturbado. Ela ainda passava a noite acordada, dormindo durante o dia e guardando uma faca debaixo do travesseiro. Comprara um cão de guarda e começara a fazer aulas de artes marciais. Nada, no entanto, era capaz de atenuar a solidão. Ela não tinha amigos em Boiano e, sem Annalisa, não tinha com quem conversar. Sem documentos governamentais dando-lhe uma nova identidade, ela também não podia arriscar trabalhar, para que seu nome em um registro de funcionário não identificasse seu paradeiro.

– Tudo isso foi uma palhaçada – dizia Lea para Denise. – Um enorme desperdício da nossa vida.

"Foi tão solitário para ela", lembrou Denise. "E, sem emprego, ela não podia ser independente, não podia nos sustentar com seus próprios esforços e, para ela, isso foi uma verdadeira derrota."

Um dia, em abril, Lea decidiu escrever ao presidente da Itália, Giorgio Napolitano: "eu sou uma jovem mãe no final de minhas forças. Hoje me encontro junto com minha filha isolada de tudo e de todos. Perdi tudo. Minha família. Meu emprego. Perdi minha casa. Perdi inúmeros amigos. Perdi qualquer expectativa do futuro. Eu tinha calculado tudo isso. Sabia o que ia receber em troca quando fiz minha escolha."

Seus sacrifícios haviam sido em vão, escreveu Lea. Suas declarações não levaram a nenhuma prisão e nenhuma condenação. Ela e Denise haviam sofrido durante sete anos sem nenhum motivo. E aí o Estado as expulsou. Lea escreveu que estava perdendo a fé na justiça. "O pior é que eu já conheço o destino que me espera. Depois da pobreza, vem a morte. Não merecida e não conquistada, mas inevitável." Quem mais faria a escolha que ela fizera?, perguntou.

"Hoje, sr. Presidente, o senhor pode mudar o curso da história. Eu ainda acredito que uma pessoa pode viver com integridade e decência neste país. Por favor, sr. Presidente, dê-nos um sinal de esperança. Ajude as vítimas inocentes da injustiça."

Porém, quando Lea foi postar a carta em Boiano, ela viu um casal em uma esquina que parecia estar de olho nela. A mulher estava usando um fone de ouvido. Quando Lea se aproximou, a mulher colocou a mão na bolsa. Lea pensou que fosse para pegar uma arma. "Eu não acreditei nela", disse Denise, a quem Lea contou mais tarde, "mas eu não estava lá e não vi, e minha mãe certamente acreditava que havia alguém que queria machucá-la. Ela estava muito assustada. Decidiu não enviar a carta e me disse que íamos sair outra vez do programa de proteção".

O segundo pedido de Lea para sair do programa estatal foi a gota d'água para os administradores. Eles deram a ela e Denise duas semanas para desocupar o esconderijo e a aconselharam a não se candidatar mais. Lea e Denise estavam por conta própria mais uma vez, e para sempre.

Lea, no entanto, tinha um novo plano. Ela telefonou para a irmã, Marisa, e pediu-lhe que transmitisse uma mensagem a

Carlo. "Ela basicamente disse: 'ok, eu falei algumas coisas que foram inconvenientes para você'", lembrou Denise. "Mas retratei tudo e não vai ter julgamento e ninguém vai ser humilhado. Portanto, você tem que me deixar em paz e deixar minha filha em paz."

Lea queria sair do programa, disse Denise, porque o processo tinha sido "absolutamente inútil". A única vantagem era que, se o Estado não ia usar suas provas, então Carlo não tinha motivos para matá-la. Ela só queria voltar para Pagliarelle e ser deixada em paz para criar tranquilamente sua filha. Em troca, falou que Carlo poderia ver Denise sempre que quisesse. "Ela só não queria mais ter que se preocupar com sua vida e a minha", explicou Denise.

Carlo concordou. Em poucos dias, Marisa foi buscar Lea e Denise em Boiano e levou-as de volta para Pagliarelle. Lea se recusou a ver Carlo e ficou em casa com as cortinas fechadas. Para Denise, era a primeira chance de ver o pai em nove anos. "Ele me levou para passear de carro, a restaurantes, para ver os amigos dele, para comer na casa dele", contou ela. "Disse que deveríamos nos mudar para Pagliarelle e que eu poderia terminar o ensino médio lá." Denise respondeu que queria terminar a escola em Boiano, onde tinha amigos. Ela pediu a Carlo para alugar um apartamento lá, porque ela e Lea não tinham onde morar. Carlo também concordou com isso. Depois da Páscoa, ele e Denise dirigiram até Campobasso, uma curta viagem de ônibus de Boiano, e alugaram o primeiro apartamento que lhes foi mostrado perto da escola, na cidade antiga, por um mês. Carlo então instalou Denise, a mãe dele, Piera, e o sobrinho dele, Domenico – filho do tio Giuseppe –, no apartamento. Como ele estava pagando, o próprio Carlo ficou lá por alguns dias.

Lea ficou furiosa com a forma como Carlo estava se insinuando de novo na vida das duas. Ela não tinha escolha a não ser aceitar o dinheiro dele, pelo bem da filha. No entanto, enquanto Denise, Carlo, a mãe de Carlo e o sobrinho de Carlo dormiam no apartamento, Lea se recusou a encontrar o ex-marido e passou as noites lá fora, no carro. "Dormíamos na mesma cama havia anos", disse Denise. "Foi difícil para ela."

A pressão diminuiu um pouco quando Carlo voltou para Milão, mas o ambiente no apartamento permaneceu carregado de veneno. Em 24 de abril, o aniversário de 35 anos de Lea passou sem comemoração. Em outro dia, ela brigou com a mãe de Carlo, Piera, dizendo que ela não deveria estar lá e que ela, Lea, é quem deveria estar cuidando de Denise, visto que tinha conseguido durante dezessete anos. Pouco tempo depois, Lea teve de levar Piera ao hospital para tratar algo que parecia ser hipertensão. Quando Carlo soube que a mãe estava doente, ele voltou de Milão.

Na noite em que Piera teve alta do hospital, Lea, preocupada com a sogra e incapaz de negar o amor de um filho por sua mãe, se sentou para jantar com toda a família Cosco. Era a primeira vez que Carlo e Lea ficavam no mesmo cômodo em treze anos. Lea estava pronta para explodir. Quando Piera gritou que Lea a estava deixando doente – "ela está me matando com seus gritos" –, Lea, que segurava uma faca de pão, se exaltou. O que raios Piera estava fazendo lá? Por que qualquer um deles estava lá? Que porra *Carlo* estava fazendo lá? Lea e Denise tinham se saído bem sozinhas durante todos estes anos. Ela acenou com a faca para Carlo e gritou com ele. Você tem que ir, disse ela. Saiam daqui agora mesmo! Agora! Agora mesmo!

"Eu chorei durante tudo isso", disse Denise. "Mas meu pai não falou nada. Ele apenas pegou as duas malas que tinha trazido com ele, me deu um beijo na bochecha e foi embora."

Sem dinheiro, Lea e Denise ainda dependiam de Carlo. Precisavam dele até para pequenas coisas como consertar a máquina de lavar quebrada no apartamento. No início de maio, Denise e Lea foram a um festival pop de quatro dias em Roma, retornando a Campobasso no início do dia 5 de maio. Às nove da manhã, Carlo ligou para Denise para dizer que um técnico ia chegar naquele dia para consertar a máquina. Denise disse que tudo bem e foi para a cama. Lea adormeceu no sofá.

Alguns minutos depois, a campainha tocou. Lea enfiou uma faca no bolso de trás e abriu a porta para um homem de barba feita, calça jeans, jaqueta azul e tatuagem em um lado do pescoço, carregando uma caixa de ferramentas com um adesivo do Ursinho Pooh na lateral. O homem disse que viera consertar a máquina de lavar roupa. Ela o deixou entrar e o levou até a cozinha. Observou-o enquanto ele apertava alguns botões na máquina. Ele não abriu o kit de ferramentas. Perguntou a Lea como a máquina funcionava. Lea o analisou.

– Se você tem que me matar, melhor matar agora – disse ela.

O homem voou até Lea, que tirou a faca do bolso de trás. Ele enfiou dois dedos na garganta dela, tentando estrangulá-la. Lea deu-lhe um pontapé na virilha. A caixa de ferramentas caiu no chão. Lá em cima, Denise ouviu o estrondo. "Eu desci e esse homem e minha mãe estavam engalfinhados", contou Denise. "No início, eu pensei que fosse meu pai, porque ele tinha pele escura e usava a mesma jaqueta que meu pai tinha."

Denise pulou em cima do homem e começou a dar socos e pontapés nele. Ela viu o rosto dele: não era Carlo. Mesmo assim, o homem pareceu reconhecer Denise. Olhou para ela em choque, jogou as duas mulheres longe e correu para a porta. Denise o perseguiu e o agarrou pelo pescoço.

– Quem te mandou?! – gritou ela. – Quem te mandou?!

– Me solta! – gritou o homem, e saiu correndo.

Denise foi ajudar Lea, que estava sangrando. As duas examinaram a caixa de ferramentas que o agressor de Lea havia deixado para trás. Dentro, não havia ferramentas de encanador, mas, em vez disso, fita adesiva, arame, corda, tesoura, uma serra e luvas de látex. Lea chamou os *carabinieri*, que entrevistaram as duas e colheram impressões digitais. Depois que eles saíram, Lea disse a Denise que, embora fosse importante ter um registro oficial do ataque, elas não podiam contar com os *carabinieri* para mantê-las seguras. Fizeram as malas, correram para o carro de Lea e dirigiram para uma pousada, tomando o cuidado de estacionar em uma rua diferente. Após permanecerem no quarto durante todo o dia e toda a noite, elas saíram cedo na manhã seguinte sem pagar e dirigiram até a praça principal, onde Lea armou uma barraca em frente à prefeitura. Iam ficar mais seguras onde todos pudessem vê-las, disse ela.

Lea e Denise estavam convencidas de que Carlo havia enviado um assassino para matar Lea. Mesmo assim, quando Carlo ligou, Denise combinou de se encontrar com o pai no centro da cidade. "Eu não tinha escolha", disse ela. "Se uma pessoa quer ferir ou matar você, ou você a deixa, ou você finge ser amigo dela."

Quando Denise viu Carlo, porém, não conseguiu se controlar. Voou em cima dele. Acusou-o de tentar matar sua mãe. Carlo gritou de volta que o ataque não tinha nada a ver com ele.

– Mas você era o único que sabia da máquina de lavar quebrada – disse Denise.

– Seus telefones estão grampeados! – gritou Carlo. – Vocês estavam no programa de proteção! Qualquer um podia ficar sabendo da máquina de lavar roupa! Qualquer um poderia ter enviado aquele cara!

Denise foi pega desprevenida por um segundo. Então ela disse:

– Nunca mais quero ver você. Eu vou com minha mãe.

Lea desejava que as duas pudessem ter o final feliz que Denise queria. Porém, sem dinheiro, proteção estatal ou advogado, sua única opção era seguir o plano original, voltar para a Calábria e tentar de novo uma trégua com Carlo. Elas arrumaram a barraca, pegaram o trem para a Calábria e se mudaram para a casa da mãe de Lea em Petilia, as três mulheres dividindo uma cozinha, um quarto de solteiro e um banheiro minúsculo. Lea substituiu a velha porta da frente de madeira por uma nova de metal. Exceto por andar alguns metros para comprar cigarros, ela ficava dentro de casa.

Para Lea, a vida em Petilia e Pagliarelle era mais claustrofóbica do que nunca. Ela precisava pressupor que a maior parte do vilarejo poderia estar tramando a sua morte. Sendo assim, brigava com as poucas pessoas que via.

Denise logo passou a não suportar estar no apartamento com a mãe. Quase sem se dar conta, ela se viu caindo na rotina da vida de clã, fazendo uma viagem ao campo com o pai quando ele vinha de Milão, almoçando com ele e seus amigos. Em Pagliarelle, não havia como se comportar de maneira diferente. Porém, quando ela voltava para casa com jeans, tênis ou um casaco novos, Lea, que havia criado a filha para desprezar o materialismo, dava um chilique.

O que surpreendeu Denise foi que Carlo parecia achar a situação igualmente difícil. Um dia, ele convidou a filha a uma viagem de férias com ele. Quando Denise pediu a Lea, e a mãe concordou inicialmente, mas mudou de ideia no último minuto, Carlo surtou. "Nessa ocasião, eu realmente entendi o quanto meu pai odiava minha mãe", contou Denise. "Ele a insultou na minha frente e disse que, por toda a minha vida, minha mãe havia tomado todas as decisões por mim e que ainda estava fazendo isso. Ele não suportava mais. Era intolerável. Ele não podia permitir que minha mãe decidisse se eu passava ou não tempo com ele." Marisa, que ouviu por acaso, chamou Denise de lado depois que Carlo partiu.

– Ele realmente a quer morta – disse Marisa. – Ele realmente a odeia.

No final do verão, porém, Lea começou a achar que Carlo talvez estivesse amolecendo. Em setembro de 2009, ela pediu para encontrá-lo, e Carlo foi até a casa. Denise estava lá. "Eles ficaram conversando por mais de uma hora, apenas os dois", contou Denise. "A certa altura, eu não conseguia vê-los em nenhum lugar e fiquei assustada. Mas, quando olhei da varanda, eles estavam no jardim debaixo de uma árvore, só conversando. Acenaram para mim." Lea anunciou que ela e Carlo iriam de carro até Botricello, uma pequena cidade de férias construída ao redor de um castelo medieval na costa que costumavam frequentar quando eram adolescentes. Já eram onze da noite, e ela e Carlo só voltaram às quatro da manhã. Quando Denise perguntou a Lea na manhã seguinte sobre o que tinham ficado conversando tanto tempo, Lea sorriu timidamente e respondeu:

— Você sabe, os velhos tempos. Não é da sua conta.

Podia parecer estranho para os outros, disse Denise, mas ela acreditava que seus pais haviam se amado um dia, e começou a imaginar que eles voltariam a se amar. Grande parte da conversa deles naquela noite foi sobre onde Denise deveria fazer faculdade. Lea preferia Catanzaro enquanto Carlo insistia por Milão. Lea ficou magoada por Denise talvez querer deixá-la. "Depois de tudo o que ela havia passado, depois de tudo o que havia feito por mim, ela falou que eu estava sendo ingrata", disse Denise. Mesmo assim, era uma conversa cotidiana entre pai e mãe. Enquanto isso, Denise e Carlo estavam se acostumando novamente com a companhia um do outro. "Falávamos ao telefone, íamos à praia, jantávamos juntos", contou Denise.

Em 19 de novembro de 2009, Lea e Denise viajaram para Florença. Lea foi acusada no tribunal de uma pequena agressão anos antes, quando ela havia surrado uma adolescente na rua depois que a garota acusou Denise de tentar roubar seu namorado. O caso seria julgado em 20 de novembro. Enza tinha concordado em representar Lea. Na véspera, Denise e Lea foram olhar as vitrines na cidade. Denise viu uma camisola de que gostou, mas sabia que Lea não teria dinheiro e ficou preocupada que, para comprar, a mãe fosse vender o colar e a pulseira de ouro que Carlo lhe dera. Então, Denise ligou para o pai. Carlo disse que roupas novas não eram problema e sugeriu que, depois do julgamento, ela e Lea fossem a Milão para fazer compras todos juntos.

Quando Enza soube do plano, ela disse a Lea:

— É uma má ideia. Carlo está tentando matar você.

Mas, disse Enza, "Lea era uma mulher forte e estava decidida". Lea falou à advogada:

— É Milão, não a Calábria. Uma cidade grande. Pessoas por toda parte. Eu nunca vou ficar sozinha e Denise vai estar comigo. Não vai acontecer nada. Ele não seria capaz de organizar nada a tempo.

No dia do julgamento, Enza conseguiu negociar uma advertência oficial para a cliente. Horas mais tarde, Lea e Denise pegaram o trem da noite para Milão. Ao vê-las partir, Enza decidiu que tentaria impedi-las uma última vez. "Voltem", mandou por mensagem a Lea. "Desçam em Piacenza. A Libera tem um lugar onde vocês podem ficar seguras."

Ao se aproximarem de Milão, Lea mandou sua resposta. "Obrigada, minha advogada, obrigada. Mas Denise e eu temos que tentar criar uma vida para nós. Deus a abençoe. Deus nos abençoe a todos."[31]

"E esta foi a última vez que tive notícias dela", disse Enza.

SEGUNDO ATO

Rebelião em Rosarno

9

Alguns minutos antes do amanhecer do primeiro domingo de 2010, o ruído de uma lambreta podia ser ouvido pelas ruas vazias de Reggio Calabria. Duas figuras se inclinavam na direção do para-brisas para se proteger do frio de janeiro. Na frente, estava uma mulher de casaco escuro, jeans apertados e salto fino, um capacete escuro enfiado por cima do cabelo comprido. Atrás dela, sentava-se um homem de calça jeans e jaqueta escura. Apesar da velocidade com que o par corria sobre os paralelepípedos gelados, o homem recusava-se a abraçar sua companheira. Em vez disso, em seus braços, embalava um saco de lona volumoso, quase como se fosse um bebê.

Depois de seguir a costa por alguns minutos, o casal se afastou do mar e subiu abruptamente em direção ao centro da cidade velha. Eles passaram pelos muros iluminados do Castello Aragonese, construído pelos normandos e ampliado pelos espanhóis no século 15. Quando o casal chegou aos jardins do castelo, a mulher deu uma ampla volta, soltou o acelerador e permitiu que a moto se debruçasse suavemente sobre os paralelepípedos, descendo a colina. Depois de alguns metros, ela parou em frente a um imponente portão de metal, segurando a moto na encosta com as pernas e mantendo a mão sobre o acelerador. Atrás dela, o homem se dobrou sobre a bolsa e puxou o casaco ao redor do corpo, como se estivesse acendendo um cigarro. De repente, houve uma faísca. Chamas saíram da bolsa. O homem saltou da moto e correu em direção ao portão, girando o saco em chamas bem no alto em voltas amplas, como se fosse um laço, para evitar as chamas. A mulher ligou o motor e deixou a moto rolar lentamente pela colina abaixo. O homem deixou cair o saco, correu de volta para a moto em movimento, pulou, e o par saiu rugindo. Segundos depois, o saco explodiu.[32]

Na calma de antes do amanhecer, o barulho da explosão soou através do estreito de Messina como um trovão. O ruído despertou Alessandra e Paolo em seu apartamento. Algumas horas depois, assistindo a uma coletiva de imprensa, Alessandra ouviu um comandante *carabiniere* descrever a bomba como o tipo de dispositivo rudimentar – um bastão de dinamite preso a um cilindro de gás de dez quilos – familiar a qualquer pessoa com a experiência dos esquemas de extorsão do sul da Itália. Fora alguns danos a um portão e a uma grade, houve poucos danos materiais.

Isso não significava que o ataque não tivesse sido sério. O prefeito de Reggio, a Câmara de Comércio, o presidente e vice-presidente do Parlamento italiano, até mesmo o chefe de Estado italiano, o presidente Giorgio Napolitano, enviaram às autoridades de Reggio mensagens de solidariedade. A Itália havia declarado guerra contra a máfia mais poderosa do mundo. A máfia havia iniciado o novo ano sinalizando sua intenção de revidar.

O que estava em jogo nessa nova luta tinha crescido radicalmente nos meses anteriores. Graças a anos de vigilância, pela primeira vez o Estado italiano tinha finalmente um quadro abrangente da estrutura da 'Ndrangheta e de seu negócio de cocaína. Os promotores estavam frente à escala total da missão que haviam empreendido. Sua prioridade também era clara: a costa oeste da Calábria, o coração do comércio de cocaína. Isso explicava o alvo da bomba, detonada em frente ao tribunal de Reggio, a sede da justiça na Calábria desde o início da 'Ndrangheta e, em 2010, escritório do procurador-geral da Calábria, que supervisionava o confisco dos bens da máfia. Se a 'Ndrangheta gostava de enviar mensagens, essa era uma das mais inequívocas do grupo: ou os promotores da Calábria acabavam com sua campanha, ou enfrentariam consequências violentas. Conforme Alessandra e seus colegas absorviam as implicações da advertência, eles chegaram a uma segunda conclusão: para provocar esse tipo de reação, sua repressão devia estar fazendo efeito.

Seguiram-se outros sinais de que a 'Ndrangheta da costa oeste estava sentindo a pressão. Uma semana após a bomba, Rosarno entrou em erupção em três dias de tumultos. A violência começou quando um grupo de adolescentes da 'Ndrangheta, aparentemente entediados e à procura de alguma diversão, disparou uma pistola de ar no acampamento de barracas atrás do porto de Gioia Tauro, onde viviam mais de mil imigrantes da África Ocidental. Centenas de africanos marcharam até Rosarno, protestando, queimando vários carros e lutando com a polícia. Os bandidos de Rosarno, armados com barras de ferro, bloquearam as estradas. Pelo menos dois homens de Rosarno tentaram atropelar imigrantes na rua. Mais de vinte africanos foram feridos, muitos deles, espancados, e três, baleados. Por fim, a tropa de choque chegou. Por ordem do Ministro do Interior, eles expulsaram todos os africanos – um total de 1.200 pessoas – da cidade. Rosarno e seu povo, disse o ministro Roberto Maroni, eram as infelizes vítimas do "excesso de tolerância".

Porém, se os *picciotti* de Rosarno consideravam uma vitória esse racismo descarado, estavam enganados. A violência atraiu a condenação e a indignação de toda a Itália, liderada pelo papa Bento XVI. Um líder da oposição, Luigi Manconi, disse que, ao expulsar os africanos, as autoridades haviam sido cúmplices na criação da "cidade mais branca do mundo". A atenção da mídia também expôs a miserável hipocrisia da 'Ndrangheta – que, afinal, estava atacando as próprias pessoas que havia trazido a Rosarno para trabalhar como catadores de frutas por apenas três euros por dia. Os holofotes em Rosarno também deram ao escritório de Alessandra a oportunidade de uma vitória muito pública.

Um dia após o fim da violência, com os olhos da Itália ainda em Rosarno, sua equipe prendeu dezessete supostos membros do clã Bellocco, o principal rival dos Pesce na cidade, e apreendeu bens no valor de vários milhões de euros.[33]

Quase de imediato, a 'Ndrangheta tropeçou outra vez. Nove dias depois, em Reggio, horas antes da chegada do presidente Napolitano para reforçar seu apoio às autoridades da Calábria em sua nova guerra, uma denúncia telefônica levou os *carabinieri* a um carro roubado estacionado perto de sua rota. O veículo continha duas bombas e duas pistolas. Contudo, o que se destinava a intimidar logo conseguiu o exato oposto. O informante foi preso quase imediatamente e acusado de associação mafiosa. A visita de Napolitano seguiu adiante, embora agora ele tivesse conseguido se fazer de corajoso, desafiando a ameaça da máfia à sua vida e, no território da 'Ndrangheta, saudando um "ponto de virada" na luta contra a organização. Como insulto final, no fim do mês, Reggio Calabria havia sido escolhido como local para uma nova agência italiana encarregada de apreender negócios da máfia e transformá-los em lojas da Libera ou escritórios para policiais, magistrados ou o departamento tributário. Em termos de reação, aquilo parecia desconfortavelmente uma humilhação.[34]

Porém, mesmo que a 'Ndrangheta tivesse perdido as batalhas iniciais em sua guerra com o Estado, a luta estava longe de ter terminado. Alessandra, em particular, estava convencida de que uma fraqueza crucial na estratégia do Estado significava que ele nunca poderia vencer. Pignatone e Prestipino eram pensadores livres que não tinham dificuldade de imaginar que uma mulher da 'Ndrangheta poderia ser tão útil quanto uma promotora, mas, na base, "os promotores italianos ainda não estavam investigando as mulheres", contou Alessandra. Muitos rejeitavam completamente a ideia de que as mulheres poderiam servir à justiça de qualquer forma. ("Quer dizer, *sério*, as mulheres têm olhos e ouvidos", comentou Alessandra.) Eles também se recusavam a ver como algo além de excepcional qualquer coisa que Alessandra estava observando em Rosarno: que, no início de 2010, os homens da 'Ndrangheta tinham percebido que suas mulheres estavam sendo deixadas em paz pelas autoridades e, por isso, começavam a dar-lhes poder. A motorista da lambreta no atentado a bomba de Reggio era mulher. Em toda a província, pelo menos duas mulheres haviam se tornado chefes de clã. No entanto, disse Alessandra, "ainda era muito difícil para nós fazer nossos colegas acreditarem que as mulheres tinham um papel".

Alessandra entendeu que, se muitos promotores e *carabinieri* mal conseguiam conceber uma mulher como membro da 'Ndrangheta, eles descartariam a ideia de uma mulher da organização com a força de se rebelar contra seus homens. "Era outra forma do mesmo preconceito", explicou ela. "A crença de que ninguém, e muito menos uma mulher, vai falar de sua própria família, muito menos testemunhar e acusar sua própria família." Ela admitia que seria preciso uma bravura incomum, mas descartar como impossível era garantir que nunca acontecesse. "Quando a justiça mostra às pessoas que é forte e que o Estado está presente e pode ajudá-lo se você quiser colaborar", disse ela, "a gente vê que os colaboradores aparecem".

No fundo, pensava Alessandra, era uma falha de percepção. Sempre que seus colegas homens viam mulheres e crianças, eles viam a família e nada mais. A maioria parecia incapaz de identificar o que uma família poderia representar em um lugar como Rosarno ou Pagliarelle: um organismo criminoso vivo e respirando. "A estrutura inteira, a natureza familiar dela, torna difícil para muitas pessoas até mesmo reconhecê-la como um problema", disse ela. Mais uma vez, Alessandra se confrontava com a astuta compreensão do que era uma família, por parte da 'Ndrangheta. "O papel desempenhado pela família, e pelas mulheres, as torna muito difíceis de serem rastreadas." Às vezes, ela sentia que era a única capaz de ver o que estava diante de todos eles: mulheres que eram simultaneamente mães, mafiosas e potenciais testemunhas do Estado. Esse tinha sido o problema com Lea Garofalo. O Estado a vira de forma muito simplista, como uma esposa espancada, uma testemunha perturbada, uma vítima. Apenas um promotor, Salvatore Dolce, havia compreendido tudo o que Lea era e tudo o que ela oferecia ao Estado. O que Alessandra precisava era de outra mãe da 'Ndrangheta para mudar a opinião de seus colegas.

No fim, ela teria duas.

De acordo com os preceitos da rivalidade entre clãs, Giuseppina Pesce, de 31 anos, e Maria Concetta Cacciola, de trinta, não deveriam ter sido amigas.[35] Os Pesce lideravam o clã mais poderoso de Rosarno, que governava a cidade desde os anos 1920. Os Cacciola eram a força bruta de seus rivais, os Bellocco. Os Pesce e os Bellocco às vezes cooperavam nos negócios e, às vezes, seus filhos até se casavam. Contudo, conforme os Pesce subiam cada vez mais alto na nova hierarquia vertical da 'Ndrangheta, o nome Bellocco significava cada vez menos – e os Bellocco odiavam os Pesce por isso.

Giuseppina e Concetta tampouco eram parecidas. Giuseppina era dura, uma esposa da 'Ndrangheta que tinha pressionado os homens de sua família para deixá-la tornar-se membro da organização por direito próprio. Havia limites para o que uma mulher podia fazer. Homicídio e violência estavam descartados, e qualquer envolvimento em extorsão, corrupção ou contrabando de drogas estava confinado à contabilidade e à transmissão de mensagens entre os homens. Mas Giuseppina desdenhava qualquer homem que a achasse inferior a ele e comunicava sua igualdade inflexível em uma aparência masculinizada. Ela usava suéteres de lã volumosos com gola em V por cima de camisas baratas e folgadas de operário. Não tinha paciência para maquiagem. Repartia em uma risca malfeita o cabelo castanho sujo, cortado em qualquer comprimento que o deixasse fora do caminho, e debaixo dele seus olhos castanhos viam o mundo com uma falta de expressão que transmitia um ar intimidador e brutal.

Concetta não poderia ser mais diferente. Ela não tomava parte nos negócios dos homens, e seu conhecimento sobre isso ia pouco além dos mexericos sobre onde ficavam os bunkers e quem tinha matado quem.

Ao contrário dos Pesce, os homens Cacciola não aceitavam nenhum sinal de independência ou afirmação em suas mulheres, e mantinham Concetta presa em casa por semanas a fio. Nas raras ocasiões em que lhe era permitido sair, a rebelião privada de Concetta era emergir imaculadamente vestida, como se fosse uma socialite ocupada. Ela preferia calças jeans apertadas com blusas desabotoadas que pendiam soltas em seu peito perfumado. Seus cabelos pretos eram penteados em um longo cacho ondulado que se estendia sobre sua testa, aninhava-se sobre as orelhas e executava um alegre salto sobre os ombros. Ela fazia as sobrancelhas, depilava as pernas, pintava as unhas das mãos e dos pés e combinava tons escuros de ameixa e escarlate nos lábios com rímel pesado e uma pincelada de sombra malva nas pálpebras. Se a aparência de Giuseppina implicava equivalência com qualquer homem, Concetta não se apresentava em nada parecida com eles.

Apesar de suas diferenças, Giuseppina e Concetta eram amigas íntimas desde meninas. Quando cresceram em Rosarno nos anos 1980, a cidade tinha sido um lugar frio e duro de vidas sem amor, onde as meninas podiam ser espancadas apenas por saírem de casa desacompanhadas. Rosarno também era pequena, no entanto, e, sendo estudantes, Giuseppina e Concetta se viam todos os dias no parquinho ou na rua. Quando se aproximavam da adolescência, sua vida também seguiu um curso prescrito idêntico, o que – já que a cidade não tinha ensino médio e as meninas da 'Ndrangheta não tinham permissão para sair – significava um casamento rapidamente seguido pela maternidade.

Giuseppina parou os estudos aos treze anos. Até então, já havia conhecido seu futuro marido, Rocco Palaia, de vinte, cujo pai administrava armas para o clã Pesce. Aos quatorze anos, Giuseppina fugiu com Rocco, um acontecimento comum em Rosarno, conhecido como *fuitina*. Aos quinze, ela deu à luz a primeira dos três filhos do casal, Angela. Nessa altura, Rocco estava fazendo pouco mais do que fumar maconha e ficar deitado em casa o dia todo, então, Giuseppina foi trabalhar na loja da família. Não demorou muito para que Rocco fosse preso, condenado por associação mafiosa.

Concetta sempre teve mais dificuldades do que a amiga. Quando tinha onze anos, seu irmão Giuseppe a pegou brincando na rua com uns poucos garotos locais. Ele bateu nela, arrastou-a para casa pelos cabelos e a proibiu de sair sozinha novamente. Depois disso, Concetta nunca mais saiu para comer pizza ou *gelato*.

– Você conhece meu irmão 'Peppe – dizia. – Sabe que, se ele me visse, me mataria.

Concetta deixou a escola aos onze anos. Quando tinha treze, conheceu seu futuro marido, Salvatore Figliuzzi, de 21, e no mesmo ano fugiu com ele, casou-se com ele e o viu ser levado para a cadeia, acusado de associação mafiosa. Alguns meses depois, aos quatorze anos, Concetta deu à luz a Alfonso, o primeiro dos três filhos do casal.

No momento de sua prisão, Salvatore já batia regularmente em Concetta. Um dia, ele apontou uma arma para a cabeça dela. Quando Concetta reclamou com o pai, ele respondeu:

– O casamento e a vida são seus. Resolve você.

Concetta poderia ter esperado que as coisas melhorassem com Salvatore na cadeia. Em vez disso, seu pai assumiu o papel de disciplinador violento, dando-lhe um dia um tapa na rua quando ela voltou tarde de uma viagem de compras a Reggio. Enquanto isso, em visitas conjugais na prisão, Concetta concebeu uma segunda criança, Tania, depois uma terceira, Rosalba, a quem deu o nome da mãe.

Quando tinham vinte e poucos anos, Giuseppina e Concetta já estavam sozinhas, casadas com maridos encarcerados, mães de três filhos cada. Elas se encontravam nos portões da escola ou do médico, ou no mercadinho da família Pesce onde Giuseppina trabalhava, em frente à casa da família Cacciola. As duas mulheres lidavam com sua situação o melhor que podiam. Concetta tinha de alguma forma permanecido "uma menina ensolarada", disse Giuseppina anos mais tarde, através das lágrimas. "Otimista. Uma força da natureza. Ela sempre ria. Ela sempre se preocupou tanto." Como Lea quando criança em Pagliarelle, Concetta se sustentava com um sonho de amor verdadeiro que a afastaria de tudo aquilo. Com Salvatore na prisão, ela começou a nutrir a fantasia de que não era a esposa abusada de um bandidinho violento, mas uma mulher tragicamente separada de seu amor. Nas visitas à prisão, usava batom escarlate com sombra pesada nos olhos e emoldurava o rosto com longos cachos grossos. Escrevia cartas a Salvatore, que decorava com corações. "Eu saio de manhã para levar as crianças à escola, mas não tenho contato com ninguém", escreveu em 2007. "Como posso viver se não consigo sequer respirar? Se não posso nem mesmo falar com ninguém? Meu pai gosta de me ver infeliz desde o amanhecer até o anoitecer. Se ao menos eu pudesse ter um pouco de paz de espírito. Eu pagaria qualquer coisa, daria qualquer coisa, para ter um pouco de paz. Não sei quanto tempo posso continuar sem você."

Se Concetta sobreviveu se retirando para a fantasia, Giuseppina suportou por pura força de espírito. Como Concetta, ela era espancada pelo marido, mas Rocco batia em Giuseppina não porque ela saía sozinha ou porque estava olhando para outros homens, nem mesmo apenas porque podia, e sim porque Giuseppina insistia em se meter quando não era chamada. "Ele me batia quando eu dizia o que pensava", disse. "Ele me atacava para me calar."

Depois que Rocco foi preso, o pai de Giuseppina, Salvatore, mandou-lhe que se confinasse à casa como Concetta. Ele se recusou a deixá-la ir para a faculdade, divorciar-se de Rocco ou continuar suas aulas de piano.

– Você não vai a lugar algum – gritou ele. – Você vai ficar trancada em casa.

A maneira de Giuseppina conservar alguma autonomia era entrar para os negócios da família. Em poucos anos, ela estava passando mensagens entre chefes na cadeia, lavando dinheiro e supervisionando a coleta de *pizzo*. "Eu faço parte da família", declarou ela mais tarde. "Eu vivia na família. Eu *sei*. Eu vivi e respirei essas coisas, a superioridade, o poder e o privilégio. Ninguém precisava vir me dizer o que fazer. Ninguém nunca falou que era mafioso. Mas eu sabia porque eu estava lá. Eu fazia parte daquilo."

A cada ano que passava, o conhecimento de Giuseppina sobre a 'Ndrangheta crescia. Ela conhecia intimamente sua estrutura de poder. O chefe nominal do clã era o tio dela, Antonino. Como ele estava na prisão, no entanto, outros lidavam com as operações do dia a dia. Por primogenitura, o pai de Giuseppina, Salvatore, deveria ter sido a primeira escolha para substituir Antonino, mas Salvatore nunca havia sido um líder nato: desde menino, seu apelido era "*u babbu*", o bufão. Em vez disso, o manto caiu sobre o filho de Antonino e primo de Giuseppina, Francesco "Ciccio" Pesce, um cabeça quente dado a explosões de raiva e violência que exerce o poder absoluto no lugar do pai.

A 'Ndrangheta era administrada como uma autocracia, mas Giuseppina insistiria mais tarde que isso era aceito de bom grado por seus súditos. Na 'Ndrangheta, a tirania era o que se entendia como liderança efetiva, e o que era preciso para ter e manter o poder. Em seu coração, porém, segundo Giuseppina, uma *'ndrina* era um coletivo. "Decidíamos juntos, como uma família, quem aceitava contratos do Estado, quem tratava da extorsão, quem cuidava dos caminhões, quem supervisionava o comércio de drogas, como o dinheiro era compartilhado. Essa é a força do clã – o fato de sermos todos membros da família juntos."

Dentro da *'ndrina*, esperava-se que os *picciotti* como Giuseppina ajudassem no que fosse necessário. Seu trabalho dava a Giuseppina uma visão abrangente do império dos Pesce. A casa de sua avó de 78 anos, Giuseppa Bonarrigo, servia muitas vezes como base para operações e local de encontro. Ali, a família discutia longamente a delicada questão de quanto *pizzo* cobrar. Os homens mais jovens tendiam a arrancar o máximo que podiam de todos, uma vez chegando a extorquir os ingressos de um circo visitante para toda a família. Os mais velhos advertiam contra o exagero, argumentando que levar um negócio à ruína não era do interesse de ninguém. Outro ponto de discussão era como dividir o lucro. Giuseppina via muitos *picciotti* tentarem resistir a entregar suas receitas a um cofre familiar comum, conforme necessário. Todos concordavam, no entanto, que não poderia haver exceções para o pagamento de *pizzo*. "Um forasteiro não pode se recusar", explicou Giuseppina. "Porque ele tem medo. Porque ele sabe que haverá repercussões. Os homens iam e pediam dinheiro como se estivessem fazendo um favor às pessoas. Mas todos sabiam que não podiam recusar."

Giuseppina conheceu outros lados do negócio. Seu pai, Salvatore, seu primo, Ciccio, e seu marido, Rocco, passavam cocaína pelo porto de Gioia Tauro e escondiam pacotes em casa, prontos para o transporte posterior. Negociando um dia as intermináveis obras da A3 de Reggio Calabria para Salerno, seu irmão indicou quais locais pertenciam aos Pesce e quais a outros clãs. As regras da 'Ndrangheta também exigiam que cada clã tivesse um estoque de espingardas automáticas, pistolas e explosivos. Rocco e seu irmão tinham enterrado o arsenal dos Pesce pela cidade – armas automáticas pesadas, AK-47s, fuzis, pistolas, espingardas–, envolvendo as armas em plástico e fita adesiva com uma bala na câmara, prontas para uso.

– Estamos preparados para uma guerra – Rocco gostava de dizer.

Era o poder de fogo dos Pesce que garantia que a família fosse temida ou, como gostavam de ver, respeitada. Em torno da cidade, as pessoas abriam caminho para Giuseppina. Nos restaurantes, as contas nunca apareciam. Nas mercearias, o gerente saía para servi-la pessoalmente. Se ela fosse ao médico, caminhava diretamente para a frente da fila e "ninguém podia me dizer nada porque eu fazia parte da família". Uma vez, ela foi a um otorrinolaringologista em Gioia Tauro. Ao ouvir seu nome, o homem perguntou sobre a saúde de sua sobrinha e de sua filha, depois baixou o preço até o nível mais baixo possível, dizendo que queria enviar "suas saudações ao meu tio e à minha família".

Porém, se a família desfrutava de sua fama local, outros tipos de atenção a deixavam paranoica. A capacidade da polícia e dos *carabinieri* de ouvir era surreal. Eles escutavam ligações telefônicas, filmavam o interior de casas a vários quilômetros de distância, montavam câmeras secretas em frente a casas e escolas e plantavam escutas em quase qualquer lugar – em carros, muros e lareiras, em pomares e escolas, mesmo sob pedras no jardim da avó de Giuseppina. Os Pesce compraram detectores para encontrar escutas, bem como dispositivos para bloquear seu sinal e scanners próprios para monitorar os rádios dos *carabinieri*. Ainda assim, eram frequentemente obrigados a sussurrar e usar língua de sinais em suas próprias casas. Ciccio vivia dizendo aos outros:

– Não fale muito.

Mais de uma vez, sua paranoia o levou a esmagar o telefone e a televisão, desrosquear cada lâmpada da casa e jogar tudo na rua.

Essa desconfiança forçou muitos chefes a se esconderem. A maioria buscava refúgio em bunkers subterrâneos secretos enterrados nas profundezas do campo. Não era tão ruim quanto parecia. Os chefes equipavam seus bunkers com luzes, televisores, cozinhas e camas confortáveis. Alguns embutiam seus esconderijos nos penhascos para ter uma vista para o mar e o pôr do sol. Outros gostavam de locais bucólicos em pomares ou olivais. Instintivamente territoriais, porém, os Pesce construíram seus bunkers na cidade, muitas vezes sob suas próprias casas. Antes de ser preso em 2005, o pai de Giuseppina havia se escondido durante anos em um bunker com que ele havia gastado milhares de euros reformando sob o piso da casa da avó de Giuseppina.

Se respeito era tudo para os Pesce, a vergonha era inaceitável pela mesma razão. Os traiçoeiros e infiéis não precisavam apenas ser mortos. Eles tinham de desaparecer da face da terra e não deixar lembranças da desonra que haviam trazido para a família.

Em 2010, Michele Prestipino estava investigando vinte "suicídios" calabreses que suspeitava terem sido, na verdade, assassinatos mal registrados. Em um dos mais recentes, uma viúva chamada Dominica Legato havia saltado de sua varanda em Rosarno, em 2007, e morrido. Pelo menos, foi o que seu filho disse à polícia. Giuseppina, Concetta e todas as mulheres de Rosarno suspeitavam de outra versão dos acontecimentos, assim como o médico legista, que encontrou ferimentos de faca nas mãos de Dominica, sugerindo que ela estava se defendendo de um ataque quando caiu. Alguns meses mais tarde, o homem de Rosarno com quem se dizia que Dominica estava tendo um relacionamento também desapareceu.

A fúria total da 'Ndrangheta de Rosarno podia ser aterrorizante. O que a tornava ainda mais perturbadora era como a 'Ndrangheta era capaz de sustentá-la. Em 1979, quando ela tinha 25 anos, o marido de Concetta Teresa Galluci, pedreiro, morreu em um acidente, caindo do quarto andar de um prédio que estava ajudando a construir para os Pesce. Concetta e o marido tinham três filhos. Mais de uma década depois, ela iniciou um relacionamento com Francesco Alcuri, de 23 anos de idade. Em uma noite em novembro de 1993, em Rosarno, Alcuri foi baleado nove vezes na virilha, morrendo onze dias depois em agonia. Concetta, com quarenta anos, fugiu para Gênova, no norte da Itália, onde sua irmã morava. Quatro meses depois de chegar, ela abriu a porta de casa numa noite e foi baleada na cabeça. Os pistoleiros então atiraram na mãe de 72 anos da mulher enquanto ela corria para a sala de estar de camisola, antes de matar sua sobrinha de 22 anos que estava dormindo na cama.

Os Pesce mantinham profundo segredo sobre as vergonhas da própria família. Não era para eles o escrutínio que acompanhava a descoberta de um cadáver. Muito tempo antes, os Pesce tinham calculado que, como o cemitério de Rosarno era o lugar mais óbvio para despejar um corpo, seria o último lugar onde alguém procuraria. Lá em cima em algum lugar, seus ossos misturados com centenas de outros, estava o avô de Giuseppina, Angelo Ferraro, morto por ter um caso extraconjugal. Debaixo do chão da capela estava Annunziata Pesce, prima de Giuseppina, que havia traído o marido e toda a 'Ndrangheta ao fugir com um policial. Raptada na rua em plena luz do dia em 1981, ela foi baleada na cabeça pelo chefe, Antonino Pesce, enquanto seu irmão mais velho, Antonio, observava. A recompensa de Antonio por sua lealdade inabalável? Promoção a uma posição dominante dentro da *'ndrina* para ele e sua família imediata.

Matanças como essas não deixavam dúvidas sobre o preço da traição. Era parte do desespero de muitas mulheres da 'Ndrangheta o fato de os homens continuarem achando necessário levá-las a cabo. Talvez fosse inevitável. As mães da 'Ndrangheta sabiam que seus filhos cresceriam e se tornariam assassinos e traficantes de drogas, destinados à prisão e a uma cova precoce. Sabiam que suas filhas se casariam, como elas, mal saídas da puberdade, com um marido mais velho, abusivo e criminoso. Esperavam perder seu próprio marido abusivo e criminoso para a morte ou para a prisão. Diante de uma vida em que aqueles que Concetta chamava de "homens de coração de pedra" em Rosarno extinguiam toda a luz e alegria do mundo, não era surpresa que as mulheres da cidade agarrassem à pouca doçura que podiam.

Muitos dos homens pareciam entender isso. Sua reação era não aliviar, mas tomar medidas preventivas, particularmente quando, com um marido morto ou na prisão, uma esposa da 'Ndrangheta se via sozinha. A prima de Concetta, Giuseppina Multari, estava presa em casa e praticamente escravizada desde 2005, quando os homens Cacciola mataram seu marido, primo deles, por ser viciado em drogas. Quando seu irmão tentou confrontar os Cacciola sobre a maneira como eles estavam tratando a irmã, ele também desapareceu.

Quando o marido de Concetta, Salvatore, foi preso, seu pai e seu irmão resolveram impedi-la de sair de casa quase sempre. Contudo, tal conservadorismo rígido os fez não notar o fato de estarem vivendo no século 21, no qual a amizade – ou mais – estava a apenas um clique de distância. "Na terra da 'Ndrangheta, a internet é uma janela aberta para um mundo fechado". disse Alessandra. "Ela apresenta as mulheres a um mundo livre. Tende a provocar uma espécie de explosão emocional."

Foi o que aconteceu com Concetta. "Ela começou a explorar o mundo pela web", explicou Giuseppe Creazzo, um promotor em Palmi que mais tarde investigaria a família Cacciola. Concetta descobriu que gostava de notícias de celebridades: pessoas encantadoras levando vidas bonitas. Ela imaginava os casais famosos assistindo juntos ao pôr do sol e saindo à noite. Logo, disse Creazzo, começou a procurar amigos para si. Ela entrou no Facebook. E, lentamente, um sentimento começou a crescer dentro dela. "A cada dia", disse Creazzo, "Concetta se sentia mais rebelde".

Em meados de 2009, Concetta estava conversando regularmente com um homem de Rosarno que havia se mudado para a Alemanha. Giuseppina, mais assertiva, foi além da amiga, iniciando um caso clandestino com um homem chamado Domenico Costantino, com quem havia trabalhado em uma fábrica familiar de frutas cristalizadas. "Ele foi o primeiro homem que pareceu se importar com meus filhos", contou Giuseppina. "Foi o primeiro homem a me respeitar como mulher, o primeiro que me amou."

Em quase todos os outros lugares da Europa, qualquer uma dessas ligações teria merecido condenação ou, talvez, compreensão. Em Rosarno, Concetta e Giuseppina corriam o risco de morrer. O fato de ambas flertarem sem hesitar com esse perigo indicava a falta de amor em sua vida.

10

Em Pagliarelle, os *carabinieri* assistiam ao desdobramento de outro romance ilícito.[36]

Para Denise, um aniversário sem Lea tinha sido seguido pelo Natal sem Lea, depois o Ano-Novo sem Lea, todos passados no apartamento de Lea, no andar de cima da mãe de Lea. Certa noite, a família de um amigo levou Denise a um restaurante na costa para jantar – mas alguém havia trazido presentes de Natal de Milão. Em outra ocasião, quando Carlo levou a filha ao dentista, Denise se permitiu imaginar que seria a coisa mais natural do mundo uma filha perguntar ao pai se ele tinha alguma notícia da mãe desaparecida.

– Coloque uma coisa na sua cabeça: não sei nada da sua mãe – respondeu Carlo. – Ela nos abandonou. Abandonou *você*. Você está sozinha.

Denise já tinha uma relação difícil com a alimentação, e passou a ter episódios de compulsão para aliviar o estresse, ganhando vinte quilos em poucos meses. Se Carlo notou, não pareceu preocupado. A tia de Denise, Marisa, levou a sobrinha a uma clínica, mas, quando isso se mostrou ineficaz, também ofereceu pouca ajuda a Denise.

Desesperada, Denise se voltou para o homem que seu pai havia delegado para ficar de olho nela em Pagliarelle. Carlo dera ordens para Carmine Venturino, de 31 anos, escoltar Denise onde quer que ela fosse e, acima de tudo, mantê-la longe das autoridades. Carmine dirigia Denise para lá e para cá o dia todo. Ele lhe dava mesada. Trabalhava com ela na pizzaria da família Cosco, em Petilia. Quando Denise começou uma nova escola em janeiro, cursando o ensino médio, foi Carmine quem ajudou a instalá-la. Observando tudo isso, as equipes de vigilância começaram a se sentir inquietas. Os oficiais sabiam que Carlo tinha dito a Carmine para vigiar Denise, mas aquilo parecia algo mais.

O que deixou os oficiais particularmente desconfortáveis foi o que estavam descobrindo sobre os movimentos de Carmine na noite em que Lea desapareceu. Os registros telefônicos mostravam que Carmine falou com Carlo dezenas de vezes nas horas após o desaparecimento de Lea e nos dias que se seguiram. Carmine disse pouco de substância em suas ligações, mas seu tom era de pânico e seus movimentos, erráticos. Seu GPS o mostrava saindo de carro da cidade várias vezes nos dias e noites após 24 de novembro. As gravações de voz mostravam que ele estava desesperado para encontrar as chaves de um armazém e que, uma vez que as localizou, continuou voltando para o local. Além disso, pensaram os oficiais, Carmine dividia apartamento com Carlo e era um de seus principais tenentes. Ele *tinha* de estar envolvido.

Em 3 de fevereiro, os *carabinieri* em Campobasso

anunciaram que tinham provas suficientes para prender Carlo por ordenar o ataque a Lea em seu apartamento em maio de 2009. Eles detiveram Carlo, bem quando Denise voltava da escola. Ao ver o pai ser levado algemado, Denise reconheceu o olhar no rosto dele como a expressão da noite em que Lea desaparecera. Uma reportagem no jornal sobre a prisão de Carlo no dia seguinte foi acompanhada por uma foto de outro homem acusado do ataque em Campobasso, Massimo Sabatino.

O jornal dizia que Sabatino era associado do pai dela e já estava preso sob acusação de envolvimento com drogas.

Dois meses depois, os oficiais que investigaram o desaparecimento de Lea podiam se sentir satisfeitos com o progresso. Eles tinham um suspeito principal, para quem haviam estabelecido motivo e oportunidade, e, dos arquivos do caso de Lea, tinham também ampla documentação para respaldar suas alegações. Era útil que Carlo agora estivesse preso também por outro ataque a Lea. Porém, o caso de homicídio contra ele tinha uma falha gigantesca: nenhum corpo. Sem isso, um promotor não poderia sequer afirmar com certeza que Lea tinha morrido, muito menos como.

Foi então que os *carabinieri* deram sorte. Massimo Sabatino, de 36 anos, era um criminoso de carreira com uma longa lista de condenações por roubo e tráfico de drogas. Quando foi indiciado pelo ataque em Campobasso, ele já estava na prisão de San Vittore sob a acusação de tráfico de heroína, depois de ser preso em dezembro de 2009. Lento e pouco instruído, Sabatino entregou a folha de acusação a seu amigo e companheiro de cela Salvatore Sorrentino, que havia sido preso em Milão em janeiro por ter fugido da prisão domiciliar no final de uma pena de cinco anos por roubo. Enquanto Sorrentino digeria o documento, Sabatino explicou ao amigo que, havia alguns anos, vinha cuidando de armas e cocaína para um chefe da 'Ndrangheta em Milão chamado Carlo Cosco. Sua ligação com Carlo era por intermédio da irmã, Rosi, que estava noiva de Rosario Curcio, parte da equipe de Carlo.

Um dia, em abril de 2009, disse Sabatino, Carlo lhe ofereceu 25 mil euros para dirigir até Campobasso e cobrar uma dívida de droga de uma mulher que morava lá. Carlo mais tarde refinou o plano, dizendo que Sabatino deveria ir disfarçado de técnico de máquinas de lavar e amarrar a mulher, arrastá-la até a van e levá-la até Bari, na costa leste da Puglia, onde Carlo e seus irmãos estariam esperando. Carlo também lhe dera cinquenta litros de ácido sulfúrico para carregar na parte de trás da van. Sabatino contou ter feito o que lhe fora mandado, mas que não conseguiu sequestrar a mulher porque a filha dela, que não deveria estar lá, aparecera do nada e saltara em cima dele.

Sorrentino disse que, segundo a acusação, as impressões digitais de Sabatino haviam sido encontradas na máquina de lavar roupa do apartamento. Sabatino concordou que isso era possível: ele tinha usado luvas de látex, mas elas rasgaram na luta com as mulheres. Sorrentino continuou, explicando que a mulher que Sabatino estava tentando sequestrar era uma Garofalo, um nome familiar a qualquer pessoa da 'Ndrangheta. Sabatino alegou nunca ter sabido a identidade da mulher. Sorrentino disse que, de acordo com a acusação, Lea, além de esposa de Carlo, era também uma *pentita* que testemunhara contra ele.

Sabatino começou a perceber que estava realmente em apuros. Ele disse a Sorrentino que sabia de uma segunda tentativa bem-sucedida de sequestro de Lea em Milão, em 24 de novembro. Embora Sabatino tenha enfatizado que não havia desempenhado nenhum papel, ele supunha que Lea estivesse morta. Acrescentou que não tinha álibi nem para maio nem para novembro.

Sorrentino concordou que a situação dele parecia ruim. Sabatino devia estar correndo o risco de prisão perpétua. Sabatino soltou palavrões. Carlo era um filho da puta, disse. Ele não havia pagado pelo trabalho de Campobasso e havia se recusado até a dar dinheiro para pagar um advogado quando Sabatino fora preso em dezembro.

Sabatino não sabia o que fazer, mas seu companheiro de cela sabia. Mais ou menos um dia depois, ele enviou uma carta à promotoria de Milão que investigava o desaparecimento de Lea, oferecendo-se para retransmitir tudo o que seu amigo lhe havia dito em troca de uma pena reduzida. Os promotores, céticos no início, ficaram mais tranquilos quando Sabatino foi transferido para uma cela diferente e seu novo companheiro de cela fez uma declaração confirmando muitos dos mesmos detalhes. Quando um promotor confrontou Sabatino, ele mentiu tão mal – inicialmente alegando que ia cobrar uma dívida de Lea, depois alegando que ia roubá-la e por fim admitindo que estava tentando sequestrá-la – que conseguiu solidificar o caso contra ele e Carlo.

Para os investigadores, o caso estava começando a parecer conclusivo. Mas Sabatino lhes dera algo mais. De acordo com Sorrentino, Sabatino alegou que os irmãos Cosco também haviam matado dois homens da família Garofalo antes. Sabatino até nomeou Giuseppe Cosco como o atirador do primeiro homicídio, que ele acrescentou ter ocorrido em um prédio residencial de Milão em 1995. Mesmo levando em conta a distorção dos boatos de prisão, aquilo parecia corroborar a alegação de Lea de que Giuseppe Cosco tinha atirado em Antonio Comberiati e o matado no número 6 da Viale Montello, em maio de 1995. A alegação de que os Cosco tinham assassinado um segundo Garofalo parecia se referir à morte do irmão de Lea, Floriano, em 2005, um homicídio não solucionado. Ali, enfim, estava a evidência para substanciar as alegações de Lea. Se não haviam acreditado nela em vida, ela estava sendo vingada na morte.

No entanto, ainda havia o mistério do que havia acontecido com Lea. Em Catanzaro, na costa abaixo de Pagliarelle, a promotoria informara Annalisa Pisano de que sua antiga cliente havia desaparecido. "Eles me disseram claramente que devia ser *lupara bianca*", disse ela. Embora ela e Lea não se falassem havia um ano e meio, Annalisa ainda sentia uma forte ligação com a antiga cliente. Naquela noite, ela contou, "eu sonhei com Lea. Ela estava em um armazém, rodeada de chamas, e me pedia ajuda. Ela estava me chamando pelo meu nome. 'Annalisa!' Mas todos estavam dizendo a ela: 'não!'". Todas as noites a partir de então, até o dia em que Lea foi encontrada, Annalisa teve o mesmo sonho recorrente. "As pessoas me perguntavam: 'como você sabe que ela foi queimada?'. E eu respondia: 'porque eu a vejo. Você pode acreditar em mim ou não'. E eu não sou o tipo de pessoa que acredita nessas coisas. Mas eu a via. Quase todas as noites. Ela estava em uma cadeira, em um armazém, cercada pelo fogo, chamando por mim. E, naquele momento, eu acordava."

Para Denise, a prisão de Carlo só aguçou as perguntas sobre a morte de sua mãe. *Como* Carlo a matara? Tinha atirado nela? Sufocado? Cortado a garganta dela? Mandado um de seus homens fazer aquilo? Será que ela tinha gritado? Fora rápido ou ele se demorara? Ele a torturara? Em que momento Lea soubera que ela ia morrer? Denise saberia quando sua própria hora chegasse?

Embora a prisão de Carlo devesse ter sido um alívio, em Pagliarelle, apenas tornou mais difícil para Denise manter a mentira. Em meados de fevereiro, na véspera de sua primeira visita a Carlo na prisão, a equipe de vigilância pegou uma mensagem de texto de Denise para Carmine. Denise estava enlouquecendo. A situação era impossível, dizia. Como ela poderia continuar fingindo quando o pai estava na cadeia, acusado de tentar matar a mãe? Como ela poderia enfrentá-lo? "Carmine me acalmou", contou Denise. "Ele me fez rir. Ele me fez sentir bem."

A paz foi temporária. Quando Denise foi à cadeia de Catanzaro no dia seguinte com seu tio Vito, chorou o tempo todo. Vito tentou demonstrar compaixão, mas não parecia saber como.

– Chorar quando seu pai está na prisão e sua mãe está desaparecida é natural – disse ele, sem emoção.

Carmine estava esperando por Denise quando ela retornou. Uma vez dentro da casa da tia, ela desabou. "Chorei e comi ao mesmo tempo por uma hora", contou ela mais tarde. "Eu estava tão desesperada. Não estava pensando em quem confiava e em quem não confiava. Eu estava desesperada por algum carinho. Eu chorei. Eu comi. Eu gritava: 'me deixem em paz! Tenho que ir para um lugar ao qual não quero ir, viver em um lugar onde não quero viver, com pessoas de quem suspeito? O que você quer que eu faça? Dê risada?'. O que eu sofri ninguém pode entender." No final, Carmine acabou só abraçando Denise. Eles se abraçaram pelo que pareceu uma eternidade. Aí, eles se beijaram.

Nas semanas seguintes, a equipe de vigilância observou como Denise e Carmine se tornaram inseparáveis. "Ela se apaixonou por esse cara, e ele por ela", declarou Enza. "Ela conseguiu se abrir com ele, falar com ele e chorar com ele." Denise também estava ciente de que Carmine era um membro da *'ndrina* de Carlo. Ela lhe perguntava várias vezes o que ele sabia sobre o que havia acontecido com a mãe dela. "Ele sempre respondia que não sabia e que não queria saber", disse Denise. "Eu nunca consegui uma resposta." Para piorar a pressão sobre ela, seu caso com Carmine era outra coisa que ela tinha que manter em segredo. "Carmine me disse para não falar absolutamente nada a ninguém", explicou. "Se meu pai descobrisse, ficaria furioso. Ele tinha dado a Carmine o trabalho de me acompanhar e me controlar, não de namorar comigo. Ninguém podia saber que estávamos saindo. A gente se encontrava à meia-noite nos prados dos arredores de Pagliarelle, para ninguém descobrir."

Incapaz de expressar praticamente qualquer um de seus pensamentos e em constante guarda para não deixar seus verdadeiros sentimentos se manifestarem, Denise passou a permanecer em silêncio durante a maior parte do dia. "Eu não podia gritar [sobre] o que eles tinham feito", disse ela. "Eu não podia gritar: 'vocês são todos assassinos!'." Quando os Cosco lhe pediram para escrever ao pai na prisão no início de março, ela concordou, depois percebeu que não tinha quase nada a dizer.

Para papai

Mesmo que esteja longe de mim, você ainda está perto de mim.
Eu te amo,
Denise

P.S. Não se preocupe comigo.
P.P.S. Eu poderia conseguir para você um javali, se você quiser. Como pode ver, como você, sou alguém de poucas palavras. Mas o que eu escrevo aqui é o que eu nunca poderia dizer a você. Só quero que você fique bem.

Em 25 de fevereiro, em uma demonstração pública de lealdade à família, Denise assinou uma renúncia formal, renunciando ao seu direito ao programa de proteção a testemunhas. Secretamente, porém, ela restabeleceu contato com Enza e outros ativistas da Libera, perguntando se poderiam escondê-la caso ela fosse embora de Pagliarelle. Em 5 de março, ela também se encontrou clandestinamente com os *carabinieri* uma segunda vez e deu um novo depoimento. Para os oficiais, as novas provas de Denise preenchiam a maior parte das lacunas restantes na vida de Lea, até as últimas horas. Porém, para Denise, reviver aquela noite só aumentou o estresse. Ela não conseguia parar de pensar algo que parecia falar cada vez mais alto em sua cabeça: ela deveria fugir de Pagliarelle como a mãe.

No início de abril de 2010, quando sua tia foi viajar por alguns dias, Denise aproveitou a chance. Ela pegou o ônibus para Crotone, depois entrou em um trem de longa distância para o norte. Após um dia, chegou a uma casa segura da Libera nos arredores de Turim.

– Eu tinha que fugir – disse aos seus anfitriões. – Eles não me deixariam viver.

Inicialmente, os Cosco não notaram que Denise tinha desaparecido, mas quando uma semana virou três, não havia mais como esconder. Em 23 de abril, Vito Cosco desceu de Milão e confrontou Marisa e o marido, exigindo saber para onde Denise tinha ido.

Naquela tarde, a equipe de vigilância escutou uma série de ligações entre Marisa e Denise.

– Vito esteve aqui! – disse Marisa. – Onde quer que você esteja, tem que estar aqui amanhã! Eles dizem que só querem falar com você. Depois, você pode ir aonde quiser. Caso contrário, está basicamente dizendo para eles irem se foder.

– Eu sei que tenho que voltar para falar com esses babacas – respondeu Denise.

– Olha, eles só querem ficar tranquilos – continuou Marisa. – Querem saber que você sabe o que tem que fazer.

– O que eu tenho que fazer?! O que eu tenho que fazer?! – gritou Denise. – Eu tenho que ficar quieta! Tenho que ser parada!

– Então que se fodam todos! – disse Marisa. – Mas estamos todos muito fartos dessa confusão aqui. E eu acho que, quando souberem onde você está e o que está fazendo, eles vão se acalmar. Vito ia ver seu pai, mas não foi porque não sabia o que dizer a ele. Neste momento, eles têm medo de que você esteja de volta ao programa.

– O programa em que sua irmã estava!

– Eles só estão com medo, Denise – explicou Marisa. – Não pense demais. Não imagine o pior. Eles não se importam com onde você está ou como você está. Só se importam com eles mesmos. Só querem que ninguém fale a verdade.

Denise retornou a Pagliarelle no dia seguinte. Vito, aparentemente tranquilizado, voou de volta para Milão. Denise teve de esperar uma semana antes de visitar o pai na prisão. A perspectiva de falar com Carlo mais uma vez a aterrorizou tanto quanto da última vez. Ela se voltou para Carmine de novo. "Tenho que esperar uma semana", ela lhe falou por mensagem. "Sei o que você acha – que estou errada –, mas só quero ter a chance de ter uma vida diferente."

"Esta é a semana em que você pode mudar as coisas", respondeu Carmine. "Ninguém está impedindo você de ter a vida que quer. É só fazer as coisas direito, e os outros vão relaxar."

A realidade, como Enza descobriu anos depois, era exatamente o contrário. Os irmãos de Carlo o haviam mantido bem-informado sobre o comportamento de Denise. Ela não estava melhorando, eles lhe disseram. Quando Denise desapareceu, Carlo falou aos irmãos que havia tomado uma decisão. Se e quando ela reaparecesse, teria de morrer. Carlo acrescentou que seria mais fácil se Carmine fizesse aquilo.

Carmine, cada vez mais apaixonado por Denise, sabia que a missão viria, e já havia decidido desobedecer. Contudo, agora que tinha chegado, o tempo estava passando. O chefe tinha dado a ordem de que sua única filha, que ele amava, fosse morta. Era uma decisão que ele não devia ter tomado tranquilamente, mas, dado o comportamento errático de Denise, devia ter concluído ser inevitável. Carlo precisava proteger a 'ndrina e a 'Ndrangheta. Tinha de aplicar o código. As mulheres eram propriedade da organização e repositório de sua honra, e deviam ser adoradas ou descartadas conforme o dever exigisse. Depois de tomar a decisão, ele gostaria que suas ordens fossem cumpridas o mais rapidamente possível. Quando a traição de Carmine se tornou evidente para Carlo durante as semanas e os meses seguintes, Carmine soube que Carlo o faria pagar caro.

11

Apenas um dia depois que Denise retornou à costa leste da Calábria, Alessandra fez seu primeiro ataque contra os Pesce no oeste. Na madrugada de 26 de abril de 2010, em incursões simultâneas em Rosarno, Milão e Bérgamo, com o codinome Operação All Inside [Todos para Dentro], centenas de *carabinieri* se instalaram no império dos Pesce. Eles prenderam um total de trinta pessoas. Dez mandados foram emitidos para membros da *'ndrina* em fuga. Entre os acusados, estava o chefe do clã, Antonino Pesce, tio de Giuseppina, que já se encontrava preso. Seu sobrinho e discípulo, o irmão de Giuseppina, Francesco Pesce, foi preso em Rosarno. Refletindo as convicções de Alessandra, sete dos detidos eram mulheres. Entre elas, estavam a mãe, a irmã, a prima, a avó e a bisavó de Giuseppina, assim como a própria Giuseppina.

As acusações contra a família Pesce incluíram extorsão, lavagem de dinheiro, agiotagem, contrabando de drogas, associação mafiosa e dois homicídios.[37] O leque de acusações indicava como, dentro de seu domínio de Gioia Tauro e Rosarno, a hegemonia dos Pesce era total. "Eles controlam completamente seu território e seu governo", disse Michele Prestipino.

"As pessoas que vivem lá aceitam que, para conseguir algo, têm que bater na porta da máfia e que não há outro futuro senão o que a máfia vê." O poder da 'Ndrangheta em Rosarno estava em seu auge. Em uma cidade de quinze mil pessoas, as autoridades haviam identificado quinhentos membros da organização e centenas de outros associados. Esse domínio esmagador significava um estranho tipo de paz. "Não há necessidade de muita violência", disse Prestipino. "Todo mundo sabe que, se essas pessoas quiserem usar a violência, podem. Eles chegam a um consenso sem atirar."

A gama de bens apreendidos durante a operação era mais uma prova do alcance dos Pesce. Embora os promotores prometessem que as apreensões mais robustas estavam por vir, nessa primeira incursão eles confiscaram veículos, propriedades e negócios no valor de dez milhões de euros em uma das áreas mais pobres da Europa. As empresas dos Pesce incluíam um posto de gasolina, uma revendedora de automóveis, uma empresa de distribuição de alimentos e uma refinaria de açúcar e fábrica de chocolate, cujos documentos nomeavam Rocco Palaia, marido de Giuseppina, como proprietário. Uma estação de rádio de Rosarno, a Rádio Olimpia, era particularmente interessante. Não só era um bem em si, como os *carabinieri* haviam descoberto que os chefes e os *picciotti* na cadeia estavam usando o programa de pedidos da Olimpia para se comunicarem uns com os outros. Os prisioneiros faziam uma pergunta de sim ou não à família – Meu recurso foi aceito? Minhas ordens foram cumpridas? –, e as famílias respondiam ligando e solicitando uma de duas canções para transmitir a resposta. Vincenzo, o tio fugitivo de Giuseppina, também telefonava de vez em quando, pedia ao apresentador que usasse seu apelido e o descrevesse como um ouvinte "à solta". Em outras palavras: ainda estou na área; ainda estou livre.

Giuseppina foi acusada de associação mafiosa, lavagem de dinheiro, extorsão e transmissão de mensagens. Ia pegar mais de uma década na prisão. No entanto, não foi isso que a incomodou.

Os jornais calabreses haviam noticiado que ela fora detida com um homem. Três semanas antes, ela tinha sido avisada pelo tio Vincenzo de que a família suspeitava que ela estava tendo um relacionamento com Domenico Costantino. Seu primo Francesco tinha mandado que a seguissem dia e noite. Agora que ela fora encontrada com Domenico no meio da noite, as suspeitas seriam confirmadas. A punição da família excederia em muito a do Estado. "Em minha família, aqueles que traem e desonram a família devem ser punidos com a morte", contou Giuseppina. "É uma lei." "Ela ia morrer e ela sabia disso", disse Alessandra. "Ela aceitava."

O que Giuseppina não podia aceitar era a súbita implosão do futuro de seus três filhos. Ela nunca tinha estado longe de Angela, de quinze anos, Gaetano, de oito, e Elisea, de cinco, e eles estavam com a família de Rocco. Com Giuseppina indo cumprir uma longa pena, ou sendo executada, e provavelmente ambas as coisas, de uma forma ou de outra, seus filhos seriam criados pela 'Ndrangheta. Gaetano era um menino gentil, especialmente inadequado para a vida que agora tinha diante de si. Anos de brutalização estavam por vir. O pai de Giuseppina, Salvatore, costumava brincar que, quando uma prima dava à luz, ele mandava flores se fosse menina e um revólver calibre 38 se fosse menino. Alguns anos antes, quando um tio perguntou a Gaetano o que ele queria ser quando crescesse e o menino, com toda a inocência, respondeu "policial", o tio lhe deu uma surra e então prometeu conseguir uma arma para ele, para lembrá-lo de quem era. O medo de Giuseppina, ela escreveu mais tarde, era que "eles colocassem uma arma nas mãos dele de qualquer maneira. Quando eu sair da cadeia, meu filho já pode estar em um centro de detenção juvenil. E minhas duas filhas terão que se casar com dois homens da 'Ndrangheta e serão obrigadas a segui-los por aí".

Giuseppina desabafou sua frustração iniciando uma greve de fome e recusando-se a falar com os promotores, mas, em outros momentos, seu espírito parecia quebrado. Ela tentou se enforcar com um lençol em sua cela alguns dias após ter sido presa. Três meses depois, quando foi transferida para a prisão de San Vittore em Milão, ela cortou os pulsos com uma lâmina de barbear. "Houve momentos em que eu quis morrer", disse ela mais tarde no tribunal. "Eu não conseguia suportar pensar em meus filhos sem mim. Eu nunca tinha estado longe deles. Sentia como se estivesse vendo o mundo desmoronar sobre mim."[38]

Os promotores foram pouco compassivos. Se uma

mulher da 'Ndrangheta estava sentindo culpa ou pagando algum outro preço por seus crimes, eles tinham feito seu trabalho. Era uma guerra. Os promotores começaram a receber cartuchos de bala de Kalashnikov pelo correio e a encontrá-los encostados no para-brisa de seus carros. Uma bala enviada a Pignatone em maio de 2010 foi acompanhada por um bilhete que dizia apenas: "você é um homem morto". Dois de seus funcionários descobriram que os motores e freios de seus carros haviam sido adulterados. Os promotores também não podiam contar com muito apoio do público. No mesmo dia das batidas no clã Pesce, a polícia em Reggio prendeu Giovanni Tegano, um chefe da 'Ndrangheta fugitivo havia dezessete anos. Enquanto era levado por uma viatura da delegacia central da cidade à prisão, Tegano foi aplaudido por uma multidão de centenas.

– Giovanni é um homem de paz – gritou uma mulher de setenta anos, para quem Tegano sorriu e acenou de volta.[39]

As ameaças contra eles apenas reconfirmaram a determinação dos promotores em derrubar a 'Ndrangheta. O ritmo era implacável. Alessandra e Giovanni Musarò tinham trinta investigações separadas em andamento contra a 'Ndrangheta da costa oeste. "Nós não íamos deixá-los respirar", disse Giovanni. "Eles estavam acostumados a resistir a uma operação e depois a descansar. Mas nós simplesmente continuamos. Alguém era preso, era substituído e aí nós prendíamos essa pessoa também."

Em 13 de julho, em uma continuação da Operação All Inside, os *carabinieri* encenaram mais batidas pelo país. Dessa vez, eles foram mais ambiciosos. A Operação Infinity [Infinito] envolveu mais de três mil oficiais e resultou em trezentas detenções de toda a hierarquia da

'Ndrangheta. O sucesso mais notável foi a prisão do *capo crimine* Domenico Oppedisano, com oitenta anos de idade, que tirou o chapéu de feltro para os fotógrafos enquanto era conduzido pelas ruas de Rosarno.

Se Oppedisano representava a imagem tradicional de um mafioso do sul, outras prisões refletiam a sofisticação mais recente da organização. Cerca de metade das batidas ocorreram em Milão e nos arredores. Entre os detidos, estavam empresários, advogados, banqueiros, contadores, políticos, policiais e gestores de saúde pública. Pignatone se maravilhou com a gama de figuras agora atrás das grades e com o que isso revelava sobre a capacidade da 'Ndrangheta de "infiltrar-se em uma variedade tão grande de ambientes". Estava surgindo uma nova geração cosmopolita de mafiosos, disse ele, que entendia como a globalização tinha aberto o mundo para negócios ilícitos tanto quanto para os legítimos. "Eles têm diploma", contou ele. "Podem contar com uma rede de profissionais, burocratas e políticos. Conseguem penetrar em qualquer parte da Itália e em qualquer lugar no exterior."

Os promotores juniores de Pignatone estavam extasiados. Muitos tinham se preparado para esse momento durante anos. Alessandra havia esperado a vida inteira. Agora a 'Ndrangheta estava sendo duramente atingida, seus chefes, presos, e seus preciosos segredos, expostos. "Foi nesse momento que revelamos não só que sabíamos que a 'Ndrangheta existia como uma hierarquia e uma estrutura, mas que isso podia ser provado", disse Alessandra. O ministro do Interior, Roberto Maroni, descreveu as batidas como um "golpe no coração da estrutura organizacional e financeira da 'Ndrangheta". A prisão de Oppedisano foi recebida com aplausos de pé no Senado italiano.[40] A guerra seria longa, mas os promotores tinham finalmente mostrado que podiam fazer sangrar a máfia mais poderosa do mundo.

A 'Ndrangheta era uma organização criminosa

secreta que oprimia as pessoas com violência desumana. Para que o Estado italiano ganhasse a guerra contra ela, para que o governo levantasse o jugo que a máfia havia imposto ao povo, precisava oferecer transparência, legalidade e humanidade. Mas, no calor da batalha e com a primeira onda de vitória, o último desses pilares, a humanidade, estava sendo esquecido.

Giuseppina era útil para Alessandra. Ela representava mais uma prova para apoiar sua teoria sobre a influência das mulheres na 'Ndrangheta. Porém, quando Alessandra ficou sabendo das tentativas de suicídio de Giuseppina, não sentiu compaixão por uma mulher cuja situação era inteiramente culpa dela própria. "Eu não acreditava que Giuseppina fosse sincera", disse ela. "E, de fato, ela rapidamente admitiu que não estava realmente tentando se matar, só tentando nos convencer a ajudá-la a se reunir com os filhos."[41]

O mesmo sangue-frio se via na acusação de Carlo Cosco e Massimo Sabatino, por parte do Estado, pelo homicídio de Lea Garofalo em 27 de maio de 2010. A folha de acusação, confidencial nessa fase do processo legal italiano, incluía uma reconstrução detalhada dos movimentos de Carlo na noite em que Lea morreu. Também havia um extenso relato da relação de Lea com o programa de proteção a testemunhas. Para muitos dentro do pequeno grupo de advogados e funcionários autorizados a ler, era uma leitura condenatória. Lea tinha colocado sua fé no Estado, e o Estado a abandonara. Parecia estar disposto a fazer o mesmo com Denise. Como a Itália poderia esperar vencer a máfia se não conseguia nem mesmo proteger aqueles que tentavam ajudá-la? A falta de compaixão do Estado havia matado Lea quase tão seguramente quanto Carlo a assassinara. Enza Rando, advogada de Lea, era especialmente crítica. "Lea tinha que criar seu próprio caminho", disse ela. "O Estado simplesmente não entendia como fazer a proteção a testemunhas funcionar, em especial para uma mulher. Lea tinha a força e a fraqueza de uma mãe. Corajosa, mas ao mesmo tempo com medo. Ela nunca recebeu a ajuda de que precisava."[42]

Alessandra se indignou com as críticas. Ela teria preferido um programa de proteção sem falhas que levasse tranquilamente à acusação e à condenação de mafiosos, mas pessoas morriam na guerra. Às vezes, mafiosos, às vezes, *carabinieri* e promotores, e, às vezes, testemunhas. A morte de Lea não era motivo para mostrar fraqueza. Era razão para mostrar determinação. "Os promotores sempre são culpados", declarou ela. "Mas os fatos são que Lea solicitou a proteção a testemunhas e não tinha informações suficientes para justificá-la. A proteção custa muito dinheiro. Se suas informações não são importantes ou profundas o suficiente, você não consegue."[43]

Mesmo que Alessandra tivesse razão em relação aos limites das finanças do governo, não havia dúvidas de que o Estado havia falhado em um de seus deveres primários: proteger seus cidadãos. Lea havia cruzado a fronteira para lutar do lado do governo, e havia perdido. Como resultado, de acordo com a acusação, ela provavelmente tinha sido torturada, morta e dissolvida em ácido. Por quê? Porque a 'Ndrangheta achava que ela era propriedade deles e que podiam mantê-la ou descartá-la como quisessem – e porque, no final, o Estado tinha feito o mesmo. Alessandra pode ter razão ao dizer que se tratava de uma guerra. Mas, se o Estado estava lutando com a mesma crueldade que a 'Ndrangheta, será que o povo se importaria com quem saísse vencedor?

Não que os promotores italianos antimáfia tivessem nascido peculiarmente insensíveis. Mas eles eram treinados para ser assim. Desde a faculdade de direito, passando pela formação até os anos de trabalho, era dito a eles que a emoção não tinha lugar no serviço. A máfia era calor e sangue. Os promotores eram foco frio, disciplina e procedimento.

Porém, enquanto eles não envolvessem o coração na luta, era fácil confundir o desapego profissional de um promotor com indiferença ou mesmo desdém. As vítimas da máfia mereciam empatia. Muitas vezes, o melhor que os promotores conseguiam demonstrar era piedade. Isolado do mundo, em um interminável vaivém entre um escritório sem janelas, um carro à prova de balas, um tribunal com porta de aço e um apartamento seguro, era fácil para um promotor se esquecer que a guerra acabava sendo lutada em carne e osso, e muitas vezes se ganhava ao capturar corações e mentes. Alessandra desprezou o sofrimento de

Giuseppina. Ela se maravilhou com as tomadas de decisão emocionais que levaram Lea Garofalo à morte. "Lea Garofalo foi para Milão, onde sabia que seu marido estava, mesmo depois de ter sido ameaçada por ele, quase como uma forma de protesto", exclamou ela. Lea tinha seguido seu coração, e isso a condenara. A resposta pensada de Alessandra foi fria. "Eu estudo mulheres da 'Ndrangheta", declarou ela. "Vou a conferências sobre isso. É um assunto pelo qual sou muito apaixonada." Mas ninguém deveria confundir interesse intelectual com apego pessoal. "Eu não me envolvo na vida dessas mulheres", disse. "Não posso."[44]

12

A guerra estava esquentando. Em agosto, um feixe de dinamite industrial foi detonado em frente à casa do Procurador-Geral da Calábria, Salvatore di Landro, em Reggio. No início de outubro, um magistrado antimáfia na Sicília anunciou que tinha informações sobre uma cúpula secreta entre os líderes da Cosa Nostra, da Camorra e da 'Ndrangheta, na qual as três grandes máfias italianas haviam elaborado uma lista de alvos de assassinato. Naquela lista, estava Giuseppe Pignatone. Na semana seguinte, Pignatone recebeu um telefonema no trabalho dizendo-lhe que havia uma surpresa esperando por ele do lado de fora. Acabou sendo um lança-granadas impulsionado por foguetes do Leste Europeu, escondido debaixo de um colchão. A imprensa italiana começou a chamar 2010 de "o ano das bombas e bazucas".

Pignatone declarou sentir-se encorajado pelo que via como as ações de uma organização em dificuldade. Embora as ameaças tivessem de ser levadas a sério, não era o caso de aliviar quando a repressão estava sendo tão claramente sentida. Havia mais indícios de que a 'Ndrangheta estava sendo abalada. Calabreses comuns estavam se apresentando para ajudar o Estado, e isso, disse Pignatone, "nunca tinha acontecido antes". Quando o ministro da Justiça Angelino Alfano declarou prematuramente que a 'Ndrangheta tinha sido "fatalmente ferida", os promotores calabreses torceram o nariz para a pressa dele. Ainda assim, disse Pignatone, não havia dúvidas de que "resultados positivos estão nos dando resultados ainda mais positivos".[45] Um desenrolar era quase sem precedentes, acrescentou ele. Dentro da prisão, membros da 'Ndrangheta tinham começado a falar.

No início de outubro de 2010, o Ministério Público

de Palmi recebeu uma carta da prisão de San Vittore, no centro de Milão. San Vittore é a prisão mafiosa mais notória da Itália. Milhares de mafiosos já cumpriram pena nela, e a maioria passa por lá em algum momento, incluindo Carlo Cosco, Massimo Sabatino e Salvatore Riina, o chefe da Cosa Nostra que ordenou a execução de Giovanni Falcone e Paolo Borsellino. Até escrever a um promotor antimáfia de dentro de San Vittore e solicitar uma reunião era um risco, mas especificar que a reunião devia ocorrer sem um advogado – indicando que o detento estava considerando falar livremente, já que os advogados da máfia trabalhavam para a organização e não para o indivíduo – era perigoso a ponto de sugerir que o preso tinha passado do ponto de se importar. Giuseppina Pesce já era uma mulher morta que caminhava. Talvez ela estivesse pensando em se tornar uma mulher morta que falava também.

– Se você conseguir fazê-la falar – disse Pignatone ao entregar a carta a Alessandra –, teremos feito em três anos na Calábria o que nos levou trinta anos em Palermo.[46]

Alessandra estava em dúvida. Mesmo assim, concordou com Pignatone que Giuseppina estaria mais inclinada a se abrir com outra mulher. E, para Alessandra, mesmo a menor possibilidade de uma promotora de justiça destravar a 'Ndrangheta utilizando evidências de uma mulher mafiosa era irresistível.

Em 14 de outubro de 2010, Alessandra foi levada por um destacamento de segurança através dos portões de San Vittore. Ela foi escoltada até uma sala de reuniões pelo diretor de prisão e por um marechal. Após alguns minutos, Giuseppina foi conduzida até a sala por um guarda penitenciário. Caminhava devagar e com hesitação. Giuseppina tinha ar de prisioneira: cabelo oleoso, os ombros caídos como um animal espancado. "Ela olhou para mim com tanta repugnância", disse Alessandra. "Tanto orgulho, tanto ressentimento e ódio. Eu representava o Estado que estava destruindo sua vida."[47]

Depois desse início pouco auspicioso, a atmosfera piorou rapidamente. Giuseppina logo declarou que queria ser transferida para uma casa segura do Estado e ver seus filhos. Em troca, ela os ajudaria a pegar alguns chefes da 'Ndrangheta fugidos. Alessandra descartou a oferta de imediato. "Ela queria nos dar um par de nomes em troca de liberdade", explicou ela.[48] Era ridículo, pensou Alessandra, e não era assim que os promotores de justiça trabalhavam. Eles não negociavam com gângsteres. Era assim que a máfia os atraía. Alessandra fechou o notebook e fez menção de ir embora.

Giuseppina olhou para Alessandra, assustada. Não era assim que a reunião deveria acontecer. A ideia de Giuseppina era negociar com Alessandra do jeito 'Ndrangheta, ou seja, duro: revelar pouco do que se tem, fingir indiferença com qualquer acordo oferecido e, por fim, extrair o máximo possível em troca do mínimo possível. Além disso, Giuseppina era uma Pesce. Sua família matara funcionários do governo. Sua família era o poder. Ela havia convocado o Estado para vê-la. Apesar disso, ali estava uma promotora – uma mulher! – virando tudo de cabeça para baixo e lhe dando as costas.

Alessandra admitiria mais tarde que estava blefando. Claro que ela queria saber dos fugitivos da 'Ndrangheta. Ela queria qualquer coisa que Giuseppina pudesse lhe dar. Porém, estava atrás de *tudo* o que Giuseppina podia lhe dar. O Estado tinha construído cuidadosamente seu caso contra os Pesce e a 'Ndrangheta. As provas eram boas o suficiente para o julgamento, mas sempre poderiam ser mais fortes.

Era quase inevitável que vários mafiosos, incluindo alguns chefões, acabassem livres. Havia tanta coisa que os promotores não sabiam ou não podiam provar. Quem dirigia o quê? Quem, precisamente, movimentava quanta cocaína? Quem lavava o dinheiro de quem? Quem, exatamente, puxava o gatilho? Na cabeça de Giuseppina Pesce, estavam as provas que poderiam resolver centenas de crimes que se estendiam por décadas. Uma confissão completa dividiria a 'Ndrangheta, devastando uma organização cujo poder dependia do sigilo. Transformaria a luta contra a máfia. O crucial para Alessandra seria também provar finalmente – para a 'Ndrangheta, o Judiciário e toda a Itália – que o machismo era uma loucura tóxica, sem sentido e autodestrutiva.

Alessandra, então, estava apostando. Mas, quando ela chegou à porta, Giuseppina pigarreou.

– Tudo o que testemunho agora – disse ela – é por meus filhos, para dar a eles um futuro diferente.[49]

Giuseppina acabaria contando a Alessandra tudo o

que sabia. Demorou. Alessandra e Giuseppina conversaram durante três semanas dentro da penitenciária de San Vittore. Uma vez que os *carabinieri* resgataram os filhos de Giuseppina dos Palaia, que estavam cuidando deles, e os levaram para uma casa segura em Aprilia, ao sul de Roma, onde se encontraram com a mãe, Giuseppina e Alessandra conversaram por mais alguns meses. Não era apenas o tamanho e a escala do conhecimento de Giuseppina. No início, naquelas primeiras horas e dias, ela também o entregou lentamente. Giuseppina ainda estava dividida entre o amor por sua própria família imediata e a lealdade à Família. "Ela estava desesperada para estar com os filhos", lembrou Alessandra. "Mas era muito difícil para ela trair a família."[50]

Gradualmente, à medida que Alessandra oferecia garantias sobre sua segurança e a de seus filhos, as duas estabeleceram um relacionamento.

"Ela sabia que ia morrer", disse Alessandra. "Ela *sabia* que quem a mataria seria seu irmão. Tive que explicar a ela repetidamente que não é normal você ter que morrer se trair o seu marido."[51] Giuseppina começou a relaxar. Houve até mesmo um momento naquele primeiro dia de outubro em que Alessandra viu os olhos dela passarem do terror e da confusão para a coragem e a confiança. Enquanto conversavam, Giuseppina ficou mais calma e confiante. Alessandra sentiu o começo quase tangível, como o primeiro brilho de uma nova era de colaboração se abrindo bem na sua frente.

Transcritas, as provas de Giuseppina acabariam chegando a 1.514 páginas. Ela incluiu diagramas que desenhou da hierarquia da 'Ndrangheta, descrições de rituais, provas de vários assassinatos e relatos detalhados de círculos de contrabando de cocaína, esquemas de extorsão, lavagem de dinheiro, fraude de cartão de crédito e corrupção pública. "Não sobrou pedra sobre pedra", disse Alessandra. "O conhecimento dela era de 360 graus. Ela me disse muitas coisas."[52] As provas de Giuseppina não só apoiaram os casos existentes mas também provocaram uma série de novos casos. "Todo o caráter de nossas investigações mudou a partir daquele momento", contou Alessandra. "Foi um momento verdadeiramente decisivo." Com base no que Giuseppina lhe disse, no ano seguinte, Alessandra confiscou um total de 260 milhões de euros em propriedades dos Pesce e da 'Ndrangheta, incluindo quarenta empresas, quatro villas, 44 apartamentos, 164 carros, sessenta terrenos e dois times de futebol. O número de prisões foi muito alto. No fim, Alessandra seria capaz de fazer acusações contra um total de 64 homens e mulheres da *'ndrina* dos Pesce, incluindo dois Palaia e catorze Pesce. Giuseppina revelou a localização de três casas em Rosarno sob as quais os Pesce tinham construído bunkers e apontou outros cinco esconderijos subterrâneos. Mesmo em um caso em que não sabia o paradeiro de um bunker, ela ofereceu outra ajuda. Seu primo, chefe do clã em exercício, Francesco Ciccio Pesce, ela disse, "gostava de mulheres, muitas mulheres". Depois que ela deu a Alessandra detalhes de uma namorada, os *carabinieri* seguiram a mulher até que ela os conduziu ao esconderijo de Ciccio, que ele tinha equipado com dezesseis câmeras infravermelhas. Outro chefe foi rastreado em um bunker depois de os oficiais seguirem seus amigos, cujos nomes também foram fornecidos por Giuseppina.

Mais do que a perda de dinheiro ou de pessoal, foi o ato da traição de Giuseppina que abalou a 'Ndrangheta. "Pesce era um nome que criava terror na Calábria", disse Alessandra. "Aquilo – quebrar a corrente, tornar possível que mulheres e crianças deixassem a máfia e ficassem livres e seguras – era uma bomba."[53] Quando a notícia da traição de Giuseppina chegou a Rosarno, seus rivais, os Bellocco, deram uma festa para celebrar a vergonha dos Pesce. Em Reggio, Prestipino e Pignatone estavam igualmente extasiados. "Uma mulher com o sobrenome Pesce, membro orgânico dessa temível família da 'Ndrangheta, uma mulher de um lugar onde as mulheres não têm os mesmos direitos que os homens, ela os trai e cruza para o lado do Estado", disse Prestipino.[54] "Imediatamente, eles perdem prestígio. Perdem poder. É devastador. As pessoas comuns veem que não é verdade que eles ficarão impunes para sempre. Não é verdade que eles sejam invencíveis. As pessoas falam: 'eles não são mais capazes de silenciar nem mesmo um de seus próprios membros'. As pessoas começam a ter dúvidas a respeito deles."

Igualmente importante, os próprios membros da 'Ndrangheta começariam a sentir as velhas certezas em erosão. "Giuseppina mostrou a todos que havia uma alternativa à 'Ndrangheta – que o Estado poderia salvá-los e salvar sua família", disse Alessandra. "Ela era a prova viva de que dava para sair da 'Ndrangheta. Que dava para sobreviver a ela. Que dava para ser livre."[55] Prestipino concordava. "Os membros da 'Ndrangheta começam a perceber que a vida na 'Ndrangheta não é irreversível. Eles têm uma alternativa. Giuseppina é a prova, para todos os membros e mulheres da 'Ndrangheta, de que um membro da máfia não pode simplesmente desistir, mas pode organizar sua vida de uma maneira diferente. Qualquer um pode fazer isso. Isso mina e compromete o consenso que a máfia construiu. É uma crise existencial."[56]

A motivação de Giuseppina para a traição estava enraizada em seu desejo de dar aos três filhos uma vida melhor. "Quero mudar meus hábitos, levar meus filhos comigo e tentar criar um futuro diferente para eles", escreveu ela em um depoimento.[57] Também havia algo mais: ela e Alessandra tinham se conectado. Em certo sentido, eram duas mulheres unidas contra um mundo de homens violentos. Quando Alessandra sentia que Giuseppina estava se retraindo em um assunto sensível – seu casamento, seu caso, como eram os homens Pesce –, pedia aos *carabinieri* homens na sala que saíssem, para que Giuseppina se sentisse menos sujeita a ser julgada e pudesse falar mais abertamente.

Alessandra e Giuseppina estavam descobrindo que tinham mais em comum do que pensavam inicialmente. Eram duas mulheres com um mesmo inimigo, vivendo uma vida difícil, isolada e às vezes aterrorizante. Isso as tornava aliadas naturais. Mais do que isso, garantia que ambas estivessem famintas por amizade. Giuseppina, em particular, havia quebrado a ligação com toda sua família e toda sua vida.

– Estou sozinha – ela dizia muitas vezes aos promotores.

Alessandra sentia que Giuseppina precisava de alguém novo em quem pudesse confiar. Um Estado que cumprisse suas promessas. Um promotor em cuja palavra ela pudesse acreditar. Uma nova vida, não apenas de segurança e sobrevivência, mas de existência plena e significativa, até mesmo com esperança de experienciar alegria e amor.

Talvez mais do que Giuseppina fosse capaz de perceber, Alessandra entendia. Quase pela primeira vez em sua carreira, Alessandra começou a se permitir sentir algo também. Não era apenas mais um caso, disse Alessandra a si mesma. Partindo de um credo ao qual se agarrara desde a faculdade de direito, ela começou a ver Giuseppina não apenas como uma ferramenta para fazer o trabalho, mas como um indivíduo com forças, falhas e necessidades discretas. Alessandra cuidou para que Giuseppina nunca ficasse sozinha e sempre pudesse telefonar para ela ou para sua advogada, dia ou noite. Ela começou a visitar Giuseppina mesmo quando não tinham nada de profissional para discutir. Estava ciente de que estava quebrando suas próprias regras.

Seu relacionamento com Giuseppina estava evoluindo para algo além do técnico ou do objetivo. Às vezes, Alessandra se via como uma gondoleira, transportando Giuseppina de sua antiga vida para a nova. Em outros momentos, falava de como ela e aquela jovem garota estavam estabelecendo "um cordão umbilical".

Aos quarenta anos de idade, na mais improvável das circunstâncias, Alessandra estava se tornando mãe.

13

Em Pagliarelle, Denise desconhecia o progresso dos promotores na caça aos assassinos de sua mãe.[58] Ela não tinha ideia de que seu pai, Carlo Cosco, havia ordenado sua própria morte, nem que Carmine se recusava a obedecê-lo. Ainda assim, fingir viver como uma boa menina da 'Ndrangheta enquanto se encontrava em segredo com Carmine e mantinha contato com a Libera, Enza Rando e os *carabinieri* era um malabarismo impossível. Em 28 de setembro de 2010, ela visitou Carlo na prisão. A conversa foi incômoda e desajeitada. Denise sentia que sua farsa estava se desgastando. "Eu não tinha desejo de ver meu pai", disse ela mais tarde. "Não me sentia sincera em visitá-lo."

Algumas semanas depois, na manhã de 18 de outubro de 2010, o promotor de Milão que conduzia a investigação sobre o desaparecimento de Lea, Giuseppe Gennari, enfim divulgou uma acusação pública de homicídio contra Carlo. Descrevendo a morte de Lea como uma "execução" planejada e ordenada por Carlo, Gennari afirmou que Carlo tinha organizado uma van para tirar Lea da cidade, assegurado um armazém onde ela seria interrogada e torturada, adquirido uma arma para matá-la e fornecido cinquenta litros de ácido sulfúrico para dissolver seu corpo. Apagar qualquer vestígio de Lea permitiria aos conspiradores alegar que ela havia fugido para a Austrália, explicou. O motivo do assassinato, disse Gennari aos repórteres, eram "as declarações de Lea aos promotores, nenhuma das quais, por razões inexplicáveis, jamais foi usada em um julgamento". Especificamente, continuou Gennari, Lea foi morta por seu testemunho sobre o assassinato de Antonio Comberiati. Embora Carlo nunca tenha ficado sabendo o que Lea havia dito aos promotores, Gennari explicou que ele não queria correr nenhum risco. Em todo caso, prosseguiu, Carlo acreditava que Lea deveria ser punida por sua deslealdade e pela vergonha que lhe causara. Desde o momento em que Lea deixou o programa de proteção a testemunhas, em abril de 2009, Carlo estava trabalhando pela oportunidade de sequestrá-la, torturá-la e matá-la. Gennari acrescentou que Carlo tinha tido cinco cúmplices, que ele nomeou como Massimo Sabatino; os dois irmãos de Carlo, Vito e Giuseppe; Rosario Curcio; e Carmine Venturino.

A manhã de 18 de outubro na Calábria foi quente, um dos últimos dias do verão. Denise e Carmine tinham ido até Crotone comprar suprimentos para a pizzaria da família Cosco, onde ambos ainda trabalhavam. Em seguida, deram uma volta pela costa até a praia de Botricello. Seu plano era nadar, tomar sol e, talvez, almoçar alguma coisa. Por volta do meio-dia, enquanto o promotor Gennari falava aos repórteres em Milão, o casal assistiu a uma fila de carros dos *carabinieri* subindo pela orla marítima e parando. Vários oficiais saíram. Eles começaram a atravessar a areia. Denise e Carmine os viram chegar. Então Carmine suspirou, ajeitou a camiseta e ficou de pé com a cabeça abaixada e os braços ao lado do corpo.

Enquanto Denise observava os policiais cercarem seu namorado, algemarem-no, baterem as mãos nos ombros dele e começarem a levá-lo pela praia, ela sentiu o sangue fugir do seu rosto. Sua relação com Carmine ainda era segredo. Algo na atitude deles mostrou a Denise que os oficiais sabiam de tudo, mas ela também teve uma intuição repentina sobre outra coisa. Seguiu os oficiais enquanto eles levavam Carmine até uma viatura à espera. Um homem colocou o braço em volta dela, a levou para um carro diferente e lhe abriu a porta.

– Este é um dos homens que matou sua mãe – disse o oficial. – Este é o homem que dissolveu o corpo da sua mãe em ácido.[59]

14

Giuseppina Pesce e seus filhos se reencontraram em uma casa segura em 5 de novembro de 2010 em Aprilia. Dias mais tarde, sua filha mais velha, Angela, recebeu um pacote de Rosarno. Os *carabinieri* tinham levado Angela e seus irmãos, Gaetano e Elisea, com tanta pressa que as crianças saíram apenas com as roupas do corpo. Finalmente, os Palaia, sogros de Giuseppina, estavam encaminhando seus pertences. As crianças ficaram encantadas. Desempacotando suas camisetas e jeans favoritos, Angela encontrou seu celular cuidadosamente embrulhado em uma camiseta. Ela não contou à mãe.[60]

As ligações de Rosarno começaram quase imediatamente. Os tios e avós de Angela lhe perguntavam se ela estava comendo bem. Como ela estava se virando sem a família? Estava se mantendo afastada daqueles outros? Durante a maior parte dos sete meses que sua mãe esteve na prisão, as crianças viveram com a tia, Angela Palaia, com quem Angela compartilhava nome e sobrenome. Tia Angela telefonava quase todos os dias. Dizia à sobrinha que a família sentia saudade. Prometia comprar-lhe um casaco ou os tênis que ela queria quando ela voltasse a Rosarno. Às vezes, dizia que Giuseppina havia tomado sua própria decisão por suas próprias razões, mas sem parar para considerar as consequências para seus filhos, que estavam sendo arrancados de sua família e de seus amigos. Era injusto, dizia tia Angela. Injusto e coisa de uma mãe ruim. O programa de proteção a testemunhas não era vida para uma adolescente. Pense em tudo o que Angela estava perdendo. Os Palaia tinham tudo o que ela queria. O que o Estado poderia dar a ela que sua família não poderia?

– Diga à sua mãe que você quer ficar com a gente – falava tia Angela. – Se sua mãe quer continuar, que continue sozinha. Mas você volta e fica com a gente.

Angela ficou dividida. Ela amava a mãe, mas também havia se tornado próxima da tia no tempo em que tinham morado juntas. E, embora Giuseppina tivesse prometido a ela uma vida melhor uma vez que estivessem juntas, Angela descobriu que não era nada disso, nem se parecia com qualquer vida que ela jamais conhecera. A garota logo discutiu com Giuseppina, chamando a mãe de egoísta por levar Angela, seu irmão e sua irmã para longe de escola, amigos e família. Angela parou de comer. Recusava-se a sair da cama. A tia lhe dizia que era a mãe que a estava deixando doente. E tudo isso era tão desnecessário, falava tia Angela. Ela prometia que a família perdoaria Giuseppina. Todos a amavam. Todos amavam Angela, Gaetano e Elisea também. Eram família, afinal de contas. Os homens tinham um advogado pronto para lidar com quaisquer declarações que Giuseppina fizesse. A vida poderia voltar ao normal. Seria como se nada tivesse acontecido. Por que todos eles não voltavam para casa? "Angela começou a me chamar de inimiga", contou Giuseppina. "Ela me dizia como tia Angela era boa para ela, como tia Angela a amava."

A mira dos Palaia era boa. Percebendo que Giuseppina havia começado a colaborar para o bem de seus filhos, adivinharam corretamente que ela também pararia por eles. Na época, Alessandra não fazia ideia das discussões telefônicas secretas que aconteciam dentro do esconderijo. Mais tarde, quando descobriu, ela admitiu que, com seu profundo conhecimento da família, a 'Ndrangheta tinha encontrado o ponto fraco de Giuseppina. "Angela tinha apenas dezesseis anos e não entendia a escolha da mãe", disse ela. "E todos sabiam que, sem sua filha, Giuseppina não prosseguiria."

Para a 'Ndrangheta, forçar o fim da cooperação de Giuseppina estava se tornando crucial. Em 23 de novembro de 2010, Alessandra organizou a Operação All Inside II, uma série de novas invasões destinadas a desmantelar o império dos Pesce, dessa vez guiadas em grande parte pelas informações de Giuseppina. Mais 24 membros do clã foram presos. Incluindo dois policiais, um carcereiro e mais duas mulheres: a esposa de 28 anos de um membro da 'Ndrangheta de baixo nível, que estaria passando mensagens entre os chefes; e Carmelina Capria, de 47 anos, esposa do chefe do clã, Antonino Pesce, e supostamente contadora da família.

Em resposta, o clã intensificou a pressão sobre Giuseppina. No início de 2011, as ligações para Angela se tornaram mais frequentes. No início de março, um segundo celular, de alguma forma, conseguiu chegar a Giuseppina. Ela também logo passou a conversar com tia Angela, que disse a Giuseppina que seu marido, Rocco Palaia, ainda a amava, assim como toda a família. Tentou tranquilizá-la, dizendo que ela não deveria se preocupar com vingança. Todos erravam de vez em quando. Rocco estava disposto a perdoá-la. O mais importante era a saúde de seus filhos. Para uma menina de dezesseis anos, estar separada da família não era natural. Era claramente angustiante para ela. Para o bem da filha, disse tia Angela, Giuseppina deveria parar de colaborar, negar as declarações que havia feito e voltar para Rosarno.

Giuseppina falava pouco nessas conversas, mas também não desligava. Quando março de 2011 virou abril, e tia Angela continuava sua chantagem emocional, o cunhado de Giuseppina, Gianluca Palaia, começou a transmitir instruções precisas sobre como Giuseppina deveria terminar sua colaboração. Uma vez que ela deixasse o programa de proteção a testemunhas, Gianluca lhe garantiu que a família encontraria um advogado para ela, cobriria seus honorários legais e alugaria um novo apartamento para ela. Ele providenciou para que ela recebesse três mil euros, que descreveu como um presente de "um bom homem". Como tia Angela, Gianluca tentou ser reconfortante.

– Não se preocupe – disse ele. – Ninguém vai fazer nada com você.

Até mesmo a filha de Giuseppina, Angela, tentou convencê-la.

– Viu? Está vendo? – falava ela. – Agora é com você.

No final de março, Giuseppina recebeu permissão para sair da casa protegida por algumas horas para se reunir com um advogado. Em uma estação dos *carabinieri* em Aprilia, ela conheceu Giuseppe Madia, um advogado de defesa de Roma que já havia representado mafiosos antes e que havia sido contratado pelos Palaia. Madia pediu a Giuseppina que lesse uma carta para o Ministério Público que ele havia redigido em seu nome. Ela declarava que a saúde de Giuseppina havia sofrido com seu tempo na prisão; que as autoridades haviam tirado proveito de seu frágil estado de espírito ao forçá-la a cooperar; e que suas provas eram falsas e que ela as estava retirando. Giuseppina se opôs a várias alegações, mas acabou concordando em assinar. Ela também aceitou a proposta de Madia de se recusar a assinar os testemunhos que dera a Alessandra e exercer seu direito ao silêncio em qualquer outra entrevista.

Giuseppina copiou de próprio punho a carta datilografada por Madia, depois a assinou e datou de 2 de abril. No dia 4 de abril, ela consentiu com uma entrevista aos *carabinieri*, durante a qual respondeu livremente a todas as perguntas. Estava, ela disse mais tarde, "no meio do fogo cruzado". Quando Madia disse aos Palaia que Giuseppina ainda estava cooperando, tia Angela, o cunhado de Giuseppina, Gianluca Palaia, e um terceiro membro do clã, Angelo Ietto, simplesmente apareceram em sua casa segura, explicando às autoridades que tinham ido dar "apoio emocional" à prima naquele momento difícil. Giuseppina percebeu que, mais uma vez, seu destino estava sendo decidido por outras pessoas. "Eu havia feito a escolha de melhorar a vida de minha filha, mas colaborar tinha acabado prejudicando minha filha", contou ela. Ela precisava fazer o que a filha queria. A 'Ndrangheta estava dentro de sua casa, sentada com seus filhos. Se ela se recusasse a cooperar, eles os levariam para sempre. "Eu não podia trair meus filhos", disse Giuseppina. "Eu não podia dizer não."

Em 11 de abril, Alessandra voou de Reggio para Roma, depois dirigiu até Aprilia para ver Giuseppina. Meses de entrevistas haviam levado àquele momento. Fazia 179 dias que Giuseppina havia começado a cooperar e faltava um dia para o prazo legal até o qual os promotores italianos deveriam apresentar suas provas ao tribunal. Alessandra trazia consigo cerca de duas mil páginas impressas, transcrições de todas as entrevistas de Giuseppina naqueles seis meses. Naquelas páginas, estava o retrato mais detalhado da 'Ndrangheta que já existiu. Era o suficiente para derrubar uma das mais poderosas famílias criminosas da Europa e escancarar uma associação secreta e homicida de contrabando de cocaína que havia aterrorizado a Itália durante 150 anos. Era também a mais completa justificativa possível da intuição de Alessandra sobre as mulheres da 'Ndrangheta. Ela achou difícil não sentir um momento de triunfo ao colocar a pilha de arquivos em cima da mesa diante de sua testemunha principal.

Alessandra explicou a Giuseppina que sua assinatura era apenas uma formalidade legal. Tudo o que ela precisava fazer era assinar uma carta de apresentação, afirmando que as declarações que se seguiam eram suas próprias palavras e uma verdadeira representação dos fatos como ela os conhecia.

Giuseppina olhou os papéis. Disse a Alessandra que não podia assinar.

– Você se recusa a assinar porque tudo o que nos disse é mentira? – perguntou Alessandra.[61]

Giuseppina, tentando não olhar Alessandra nos olhos, começou a chorar. Séria, invocou seu direito ao silêncio. Atordoada, Alessandra arrumou seus arquivos e disse que deixaria Giuseppina com seu advogado por alguns minutos para considerar suas opções. Ela voltou meia hora depois.

– É isso mesmo o que você quer? – questionou ela.

Giuseppina começou a chorar novamente.

– Não é o que eu quero – respondeu ela. – É o que tenho que fazer pelos meus filhos.

Ela se recusou a dizer qualquer outra coisa.

Alessandra tentou continuar como antes. Em 16 de abril, ela prendeu a mãe de Giuseppina, Angela Ferraro, e sua irmã, Marina, sob acusações de extorsão e associação mafiosa. As duas haviam sido detidas um ano antes e libertadas sob fiança, mas, com as novas provas de Giuseppina, seus delitos eram suficientemente graves para elas ficarem presas. Sua detenção elevou para 74 o número de membros do clã Pesce que Alessandra havia prendido no ano desde que lançara a Operação All Inside.

No dia seguinte, no entanto, os Pesce revidaram. A *Gazetta del Sud*, principal jornal diário do sul, publicou uma reportagem citando Giuseppe Madia dizendo que Giuseppina havia se retratado. Alessandra desprezou a história como uma mentira típica da máfia. Eles simplesmente não podiam admitir fraquezas, pensou. O Estado estava vencendo a guerra.

Em 21 de abril, Alessandra atacou de novo. Mais uma vez agindo com base nas evidências de Giuseppina, ela lançou a Operação All Clean [Tudo Limpo], voltada para as finanças dos Pesce. Foram bloqueadas 41 empresas, a maioria com sede em Rosarno e arredores, incluindo empresas de caminhões, comerciantes de laranja e limão, postos de gasolina, um complexo esportivo, uma operação de pesca esportiva, uma empresa de plásticos e uma pizzaria. Além disso, os promotores confiscaram cinquenta propriedades – villas, apartamentos, casas e garagens –, 54 lotes de terreno, 51 carros e motocicletas e 102 caminhões. O valor total foi estimado em 190 milhões de euros. "Hoje podemos dizer com satisfação que Rosarno é verdadeiramente livre", declarou Pignatone.

Alessandra mal teve tempo para saborear sua nova vitória quando, em 26 de abril de 2011, recebeu um exemplar do jornal *Calabria Ora*, de Reggio. Na primeira página, o jornal havia impresso o que dizia ser uma carta de Giuseppina Pesce para o procurador-geral da Calábria.[62]

Prezado sr. Juiz,
Com esta carta, quero retirar todas as alegações que fiz em minhas declarações anteriores. Decidi fazer isso não por medo, mas por consciência, porque falei coisas que não correspondem à realidade. Fiz aquelas declarações em um momento em que estava gravemente doente e sofrendo por estar separada de meus filhos.
Os médicos que vieram me visitar quando fui detida testemunharam a gravidade da minha doença e como fui severamente afetada pela prisão a ponto de, por desespero, colocar minha própria vida em perigo. Eu esperava ver meus três filhos, um dos quais tem sérios problemas de saúde. Mas minhas esperanças foram em vão e fui enviada para Milão. Foi o momento em que percebi que morreria se não fizesse as declarações que esperavam que eu fizesse.
O magistrado que conduziu o caso pode detalhar a gênese dessas declarações, nascidas de respostas a perguntas carregadas de acusações impiedosas contra a minha família imediata. Quanto mais eu acusava, mais acreditavam em mim. E eu estava tão deprimida que caluniei meus familiares mais próximos com inverdades. O medo e a doença me levaram a fazer aquelas declarações que agora causam apenas vergonha em meu coração. Sinto-me desnudada, exposta a todos, sem pensar em minha dignidade ou sentimentos. Sinto que eles me usaram. Mas também me sinto melhor porque hoje encontrei a coragem de retirar essas alegações, mesmo temendo o processo monstruoso que ajudei a pôr em movimento. Rezo para que todos, mesmo aqueles que magoei injustamente, possam me conceder um pouco de compreensão pelo que passei e com que continuo convivendo.
Atenciosamente,
Giuseppina Pesce

O *Calabria Ora* deu andamento a seu furo, imprimindo, dois dias depois, uma entrevista de primeira página com Madia, o advogado, sob a manchete: "forçada a se arrepender: Pesce disse o que os promotores queriam". A matéria começava com uma citação de Madia: "sabe quantas vezes falei com minha cliente? Uma vez, em uma estação dos *carabinieri*, depois nunca mais. Dá para imaginar? Hoje eu nem sei onde ela está."

Madia alegou que Alessandra havia "extraído" o testemunho de Giuseppina, usando a "ameaça" de que, a menos que cooperasse, nunca mais veria seus filhos. "Leia este relatório médico, leia o que diz sobre a sra. Pesce", disse ao jornalista do *Calabria Ora*, entregando-lhe um arquivo que alegou ter sido assinado por Nicola Pangallo, um psiquiatra que entrevistou Giuseppina na prisão. "A prisioneira está em um estado muito grave que não permite que ela continue em prisão preventiva… O agente relata que a prisioneira tentou suicídio por enforcamento. A paciente está completamente distante da realidade atual e obcecada pela ideia de sair da prisão e ver seus filhos novamente. Quando ela falou com a filha, a filha respondeu: 'é a minha mãe?'. [A paciente disse]: 'tenho medo de que meus filhos não me reconheçam mais'."

O dr. Pangallo continuou, recomendando que Giuseppina recebesse cuidados especializados em uma penitenciária localizada perto dos filhos, a fim de permitir contatos mais frequentes. "E onde os promotores acham que se encontra a prisão mais próxima de Reggio?", perguntou Madia ao jornalista. "Ora, em Milão, é claro, a mil quilômetros de distância." Foi depois de sua transferência que Giuseppina entrou em colapso e começou a colaborar, acrescentou. "É óbvio que a sra. Pesce não disse a verdade. Ela só disse o que os juízes queriam que ela dissesse. Foi por isso que ela fez aquelas declarações."

Em um editorial, o editor-chefe do *Calabria Ora*, Piero Sansonetti, condenou a conduta dos promotores. "A luta contra a máfia, como todos os exercícios de justiça, deve ser conduzida dentro das regras, estritamente dentro das regras, totalmente dentro das regras", escreveu. "Caso contrário, pode desferir alguns golpes na máfia, mas infligir danos muito maiores ao nosso sistema jurídico e à sociedade." No dia seguinte, 29 de abril, aniversário de 41 anos de Alessandra, Sansonetti deu uma entrevista televisiva na qual repetiu as alegações de Madia, exigiu um inquérito parlamentar e acusou Alessandra de extorsão e chantagem.

Foi o início de uma campanha de um ano do *Calabria Ora* contra Alessandra e os outros promotores antimáfia. Durante esse tempo, Giuseppina seria descrita não como um indivíduo que tinha feito suas próprias escolhas, mas como uma mulher perturbada e fraca que fora usada pelos promotores e manipulada para trair sua família. Uma semana depois, Sansonetti escreveu outro editorial no qual parecia justificar a violação da lei e caracterizar a 'Ndrangheta como vítima da opressão. "Para dizer a verdade, muitas vezes eu não gosto de leis", escreveu ele. "O respeito à lei nem sempre é, em minha opinião, merecido. Eu nunca tomei o partido da lei. A desobediência é uma virtude. Tenho a tendência de achar que é melhor ficar em defesa dos fracos, sejam eles bons ou maus, culpados ou inocentes." Nos meses seguintes, o *Calabria Ora* publicou uma série de reportagens acusando os promotores. Uma delas foi uma entrevista da prisão com Salvatore Pesce, pai de Giuseppina, que criticou a maneira como sua filha havia sido tratada. O tio de Giuseppina, Giuseppe Ferraro, também falou com o *Calabria Ora*, acusando Alessandra de chantagear sua sobrinha, fazer com que os *carabinieri* raptassem seus filhos e forçá-la a dar depoimentos sob a influência de drogas psicotrópicas.

Não estava claro o quanto os Pesce realmente acreditavam naquilo. O público-alvo parecia ser tanto os cidadãos de Rosarno quanto Alessandra e o Estado. Mesmo assim, o Judiciário tinha de responder. O chefe da diretoria antimáfia da Itália, em Roma, primeiro negou qualquer ato ilícito, depois convocou Alessandra para a capital, onde foi solicitado que ela fizesse um relatório e explicasse suas ações. Um promotor em Catanzaro chegou a ser encarregado de investigar Alessandra por extorsão. "A campanha de calúnia não tinha fim", declarou Alessandra.

Ela sabia que estava se tornando um risco para o Judiciário. Mesmo para os colegas que a apoiavam, ela corria o risco de se tornar uma história de alerta: a espetacular ascensão e queda da promotora que voou alto demais. Ela tinha o apoio de Pignatone e Prestipino, mas promotora nenhuma conseguiria tolerar críticas para sempre, muito menos uma que estava na linha de frente de uma guerra contra a máfia.

A única esperança de Alessandra era fazer Giuseppina mudar de novo de opinião. Parecia improvável, mas, nos meses seguintes, Alessandra começou a se fixar na última conversa que teve com Giuseppina, repassando o assunto em sua mente inúmeras vezes. A carta no *Calabria Ora*, na qual Giuseppina retirava suas declarações, claramente fora escrita por outra pessoa. Contudo, quando Alessandra desafiou Giuseppina a declarar que suas provas eram mentira, a mulher havia se recusado a falar. Ela se convenceu de que Giuseppina estava tentando dizer algo a ela. Recusar-se a assinar não era o mesmo que se arrepender. Giuseppina poderia só estar se recusando a assinar seus depoimentos *naquele momento*. Quem podia saber que tipo de pressão a 'Ndrangheta estava exercendo sobre ela?

No início de maio, Alessandra recebeu transcrições de conversas sob escuta entre os Pesce. O conteúdo parecia confirmar a ideia de que, ao contrário do que dizia a carta de Giuseppina, ela estava longe de se reconciliar com a família. Em um diálogo no dia 5 de maio, capturado em vídeo, entre seu irmão Francesco Pesce e sua avó Giuseppa Bonarrigo, Francesco garantiu à matriarca da família que a própria família Pesce não tinha "nada de que se envergonhar".

– Se ela [Giuseppina] estragou tudo, fez isso sozinha, sem mais ninguém da família.

Além do mais, as provas de Giuseppina não eram tão condenatórias, continuou Francesco. A família tinha encontrado especialistas que testemunhariam que ela estava mentalmente doente.

– Ela é louca, louca – concordou a avó de Giuseppina. – Fez isso pelas crianças. Imagine!

Francesco acrescentou que o depoimento de Giuseppina era, de qualquer forma, na maioria dos casos, boato. As mulheres não eram como os homens, falou ele. Elas só ficavam em casa e ouviam os homens falando. Tudo o que Giuseppina podia transmitir era o que ela tinha ouvido. Era um problema criado em casa, disse Francesco.

— E nós o resolveremos em casa. Só temos que tentar levá-la para casa dizendo que a amamos, que a perdoamos e que ela é minha irmã — completou.

Ao ouvir as palavras "resolveremos em casa", a avó de Giuseppina, de 78 anos, assentiu com a cabeça e passou o polegar em frente ao pescoço.

Essa conversa ficaria na cabeça de Alessandra. A motivação de Giuseppina para depor sempre fora dar a sua família uma vida melhor. Aquela compulsão maternal significava que nem tudo estava perdido. Giuseppina ainda devia querer uma nova vida para seus filhos. Ela não tinha negado seus depoimentos, apenas deixado de lado. Se ela planejava levar os filhos de volta para Rosarno, seria apenas até achar que era seguro ir embora de novo. Durante os meses em que trabalharam juntas, Alessandra tinha passado a confiar em Giuseppina, gostar dela e respeitá-la. Giuseppina era resiliente e cheia de recursos. Quanto mais Alessandra pensava nisso, mais se convencia de que Giuseppina estava executando um plano ao invocar seu direito ao silêncio.

— Ela está sendo esperta — disse ela à sua equipe.

Para a 'Ndrangheta, Giuseppina estava tentando parecer que tinha sido domada com sucesso, mas, para Alessandra, Giuseppina estava indicando que permanecia fiel à causa. Ainda planejava cooperar. Estava apenas ganhando tempo. "Ela estava me mostrando que o que havia dito em todos aqueles meses de entrevistas era verdade", contou Alessandra.

Mesmo assim, o tempo não estava do lado de Giuseppina. Como o gesto de sua avó indicava, sua família provavelmente a mataria assim que possível. Como Giuseppina havia deixado de cooperar, o programa de proteção a testemunhas logo a ejetaria, como havia feito com Lea Garofalo — e, se o destino de Lea fosse alguma indicação, a morte de Giuseppina se seguiria em breve. Independentemente de como Alessandra planejava salvar sua testemunha principal, ela precisava agir imediatamente.

15

Ainda enquanto lutava para encontrar uma maneira de resgatar Giuseppina, Alessandra descobriu que o exemplo de sua *pentita* estava inspirando outra mulher da 'Ndrangheta.[63]

Em junho de 2010, cartas anônimas começaram a chegar à casa amarela de dois andares na Via Don Gregoria Varrà, em Rosarno, que Maria Concetta Cacciola compartilhava com os pais. As cartas afirmavam que Concetta estava tendo um caso com um de seus amigos do Facebook. A acusação era absurda. Seu amigo estava na Alemanha desde que Concetta o conhecia. Porém o pai e o irmão de Concetta, Michele e Giuseppe, não hesitaram. Gritando "sua animal imunda!", agarraram Concetta, deram-lhe um soco, jogando-a no chão, e a chutaram até trincar uma de suas costelas. Desesperados para evitar qualquer mancha pública no nome da família, os dois se recusaram então a deixar Concetta ser tratada no hospital. Em vez disso, providenciaram que um médico parente dos Pesce fizesse visitas domiciliares. Tudo isso aconteceu na frente dos três filhos de Concetta: Alfonso, de quinze anos, Tania, de doze, e Rosi, de seis.

Levou três meses para Concetta estar bem o suficiente para sair. Mesmo assim, um de seus primos a seguia aonde quer que ela fosse. Vendo-se um dia sozinha em casa, Concetta ligou para um abrigo de mulheres do outro lado da Calábria, mas desligou antes que alguém atendesse. Em 11 de maio de 2011, os *carabinieri* a convocaram para a estação em Rosarno. A lambreta de Alfonso havia sido confiscada por uma pequena infração de direção, e Concetta precisava pagar a multa antes de ser devolvida. A caminhada de vinte minutos até a estação foi a primeira ocasião em onze meses em que Concetta foi autorizada a sair de casa sozinha.

Concetta entrou na estação dos *carabinieri* e pediu para falar com um oficial. Desde o momento em que o oficial Carlo Carli a conduziu para uma sala de interrogatório e fechou a porta, tudo simplesmente saiu de dentro dela. Concetta perguntou primeiro se Carli conhecia a reputação da família Cacciola e do marido dela, Salvatore Figliuzzi. Quando Carli respondeu que sim, Concetta lhe disse que sua família a tinha mantido praticamente como prisioneira em casa durante os oito anos desde que Salvatore tinha sido preso. A situação havia se tornado intolerável nos últimos onze meses, explicou. Ela contou a Carli a saga sobre sua amizade no Facebook, as cartas venenosas anônimas e a surra. Sua família nunca a perdia de vista. Como se para confirmar, o celular de Concetta logo começou a tocar. Era a mãe dela, Anna Rosalba Lazzaro, perguntando onde ela estava. Concetta disse que precisava ir. Na porta da sala de interrogatórios, ela previu que um dia sua família a assassinaria.

– Se eles descobrirem que estou aqui dizendo estas coisas, vão me matar com certeza – falou ela.

O oficial Carli queria saber mais. Usando a lambreta de Alfonso como desculpa, ele convocou Concetta de volta à estação quatro dias depois. Dessa vez, ela falou com uma mulher e, sentindo-se menos inibida por isso, disse que queria fugir de sua família e de Rosarno. Ela havia comprado passagens para o norte da Itália várias vezes, mas nunca tivera coragem de ir em frente. Tinha até rasgado o bilhete uma vez, quando um de seus primos a seguira até a agência de viagens. A questão, Concetta confidenciou à agente, era que sua família tinha razão. Com o apelido de "Nemi", ela havia iniciado um segundo relacionamento on-line com "Prince 484", um homem de Reggio chamado Pasquale Improta.[64] Inicialmente, era inocente, mas a relação estava começando a evoluir para um caso. Pasquale estava morando a algumas horas dali, em Nápoles. Quando ela lhe contou sobre a surra, ele a incitou a ir até os *carabinieri* para pedir que a protegessem. Concetta queria ficar com Pasquale. Havia dito à mãe que queria se divorciar de Salvatore. Afinal, ele nunca a havia amado e só se casara com ela para ajudar na sua ascensão dentro da 'Ndrangheta.

Concetta explicou que seu pai nunca deixaria que ela se divorciasse do marido, mas era seu irmão mais novo, Giuseppe, de trinta anos, que realmente a assustava. Ele havia sido criado como um verdadeiro fanático, disse ela, e não conhecia nada fora da 'Ndrangheta. Ela precisava avisar os amigos para se afastarem dela caso Giuseppe suspeitasse que eles a ajudavam. Concetta só conseguia relaxar quando Giuseppe viajava a trabalho ou, uma vez, quando ele desapareceu por alguns dias imediatamente após um homicídio em Rosarno. Mesmo então a esposa de Giuseppe havia puxado Concetta de lado e sussurrado a ela para não falar livremente dentro de casa, porque Giuseppe havia colocado escutas no local.

– Giuseppe tem uns episódios de raiva – falou Concetta. – Ele é capaz de fazer qualquer coisa. Podia me fazer desaparecer. Só está esperando provas de que estou tendo um caso. Mais cedo ou mais tarde, ele vai vir até mim e dizer: "Venha comigo". Esse é o dia em que eu desaparecerei.

Em 23 de maio, Concetta retornou à estação e falou novamente com o oficial Carli. A cada visita sucessiva, ela parecia ganhar coragem. Dessa vez, ela deu mais detalhes sobre como seu pai e seu irmão batiam nela. Acrescentou que estava pensando em partir para Nápoles. Em 25 de maio, foi para a estação dos *carabinieri* em Gioia Tauro. Nessa ocasião, terminou a conversa dizendo que estava disposta a fazer uma declaração sobre sua família em troca de proteção como testemunha. Quando voltou à estação de Gioia Tauro no dia seguinte, sua quinta visita aos *carabinieri* em duas semanas, encontrou Alessandra e Giovanni Musarò esperando por ela.

Concetta disse aos dois promotores que poderia falar por no máximo noventa minutos. "Foi um interrogatório complicado", lembrou Alessandra. "Precisávamos saber quem tínhamos diante de nós, por que ela estava falando conosco, o que era capaz de nos dizer e se estava mentindo. E ela estava muito assustada. Havia dito à família que tinha que ir até os *carabinieri* para pagar uma multa. Isso lhe deu mais tempo do que o habitual fora de casa. Mas ela estava preocupada. Não parava de olhar o relógio."[65]

Os promotores concluíram rapidamente que Concetta era confiável. Seu conhecimento sobre os clãs de Rosarno era extenso. Ela lhes contou detalhes sobre o assassinato de Palmiro Macri, de 62 anos, baleado em uma rixa de clã por um atirador usando uma Kalashnikov, em julho de 2008, quando passou por Rosarno em seu Fiat Panda. Descreveu como um chefe chamado Umberto Bellocco havia matado Salvatore Messina, irmão de sua esposa, e depois colocado a culpa do assassinato no primo de Concetta, Gregorio Bellocco, algo que causou uma fissura entre os Bellocco e os Pesce durante anos. Contou a história de como os Bellocco haviam expandido seus esquemas de extorsão para o interior da cidade de San Ferdinando. Identificou a localização de pelo menos dois bunkers, enterrados sob uma antiga fábrica em Rosarno, e explicou como eles estavam equipados com televisores e refrigeradores abastecidos com alimentos e champanhe. A hipocrisia dos chefes parecia ultrajar Concetta. Pendurada na parede onde "esses homens sem honra se fecham como animais", disse ela, havia uma imagem de São Pio de Petrelcina.

– Estou falando de assassinos – acrescentou ela –, gente que abate pessoas infelizes que pensavam que eles eram amigos, homens que convidaram para jantar e que não são mortos por honra ou por causa da família, e sim só por dinheiro e poder.

Os dois promotores se impressionaram com a determinação de Concetta. "Fiquei muito impressionado", disse Giovanni. "Muito frequentemente, pessoas como ela, que passam por dor e sofrimento, sentem dúvida. Concetta estava aterrorizada, mas também muito resoluta."[66] Quando Alessandra lhe perguntou se ela gostaria de levar os três filhos com ela para o programa de proteção a testemunhas, Concetta recusou.

– Eu não quero que meus filhos enfraqueçam minha determinação como aconteceu com Giusy – disse ela. – Preciso encontrar minha força nas escolhas que faço. Depois que eu estiver no programa, você pode ir encontrar meus filhos, contar a eles o que fiz e por que, e eles podem decidir por si se devem ou não se juntar a mim.[67]

Porém, algo na história de Concetta incomodava os dois promotores. Giovanni focou a razão pela qual o pai e o irmão a haviam espancado. Pediu a ela que explicasse as cartas anônimas. Elas não poderiam simplesmente ter aparecido do nada. "Giovanni a pressionou um pouco", contou Alessandra. "Ele percebeu que ela estava mentindo. Ela estava escondendo algo."

Concetta não disse nada. Porém, quando os dois promotores fizeram uma pequena pausa, Concetta esperou até que Giovanni e um oficial *carabiniere* estivessem conversando e se aproximou de Alessandra.

– Se você quiser, posso falar sobre minha relação com Pasquale – disse ela –, mas tenho vergonha demais para falar na frente dos homens.

"Mesmo dentro de uma estação dos *carabinieri*, negociando sua saída da 'Ndrangheta, Concetta ainda era vítima do sistema mafioso", disse Alessandra.[68]

Quatro dias mais tarde, na noite de 29 de maio de

2011, Concetta saiu escondida da casa da família no meio da noite e correu para uma viatura dos *carabinieri* à espera. Em seu quarto, ela havia deixado uma carta para a mãe.

Querida mamãe,

Não sei por onde começar. Não consigo encontrar palavras que justifiquem esta minha ação. Mamãe, você é mãe! Só você pode entender uma filha. Eu conheço a dor que estou lhe causando. Explicando tudo a você, aí, pelo menos, você pode explicar a todos os outros. Eu não queria deixá-la sem dizer nada. Quantas vezes quis falar com você? Quanto eu queria poupá-la da dor? Mas eu falhei. E toda essa dor, eu a transformei em agressão e a descarreguei na pessoa que amo mais do que tudo.

É por isso que estou confiando meus filhos a você. Mas uma coisa eu lhe peço. Não cometa os erros que cometeu comigo. Dê-lhes uma vida melhor do que a que eu tive. Aos treze anos, pensei que o casamento me daria um pouco de liberdade. Em vez disso, arruinei minha vida. Salvatore nunca me amou, nem eu a ele. Você sabe disso. Portanto, não cometa os mesmos erros com as crianças, eu lhe imploro. Dê-lhes espaço. Se você as isolar, elas começarão a se comportar mal porque se sentirão presas. Foi assim que você me tratou.

Não posso escrever muito mais. Eu só queria pedir-lhe que me perdoasse, mãe, pela vergonha que estou lhe trazendo. No final, percebi que eu estava sozinha – sozinha no meio de todo mundo. Eu nunca conheci luxo e nunca quis dinheiro. Mas agora tenho a paz, e o amor, e a satisfação que se sente ao fazer um sacrifício. Esta vida não me deu nada além de dor. A coisa mais bela da minha vida são os meus filhos. Eu os mantenho em meu coração. Dê sua força a eles. Não deixe que o pai deles os leve; ele não é digno deles. Cuide de Alfonso. Ele sofreu quando menino e é por isso que é como é. Ele não é forte. Você precisa vigiá-lo de perto.

Vou viver o tempo que Deus permitir, mas tenho que tentar encontrar alguma paz em meu coração. Mamãe, me perdoe. Por favor, reze por perdão por todo o mal que estou causando. Vou para um lugar onde possa encontrar um pouco de serenidade. Não me procure ou você vai se meter em problemas. Não posso falar mais com você e não posso abraçá-la, só posso escrever – mas não poderia partir sem lhe dizer que estava indo e desejar que você fique bem. Só tenho você e meus filhos em mente. Eu te amo, mamãe. Abrace meus filhos como você sempre fez e não fale sobre eles a ninguém que não seja digno deles. Mamãe, adeus. E me perdoe. Perdoe-me se você puder. Eu sei que nunca mais te verei. É assim que deve ser com uma família honrada. É por isso que você perdeu sua filha. Adeus. Eu sempre te amarei. Perdoe-me, pois também eu rezo por perdão. Adeus.

No painel do carro da família, Concetta também deixou um breve bilhete para o pai e o irmão. "Vou fazer como minha amiga Giusy", escreveu ela.

A admissão formal de uma testemunha ao programa

de proteção levava meses, mas Concetta precisava de proteção imediata. Os *carabinieri* a levaram para uma estância de férias isolada, a Colle degli Ulivi, perto de Cosenza, nas colinas acima da cidade costeira de Sibari, duas horas de carro ao norte de Rosarno.

A Colle degli Ulivi era um lugar seguro, discreto, geralmente frequentado por famílias do norte da Itália em férias. Tinha três restaurantes, um bar, um solário, uma jacuzzi e uma piscina gigante, e oferecia a seus hóspedes passeios a cavalo, *mountain biking*, tênis, arco e flecha, karaokê e caminhadas nas colinas ou até a praia. Nas refeições, os bufês gigantes eram preparados com frutas, saladas e frios, ou podia-se pedir à la carte, e havia todo tipo de vinho. Os agentes de proteção de Concetta permaneceram no local, mas, fora isso, deixavam-na fazer o que quisesse.

Concetta adorou. Ela podia caminhar até a cidade ou até a costa quando quisesse. No hotel, à medida que a temperatura aumentava com o início do verão, os quartos se enchiam lentamente de hóspedes: famílias jovens, casais idosos, estrangeiros. Ninguém a conhecia. Ninguém sabia o significado do sobrenome Cacciola. Não havia vergonha nem castigo. Concetta percebeu que, aos 31 anos, pela primeira vez na vida, ela era verdadeiramente livre.

Pasquale foi visitá-la por algumas noites. Funcionários e convidados se lembrariam mais tarde de como Concetta parecia igualmente feliz conversando com completos desconhecidos, chegando prontamente na hora das refeições na esperança de conhecer alguém novo. Ela deu em cima de vários homens solteiros durante os dois meses em que esteve lá. "Nesse novo ambiente, ela conheceu muitos homens", contou Giuseppe Creazzo, o promotor que mais tarde investigaria seu caso. "Fez amor com muitos deles. Era uma maneira de estar viva. Era a melhor forma que ela conhecia de se comunicar."

Em 16 de junho, Alessandra dirigiu até Sibari, e Concetta lhe deu o máximo de detalhes que pôde sobre os bunkers. Dois dias depois, Giovanni chegou para uma terceira entrevista e para examinar as evidências anteriores de Concetta. Ela identificou vários membros da 'Ndrangheta a partir de fotos de prisões que Giovanni trouxe consigo e acrescentou detalhes sobre os assassinatos e esquemas de extorsão que ela havia descrito. Quando Giovanni perguntou, Concetta confirmou, em uma declaração escrita, que estava disposta a deixar seus três filhos com a avó. "Acredito que eles não correm perigo", escreveu ela. "Acredito que meus filhos não precisam do Estado para protegê-los."

Concetta pareceu a Giovanni "mais serena e em paz" do que quando ele a vira pela última vez. Significativamente, "ela também continuava determinada". Sem interrupções, Concetta entrou em detalhes sobre como o clã Bellocco dirigia sua operação de agiotagem. Dois irmãos de uma amiga dela, Rita Stefania Secolo, tinham pegado emprestados seiscentos mil euros dos Bellocco. Dois anos mais tarde, a dívida deles era de um milhão de euros.

– Stefania me contou que os Bellocco tinham ameaçado matar seus irmãos se o dinheiro não fosse devolvido – declarou Concetta. – Eles disseram que aceitariam um prédio residencial de propriedade da família como pagamento parcial. Até atiraram em uma loja no andar térreo e disseram a Stefania que teriam matado alguém se a arma não tivesse emperrado.

Stefania acabou morando no último andar do prédio, em cima de seu antigo apartamento, pagando aluguel aos extorsionários da família Bellocco que haviam se mudado para o andar de baixo.

Cada dia que Concetta permanecia na Colle degli Ulivi era mais uma pequena aventura. Quando a aprovação formal para sua entrada no programa de proteção a testemunhas chegou, no fim de julho, ela foi transferida para Bolzano, nos Alpes. Porém, quando um novo homem que ela levou para seu quarto de hotel se revelou um ex-presidiário, seus oficiais de proteção a mudaram novamente, desta vez para Gênova, na costa noroeste da Itália.

Se a partida deu a Concetta uma nova sensação de paz, criou tumulto em Rosarno.

– Sua fuga abriu as portas do inferno – disse-lhe sua amiga Emanuela Gentile, em um telefonema grampeado pelos *carabinieri*. – Seu pai surtou de verdade. Sua mãe andava por aí gritando "Eles nos arruinaram", chorava e arrancava os cabelos. Seu irmão deixou crescer uma barba longa e se trancou longe, em uma casa à beira-mar, de vergonha. Ele nunca sai. Agora *ele* é o prisioneiro.

Alessandra e Giovanni não puderam deixar de curtir o tumulto. "Era o fato de ela ser uma mulher com o sobrenome Cacciola", explicou Giovanni. "Isso era realmente inaceitável para eles. A reação da 'Ndrangheta a Giuseppina e Concetta não era proporcional à informação que elas nos deram – a maior parte era boato, não confissão de assassinato ou qualquer outra coisa, mas, para a 'Ndrangheta, não tinha a ver com a informação. Era o valor simbólico de elas entregarem provas ao Estado."

Alessandra se deleitou particularmente ao ler as transcrições da família Cacciola. Os *carabinieri* tinham grampeado seus telefones e colocado uma escuta no carro da família. Quase se podia ouvir a 'Ndrangheta se despedaçando. Em uma gravação, Anna Rosalba Lazzaro, mãe de Concetta, falou sobre a integrante dos *carabinieri* em Rosarno com quem Concetta havia falado.

– Aquela vaca da polícia! – gritou Lazzaro. – Ela tem algo com os juízes! É uma puta!

Em outra ocasião, Alessandra escutou a mãe de Concetta tentar entender as ações da filha.

– Ela não via nada na vida dela – disse Lazzaro. – Mas ela nunca enxergou toda a verdade. Ela sempre foi assim. Ela escapou aos treze anos! Ela nunca viu nada na vida dela, pobre diabo. E eles tiraram vantagem disso, esses malditos indignos! Malditos! É muito fácil só falar. Você só diz que seu irmão te disse isso, que seu pai te disse aquilo, que a puta da sua mãe te disse outra coisa.

Lazzaro suspeitava que um dia Concetta mandaria buscar os filhos. Achava insuportável pensar nisso.

– Ela quer afastá-los de suas raízes e levá-los para onde? Como ela vai sustentá-los? Ela não sabe nem varrer o chão! Não! Ela precisa voltar para casa. Os *carabinieri* não têm nenhuma prova real. Em uma semana, ninguém em Rosarno vai estar mais falando disso.

Michele Cacciola, pai de Concetta, estava igualmente perturbado. Em casa, ele soltava invectivas que podiam durar uma hora.

– Essa merda que não vale nada! – gritou ele em um episódio gravado em 11 de julho de 2011. – Trabalhei vinte anos por ela!

Michele parecia muito perturbado com sua perda de status.

– Eu tinha uma família [tão boa] que eles [o povo de Rosarno] tinham inveja de mim – berrou ele. – Eu gostava de ver meus netos crescerem. Ninguém era mais feliz do que eu.

Michele viu a partida de Concetta não como a tentativa dela de criar uma nova vida, mas como um ataque do Estado contra ele.

– Essas pessoas desprezíveis, esses malditos que não valem nada, tirando uma filha do seu pai! Que lei é essa para vir até mim e levar minha filha? Será que comecei uma briga com eles? Será que eles sabem quem eu sou? Se eles têm algo contra mim, então me prendam! Eles estão tirando as filhas de seus pais!

Não que falar com uma mera mulher fosse adiantar alguma coisa para o Estado, disse Michele.

– Eles esperam que ela me desonre. Mas o que ela pode saber de mim? Ela não sabe de nada. O que uma *mulher* pode saber em minha casa? Você acha que eu contei à minha filha sobre meus malditos negócios? Ela não sabe nada!

Esses homens da 'Ndrangheta, pensou Alessandra. Tratam suas mulheres como lixo. Mas, quando uma os abandona, eles desmoronam.

16

Assim que Alessandra teve certeza de que Concetta estava segura, ela transferiu seu foco de volta para Giuseppina. Desde que tinha deixado de cooperar com o Judiciário, as opções de Giuseppina diminuíam constantemente. O plano da 'Ndrangheta para levá-la de volta a Rosarno estava bem encaminhado. A família havia alugado para ela um apartamento em Vibo Marina, uma cidadezinha à beira-mar ao norte de Rosarno, e uma ordem judicial transferindo a prisão domiciliar de Giuseppina para lá estava sendo redigida. Alessandra suspeitava que o clã a mataria quase tão logo ela chegasse. Enquanto isso, o programa de proteção a testemunhas estava analisando sua expulsão, por ela ser uma testemunha não cooperante. Quando maio virou junho, Alessandra contou que tinha semanas ou até mesmo dias para salvar sua testemunha.

A ordem de transferência de Giuseppina para Vibo Marina foi emitida em 9 de junho. Antes que pudesse ser executada, na manhã do dia seguinte, Alessandra recebeu uma ligação dos agentes de proteção no esconderijo de Giuseppina em Aprilia. Ela, seu namorado Domenico

Costantino e sua filha Angela tinham ido passar um dia em Lucca, na Toscana, quatro horas ao norte, deixando os filhos mais novos dela, Gaetano e Elisea, com uma babá. Os oficiais acrescentaram que Angela vinha ameaçando sair de casa para ir ver um amigo em Lucca. Quando Domenico viera de Rosarno alguns dias antes, Giuseppina tinha aproveitado a chance de fazer sua filha feliz uma última vez. "Eu estava vivendo aqueles dias como se fossem os últimos que ia passar com meus filhos", contou ela mais tarde.

Era a oportunidade de que Alessandra precisava. Como colaboradora, mesmo tendo parado de falar, Giuseppina desfrutava de alguma liberdade, mas ela ainda precisava de permissão para viajar longas distâncias. Pela lei, uma viagem a Lucca violava as condições de sua prisão domiciliar. Alessandra correu para o escritório de vigilância dos *carabinieri* em Reggio. No caminho, ligou para a equipe de vigilância da máfia dos *carabinieri* em Lazio. Alessandra falou ao oficial de plantão que precisava que os *carabinieri* interceptassem Giuseppina na rodovia de Lucca na volta para Aprilia. Se Giuseppina pudesse ser pega em flagrante quebrando as condições de sua detenção, Alessandra poderia mandá-la sumariamente de volta para a prisão. Uma cela, explicou Alessandra, era o único lugar onde Giuseppina podia ter certeza de permanecer viva, mas eles precisavam pegá-la primeiro.

Sem problema, respondeu o *carabiniere*. Que carro procuravam?

Alessandra disse que não sabia a marca, a cor nem a placa do carro, nem o caminho que estava tomando.

Era pouca informação para agir, respondeu o oficial.

Alessandra disse que era exatamente por isso que estava pedindo que cem *carabinieri* montassem o maior número possível de pontos de controle ao longo das diversas rotas que saíam de Lucca. Em algum lugar nos quatrocentos quilômetros entre Lucca e Aprilia, estaria um carro de algum tipo, no qual haveria três pessoas – Giuseppina, o namorado e a filha de quinze anos.

O oficial prometeu ligar de volta. Minutos depois, o agente de serviço encarregado de todos os *carabinieri* de Lazio, um capitão, estava na linha.

– Não usaríamos cem homens nem mesmo para Osama bin Laden – disse ele.

Alessandra insistiu. Essa *pentita* poderia derrubar toda a 'Ndrangheta de Rosarno, disse ela.

– E, a menos que a prendamos agora mesmo, ela será assassinada.

Alessandra explicou ao capitão que tinha um trunfo: o celular de Giuseppina, cujo sinal de GPS os *carabinieri* poderiam usar para rastreá-la. De acordo com a tela que Alessandra estava observando naquele momento em Reggio, Giuseppina tinha acabado de sair de Lucca e estava indo para Florença. Isso significava que ela provavelmente pegaria a estrada principal até Aprilia. A viagem levaria três horas e meia. Era o tempo que o capitão tinha para salvar a testemunha mais importante do caso contra a 'Ndrangheta.

O capitão falou que tentaria. Em poucos minutos, seus homens estavam montando bloqueios e pontos de controle. "Estávamos seguindo o celular dela em tempo real na tela", contou Alessandra, "e eu estava em contato constante com o capitão dos *carabinieri* e seus oficiais em campo". Porém, enquanto Alessandra observava, o ponto na tela se aproximou do primeiro bloqueio e passou por ele. Meia hora depois, aproximou-se de um segundo, aí continuou como antes. Alessandra telefonou para o capitão.

– Que porra está acontecendo? – gritou ela. – Como eles estão passando?

O capitão, não acostumado a ser xingado por alguém do sul, ainda por cima mulher, disse a Alessandra que seus homens estavam dando o melhor de si. Ela não lhes dera quase nada de informação, mas seus homens fariam o possível.

Àquela altura, Alessandra também estava telefonando para os oficiais em cada posto de controle, pedindo-lhes que mantivessem a linha aberta para que ela pudesse ouvir o que estava acontecendo. Um a um, todos relataram não ter visto nada. O ponto na tela continuava se movendo para o sul. Enquanto Giuseppina passava tranquila por bloqueio após bloqueio, a atitude do capitão dos *carabinieri* mudou da defensiva para o desespero. Quando a tela mostrou Giuseppina se aproximando de Aprilia, o capitão disse a Alessandra que estava tudo acabado.

– Nós a perdemos – disse ele. – Nós a perdemos.

– Você tem que bloquear TODO o tráfego na rodovia! – gritou Alessandra. – Todo! Faça isso agora mesmo!

O capitão protestou. A tela mostrava Giuseppina a três quilômetros de distância. Havia apenas um ponto de controle entre ela e o esconderijo. Alessandra estava sugerindo que ele bloqueasse uma das principais estradas arteriais de toda a Itália, sendo que já era tarde demais.

– Ela se foi, ela se foi – falou ele.

– Você NÃO pode desistir, capitão! – berrou Alessandra. – Você vai bloquear a rodovia inteira, vai fazer isso agora mesmo e manter esta linha aberta! Faça isso, capitão!

O oficial concordou relutantemente. Alessandra voltou a verificar a tela. Houve alguns momentos de silêncio. Depois, a voz do capitão voltou à linha.

– ESPERA AÍ! – gritou ele. – Espere... Tem um carro... Com uma MULHER!

Alessandra ouviu sirenes, depois o som de pneus freando com força. Ela adivinhou que várias viaturas tinham cercado o veículo suspeito e o feito parar.

– PARE O CARRO! – veio uma voz em alto som. – POLÍCIA ARMADA! DESLIGUE O MOTOR E SAIA DO CARRO COM AS MÃOS AO ALTO!

Houve um momento de silêncio.

Então, a voz de uma mulher gritou:

– Não atire! Não atire! Meu nome é Giuseppina Pesce![69]

Apesar de tudo o que Alessandra sentia por

Giuseppina, ela e Prestipino decidiram deixá-la mofando na prisão por um tempo. Alessandra tinha estado desesperada para salvar Giuseppina. Isso não significava que estivesse satisfeita com sua testemunha. Ela havia colocado sua fé nesta mulher da 'Ndrangheta, e a mulher da 'Ndrangheta tinha feito o que todos faziam: fechar-se, submeter-se à Família, retomar a omertà. Giuseppina deveria fazer as pazes com Alessandra. Ela precisava saber disso.

É claro, também era possível que Giuseppina não visse seu resgate como nada do gênero. Havia a forma de sua captura: homens com armas apontadas, gritando para ela se deitar de barriga para baixo no chão. E, como Giuseppina estava de volta à prisão, as autoridades não tiveram outra escolha senão separá-la de seus filhos e enviá-los de volta para os Palaia em Rosarno. Depois de todos os riscos que ela havia corrido e do tormento que sofrera, absolutamente nada havia mudado para Giuseppina. Dava para perdoá-la por questionar o objetivo de tudo aquilo.

Alessandra contava com a transformação que pensava ter discernido em Giuseppina. Quando ela prendeu Giuseppina pela primeira vez em Rosarno um ano antes, a mulher se definia pelos homens de sua vida: filha de um pai criminoso, esposa de um marido violento, serva obediente de homens violentos e criminosos de honra. Até mesmo a identidade de Giuseppina como mãe tinha sido definida pelos homens. Embora ela amasse Angela, Gaetano e Elisea, também havia aceitado que seu papel, por mais repugnante que fosse, era prepará-los para a 'Ndrangheta.

Porém, no último ano, Giuseppina havia rompido com tudo isso. Tinha passado a conduzir sua própria vida. Tinha recuperado sua liberdade. Tinha recuperado seus filhos. Havia até mesmo escolhido seu próprio amante. Acima de tudo, ela recuperara a si mesma – e não tinha como se entregar novamente. Ela não havia, como os Pesce disseram aos repórteres, agido como uma mulher doente e fraca. Não fora usada por Alessandra. Muito pelo contrário. Da primeira vez que ela foi para a prisão, estava acovardada e aterrorizada, tentando se matar em poucos dias. De volta a uma cela e longe de seus filhos outra vez, ela estava calma e controlada. Uma cela de prisão tinha seu jeito de tirar tudo das pessoas. Estar reunida com seus filhos era a única coisa que importava, e Giuseppina sabia o que precisava fazer para conseguir isso. Quando ouviu falar de sua amiga Concetta e do bilhete que ela havia deixado, ela se perguntou se as duas poderiam ser o início de um movimento.

Enquanto ganhava tempo, Alessandra monitorava a correspondência de Giuseppina. Todos os dias, chegavam despachos de tia Angela, da mãe de Giuseppina, Angela Ferraro, de sua irmã, Marina, de seu pai, Salvatore, até mesmo de seu marido, Rocco Palaia. A maioria de seus parentes a parabenizava por ter parado de cooperar e descrevia a nova vida que haviam preparado para ela na Calábria. Contudo, Alessandra achava que conhecia Giuseppina bem o bastante para esperar que ela não acreditasse em uma palavra. Nem que seu marido a perdoaria, nem que os Palaia cuidariam bem de seu filho, nem que alguma coisa pudesse voltar a ser como era. O mais provável era a 'Ndrangheta tentar virar os filhos contra ela e provavelmente até mesmo persuadir seu filho a matá-la. Alessandra sentia que, ao insistir no fingimento, o clã estava forçando a barra. Além disso, na opinião de Alessandra, ao tentar deixar Giuseppina sem escolha, eles não lhe ofereciam alternativa a não ser rejeitá-los. A única maneira de Giuseppina salvar os filhos era manter-se viva e cuidar deles – e a única maneira de fazer isso era voltar ao programa de proteção a testemunhas e levar os filhos junto. Havia todas as chances, pensou Alessandra, de que as cartas da família tivessem o efeito oposto ao pretendido.

As cartas que Giuseppina recebia de Rocco, cheias de sarcasmo e fúria reprimida, foram especialmente úteis. "Minha cara turista", começou em uma carta datada de 15 de junho:

Espero que você esteja com a saúde tão boa quanto eu. Pensei que você fosse alérgica à prisão, mas vejo que estava errado. Eu lhe disse muitas vezes para ficar em seu lugar, em sua posição. Mas você saiu sozinha para umas férias em Lucca. Quem são esses parentes em Lucca que eu não conheço? Não estou tão bravo com você, mas com aquele maldito do Mimmo [Costantino], que a levou até lá. O que ele foi fazer lá? Diga-me.

Rocco escreveu que temia que seus filhos estivessem sofrendo. Ele não conseguia entender por que ela estava em Lucca quando deveria estar em Vibo Marina. Tanto do que havia acontecido era confuso para ele, escreveu. "Se [apenas] você estivesse em seu lugar neste momento. Mas você foi embora." Mesmo assim, ele tinha conselhos para Giuseppina sobre como consertar as coisas:

A primeira coisa que você precisa fazer é escrever ao seu pai e explicar a situação. Por que você estava com Mimmo? Eu também quero saber. Depois disso, se você sair da proteção, ótimo. Caso contrário, vejo você em 12 de julho. Ainda podemos voltar a ser uma família normal, como éramos antes. Mando um abraço e aguardo com urgência suas notícias e explicações. Eu já te perdoei muitas vezes. Espero que esta seja a última.

Em 24 de junho, Rocco escreveu de novo. "Meu querido amor (se é que posso chamá-la assim)", ele começou. Então, descreveu uma visita de seu irmão, Gianluca Palaia, e suas filhas Angela ("minha princesa que caiu das nuvens") e Elisea. Ele garantiu a Giuseppina que, como pai responsável, se certificaria de que as crianças tivessem dinheiro para roupas. "Não importa que você tenha me abandonado como fez. Vamos deixar nossas brigas para quando nós dois formos soltos. Mesmo então, podemos fingir que isso nunca aconteceu."

Ele acrescentou que tinha que lhe contar sobre a amiga dela, Maria Concetta Cacciola:

Você se lembra da 'Cetta? Que mora perto do mercadinho? O marido dela também está na cadeia e ela teve um caso, possivelmente com um policial – algo pelo que ela deveria ser morta com razão. De qualquer forma, quando ela percebeu que a família tinha descoberto, o que ela fez? Chamou a polícia e entrou no programa de proteção a testemunhas – e, no carro da família, deixou um bilhete dizendo que ia "fazer como sua amiga Giusy". Dizem que agora ela está prestando declarações às autoridades. Ela fez mesmo tudo isso.

Sua situação, é claro, é muito diferente. Todos lhe perdoaram pelo que você fez. Acima de tudo eu. Mas, mesmo assim, eu me pergunto se isso a faz lembrar de alguém?

"Era o típico estilo mafioso, disfarçando uma ameaça", disse Alessandra depois de ler a carta. "Não se preocupe. Você não fez o que Maria Concetta Cacciola fez, então nada pode acontecer com você. O que é exatamente o oposto do que ele quis dizer."[70] Alessandra deixou a carta chegar. Quando recebeu uma carta de Giuseppina datada do mesmo dia, ela soube que a carta de Rocco havia atingido o alvo.

Estou escrevendo para lhe dizer algumas coisas que sinto que tenho que dizer, e realmente espero de coração que você possa me ouvir. Depois da última vez que nos vimos, muita coisa aconteceu. Toda aquela propaganda da mídia, e todas as acusações, e tudo o que veio depois. Eu adoraria ter a oportunidade de explicar a vocês tudo o que aconteceu. Especialmente a você. Tive que parar de colaborar por causa dos meus filhos. Eles não ficaram felizes. Mas esta manhã demiti o advogado, Giuseppe Madia, e contratei uma advogada de defesa, Valeria Maffei. É minha intenção, se você ainda estiver interessada, retomar o caminho da colaboração. Só espero poder reconquistar sua confiança. Desculpe, de novo, pelo que aconteceu. Espero ter a oportunidade de pedir desculpas pessoalmente.[71]

No dia seguinte, 25 de junho, Giuseppina escreveu outra vez:

Renovo um pedido urgente para ser ouvida. Quero retomar a colaboração. Ela foi interrompida por razões que vocês já conhecem. Mas agora estou disposta a terminar o que comecei. Rezo para que isso aconteça antes de minha audiência de transferência em 12 de julho – por razões óbvias relativas à minha segurança pessoal. Repito minhas desculpas por minha hesitação. Tenho plena consciência de que causei grandes dificuldades e desperdicei muito tempo.

A reviravolta era incrível, pensou Alessandra. Os promotores não tinham feito nada além de deixar a dinâmica interna da 'Ndrangheta se desenrolar. Só as ameaças do clã haviam sido suficientes para jogar Giuseppina de volta ao Estado. O instinto de Alessandra era de dar-lhe mais tempo, mas Giuseppina tinha razão em ter medo da audiência de 12 de julho. Depois disso, ela provavelmente seria colocada de volta com as presas comuns, e seria a oportunidade de que os Pesce precisavam. Alessandra esperou mais alguns dias, depois mandou dizer que ela e Prestipino veriam Giuseppina novamente em 7 de julho.

Na reunião, Alessandra estava inicialmente na defensiva. Adotou a mesma atitude estratégica usada ao conhecer Giuseppina nove meses antes: fria e analítica, demonstrando pouca empatia ou afeto. Depois de tudo o que havia feito por Giuseppina, ela exigia saber como Giuseppina a podia acusar de ameaçar seus filhos, e como podia dizer que Alessandra a tinha forçado a colaborar.

Giuseppina explicou que sua "retratação", publicada no *Calabria Ora*, havia sido escrita para ela pelo advogado dos Palaia.

– Eu me opus àquela carta – disse ela. – Mas eles disseram que essa coisa tinha que sair, tinha que ser tornada pública. Todos precisavam saber que eu não era colaboradora, e aquela seria a prova de que eu não estava mais trabalhando com as autoridades.

Parecia convincente, mas Alessandra não tinha acabado. Como poderia o Estado confiar novamente em Giuseppina? Como poderia saber que ela estava falando sério desta vez? A entrevista continuou por horas, com Alessandra exigindo que Giuseppina se explicasse e Giuseppina implorando para que Alessandra voltasse a confiar nela. Além de reparar sua credibilidade como testemunha, parecia igualmente importante para Giuseppina consertar sua amizade com Alessandra.

– Você precisa confiar em mim novamente – pediu Giuseppina.

– Você tem que fazer por merecer – respondeu Alessandra.

Depois de várias horas de conversa, porém, Alessandra ficou satisfeita. Ela precisara se certificar, mas estava convencida de que a intenção de Giuseppina de voltar a colaborar era autêntica. A confiança entre a *pentita* e a promotora foi restaurada.

Em Rosarno, Giuseppe Madia, o advogado dos

Palaia, noticiou a demissão. Para a família, isso só poderia significar uma coisa: Giuseppina estava planejando testemunhar de novo. Mesmo quando o clã tentava parecer gentil e compreensivo, Alessandra sempre sentia que era um esforço conter seus instintos cruéis. Finalmente, eles tinham sido liberados. A líder da campanha contra Giuseppina era sua própria mãe, Angela Ferraro.

Lendo transcrições de escutas colocadas na cadeia onde a mãe e a irmã de Giuseppina estavam presas, Alessandra percebeu que Ferraro havia parado de se referir à filha pelo nome. Giuseppina era simplesmente "a colaboradora", "a traidora" ou "aquela vaca". Como o pai de Concetta, Ferraro parecia enfurecida principalmente com sua perda de prestígio entre outras detentas. Começou a se vingar tentando virar os filhos de Giuseppina contra ela. Em 13 de julho, dia seguinte ao reinício da cooperação de Giuseppina ter sido confirmado em tribunal aberto, Ferraro e Marina foram visitadas juntas na prisão por Sara, a terceira filha da família, que era uma pessoa com deficiência intelectual, e pelas duas filhas de Giuseppina, Angela e Elisea.

Ferraro rapidamente mandou que Angela cortasse todos os laços que tinha com a mãe:

– Ela está morta para a família. Se ela ligar, você não atende. Se por acaso você pegar o telefone, tem que dizer a ela: "você está morta para mim. Você não existe mais. Por não cumprir sua pena na prisão, você é a mais desprezível, a mais vil".

Ferraro estava ficando furiosa, liberando toda sua frustração e raiva.

– Diga a ela! – gritou. – Diga que a mãe dela te falou para fingir que ela morreu! Que ela já teve um lugar na sua vida, mas não mais! Ela está pouco se fodendo para quem está agora na cadeia! Ela não se importa com nada! Quando o telefone tocar, diga a ela que a mãe dela mandou ela esquecer que tem mãe! A mãe dela se foi!

Elisea, de seis anos de idade, começou a chorar.

– Não chore, amor, não chore, linda – falou a avó, se suavizando e beijando gentilmente as netas. – É assim que as coisas são. Essa é a verdade.

Ela pegou uma carta de Giuseppina e começou a ler em voz alta. "Perdoe-me se não sou a filha que você queria", Giuseppina tinha escrito. "Eu sei que a decepcionei. Sei que minha irmã está muito zangada comigo". Está vendo?, perguntou Ferraro. Até a mãe delas sabia que tinha errado.

Angela contou que também tinha recebido uma carta de Giuseppina, pedindo perdão e dizendo que queria que os filhos se juntassem a ela, mas que eles deveriam "fazer o que seu coração mandar". Ferraro olhou para a neta.

– De agora em diante, somos você, eu e a família. Não pense que eu não estou sofrendo aqui dentro. Mas eu estou aqui por causa do meu amor à família. Você sabe o que isso significa, amor à família? Significa amar você, amar meus netos, amar meus filhos. Minha outra filha não quer estar no meu coração. Mas é uma escolha dela, não minha. Eu nunca poderia fazer o que ela fez. É uma decepção muito grande. Mas vocês deveriam ir para a praia. Divirtam-se. A *mamma* está muito bem aqui. É que eu sinto saudade de vocês. Sinto saudade de todos vocês. Sinto saudade da minha casa. Vamos todos nos abraçar. Somos uma boa família. Nós nos amamos, não?

Sara, chorando também, começou a bater na mesa entre elas com a mão.

– Eu não ligo para nada disso – disse ela. – Ela ainda é minha irmã. Ela ainda é minha irmã.

Marina interrompeu, com raiva.

– Você tem que pensar no resto da família – disse ela a Sara. – Todos nós a cortamos. Você tem que virar as costas para ela. Tem que ser forte. Me mostre essa força em você que eu amo tanto. Afaste-se dela.

Ao ler as transcrições, Alessandra ficou espantada com a vontade de ferro das duas mulheres. "Elas eram ferozes. Brutais. A forma como davam ordens às duas garotas. 'Você deve se separar de sua mãe, de sua irmã. Você deve esquecê-la. Ela traiu a família.'" Entre os adultos, disse, apenas a irmã de Giuseppina com deficiência parecia ter uma alma.

Em Rosarno, o clã começou a atormentar seriamente os filhos de Giuseppina. Angela, Gaetano e Elisea foram forçados a romper qualquer contato com a mãe. Sua tia Angela os expulsou. Forçados a morar com o sogro de Giuseppina, Gaetano Palaia, eles descobriram que a família que um dia ofereceu à mãe milhares de euros por advogados e aluguel agora alegava não ter dinheiro para alimentá-los. Muitas vezes, ficavam sem nada para comer. Elisea começou a perder peso e desenvolveu cãibras nas pernas e insônia. Gaetano batia regularmente com um cinto no neto que tinha o nome dele. Um dia, o avô levou o menino a um salão de jogos, onde ele foi enfiado em uma sala nos fundos e surrado por outras quatro crianças mais velhas enquanto seu avô assistia.

Angela foi forçada a desempenhar um papel na tortura de sua mãe. Em 18 de julho, chegou um pacote de cartas para Giuseppina. Nelas, seu sogro a acusava de ser covarde demais para a prisão. Seu marido Rocco lhe dizia: "O caminho que você está tomando não será tão fácil quanto você pensa...". Tia Angela escreveu que "depois de tudo o que falamos, você estava apenas mentindo. Como todos nós ficaríamos felizes se você simplesmente soubesse o seu lugar". Por fim, havia uma carta de sua filha mais velha:

Olá, querida mãe. Como está? Espero que esteja bem... Sinto muito, mas estou com raiva de você, mamma, *pelo que está fazendo. Você está errada. Está cuspindo no prato em que comeu. Cometer o mesmo erro duas vezes... Não vale a pena. Não faz sentido. E agora você não pode voltar atrás. Não fique brava comigo, mas não quero essa vida de novo. Eu gostaria de estar com você porque te amo e porque você é minha mãe, mas não posso fazer isso. Eu não sei o que eles te prometeram e não me importo. O que você está fazendo é errado. Deixe-me fazer uma pergunta: a promessa que você fez a eles é mais importante do que sua família e nossa felicidade? Se você quer nossa felicidade, faça tudo o que estiver ao seu alcance para se afastar. Se não, isso significa que você só pensa em si mesma. Você só estará nos prejudicando. Eu não aguento mais. Tenho só quinze anos e tudo está arruinado. A vida é uma merda. De agora em diante, eu não vou conhecer minha mãe. Tudo isto não tem nada a ver comigo. Por favor, perdoe estas palavras. Mas é só nisso que eu penso. Eu quero te amar, mamãe. Mas você precisa saber que o que está fazendo é errado.*

A carta quase destruiu Giuseppina. Talvez a tivesse despedaçado completamente, se não fosse por uma frase: "cuspindo no prato em que comeu". Não soava como Angela nem como qualquer menina de quinze anos que Giuseppina conhecesse. Era antiquado demais. 'Ndrangheta demais.

Na semana seguinte, chegou uma segunda carta de tia Angela, insistindo para Giuseppina reconhecer que havia perdido o filho, Gaetano. Dali em diante, ele seria criado pelos sogros dela. "Ele está aterrorizado", contava ela. "Perguntei se ele queria visitar você, e ele disse que não. Ele quer ficar aqui. Acho que afastá-lo novamente seria apenas mais um trauma. Ele sofreria ainda mais. Tente pensar na felicidade de seu filho."

Quatro dias depois, em 27 de julho de 2011, houve um segundo bilhete breve de Angela. Ela estava escrevendo em segredo, falou. Pedia que a mãe esquecesse sua carta anterior. As palavras haviam sido ditadas por seus tios.

Não foi obra minha. Não era o que estava no meu coração.
Mãe, eu quero estar com você.
Não quero morar com mais ninguém.

Você é minha mãe, e, sem você, eu não sou nada.
Qualquer que seja sua escolha, eu a seguirei.

Era o que Giuseppina precisava desesperadamente ouvir. Era tudo de que ela precisava, também.[72]

17

Os promotores antimáfia são realistas, não otimis-
tas.[73] Ainda assim, não havia dúvidas de que a primavera e o verão de 2011 foram meses inebriantes para a Diretoria Antimáfia da Calábria. O testemunho de Giuseppina Pesce havia sido um golpe devastador à 'Ndrangheta, e, embora o clã tivesse resistido, a intervenção de Alessandra salvara tanto a vida de Giuseppina quanto o caso. Centenas de membros da organização mafiosa estavam presos. Centenas de milhões de euros em bens haviam sido confiscados. O exemplo de Giuseppina tinha então inspirado uma segunda mãe da 'Ndrangheta, Maria Concetta Cacciola. A reação de pânico em Rosarno parecia indicar que os clãs temiam ser desfeitos por uma avalanche de deserções femininas.

Além disso, qualquer membro da 'Ndrangheta da costa oeste tentado a descartar Giuseppina e Concetta como anomalias só precisava olhar por cima das montanhas a leste para ver como as mulheres também estavam humilhando a 'Ndrangheta por lá. Após a prisão de Carmine, Denise Cosco foi embora de Pagliarelle, mudou-se para uma casa segura em Turim dirigida pela Libera, reuniu-se com Enza Rando, advogada da Libera, e voltou formalmente ao programa de proteção a testemunhas do governo. Inicialmente, disse Enza, Denise ficou "arrasada" por saber que havia se apaixonado por um dos assassinos de sua mãe. Mas, na proteção, Denise lentamente começou a se recompor. Ela se agarrou à memória do que Carmine e ela tinham compartilhado. "O amor falso ainda pode ser amor verdadeiro", insistia ela, mas seria apenas uma memória. "Não importa agora. A prisão pôs um fim às coisas."

Denise encontrou um novo propósito ajudando os promotores a preparar o caso contra o clã de Pagliarelle. "Não tenho pena", disse ela sobre os acusados do assassinato de Lea em uma declaração divulgada por Enza na véspera do julgamento de Carlo Cosco. "Não quero saber quem é meu pai ou quem é meu namorado. Eu nem sei o que sinto mais: ódio ou raiva. Essas pessoas deveriam receber prisão perpétua. Ou talvez apenas só serem mortas na rua. Até ouvir no tribunal que essas pessoas vão pagar pelo que fizeram, eu não tenho vida."[74] Denise falou mais de seu estado de espírito em uma entrevista ao serviço de informação da Libera. "Eu quero viver como qualquer outra pessoa normal de vinte anos na cidade onde nasci, com meus amigos. Sou uma mulher jovem e quero ser livre para estudar e obter um diploma em línguas asiáticas. Eu não quero me esconder. Só os homens e as mulheres da 'Ndrangheta deveriam ter que se esconder, não as testemunhas da justiça. Cumprimos nosso dever. Eu quero viver. Eu quero amar. Quero ser livre para ser feliz, por minha mãe, pelo menos."[75]

A ousadia de Denise em continuar a luta da mãe mesmo depois de Lea ser assassinada por seu pai e dar horas de depoimento juramentado contra o homem que ela amava atraiu a atenção da imprensa nacional. A prefeitura de Milão decidiu juntar-se a Denise em uma ação civil paralela contra a 'ndrina do pai dela, unindo simbolicamente a cidade mais progressista da Itália com as mulheres italianas contra a máfia do país. Quando Carlo, seus irmãos, Giuseppe e Vito, Massimo

Sabatino, Rosario Curcio e Carmine Venturino foram a julgamento em Milão no dia 6 de julho de 2011, a plateia contou com a presença de centenas de estudantes. Eles encheram a galeria pública e fizeram vigílias para Lea em frente, na rua. Nos comentários de abertura que ecoaram em quase todas as mulheres da Itália, Enza descreveu Denise como uma "testemunha orgulhosa", outrora forçada pelos homens de sua família a viver em silêncio, agora recuperando a "liberdade de escolher sua própria vida". O caso contra seu pai e os outros homens da 'Ndrangheta, declarou Enza, era "o começo de uma nova esperança e de uma nova vida".

Eram tempos alegres para ser uma promotora de justiça italiana, e até mesmo uma mulher italiana. Olhando para trás anos mais tarde, Alessandra se lembrava até de pensar que aquilo poderia durar.

Após sua transferência para Bolzano em 22 de julho de 2011, Concetta se viu em outra cidade desconhecida, livre, mas sozinha. Fazia sete semanas que ela não via nem falava com os três filhos. De repente, tomada por uma necessidade materna quase física, Concetta mandou um e-mail para a filha de doze anos, Tania. "E, é claro, a menina conta à avó", disse Giuseppe Creazzo, o promotor antimáfia que mais tarde investigaria o caso. "E a família usa a menina para restabelecer o contato com Concetta e tentar persuadi-la a voltar."

Os *carabinieri* perderam a primeira ligação entre Concetta e sua mãe, Anna Rosalba Lazzaro. Na época da segunda, em 2 de agosto, Concetta estava em Gênova, e os planos dos Cacciola estavam bem avançados. Concetta havia seguido o exemplo de Giuseppina quando entrou em uma estação dos *carabinieri*. Os Cacciola decidiram copiar devidamente os métodos dos Pesce para chantageá-la a voltar a eles.

Naquela ligação de 2 de agosto, a mãe disse a Concetta que ela e seu pai, Michele Cacciola, chegariam a Gênova naquela noite para buscá-la. Como testemunha, e não *pentita*, Concetta não tinha nenhuma restrição no direito de ir e vir. Em poucas horas, os *carabinieri* estavam ouvindo uma conversa dentro do carro da família enquanto os Cacciola se dirigiam para o sul da Calábria com Concetta no banco de trás. Como os Pesce, os pais de Concetta buscavam dois caminhos de persuasão: prometer à filha que tudo voltaria ao normal se ela voltasse para casa; e insinuar danos a seus filhos se ela não o fizesse. Infelizmente, Concetta não tinha a força de aço de Giuseppina. Confrontada pela autoridade dos pais, ela logo contou à mãe e ao pai tudo o que tinha dito aos promotores.

– Você falou de assassinatos?! – exclamou Lazzaro em certo momento. – Ah, que desgraça!

– Os sacrifícios que tive que fazer por você, 'Cetta! – gritou Michele. – Como você me desonrou!

Então Michele pareceu se lembrar do plano.

– Não se preocupe. Eu te perdoo – disse ele, tentando parecer calmo. – Não se pode fazer mal à família. Você é sangue. Está segura. Você vai ver. Você vai dizer que não sabe nada. Vai dizer que nada do que você falou é verdade. E, em dez dias, você estará segura e quieta em Rosarno e ninguém mais falará de você.

Depois de uma vida inteira de abusos do pai, a tentativa incaracterística de Michele de uma compreensão paternal assustou Concetta. Então Michele revelou que de alguma forma ele havia obtido seus registros telefônicos. Disse que sabia dos telefonemas dela para o namorado, Pasquale Improta. Isso era ainda mais preocupante, pensou Concetta. Como ele poderia perdoar aquilo?

Quando os Cacciola interromperam a viagem para passar a noite na casa da família Lazzaro em Reggio Emilia, Concetta anunciou que não ia continuar e ligou para os *carabinieri*. Na manhã seguinte, dois oficiais chegaram para buscá-la e levá-la de volta para Gênova. Michele Cacciola e Rosalba Lazzaro seguiram para a Calábria. Mas, tendo encontrado uma maneira de abalar a filha, eles não iam desistir. No caminho, mantiveram a pressão em uma série de telefonemas.

– 'Cetta, escute! – disse a mãe. – Você precisa dizer a verdade. Precisa dizer que não sabia nada sobre o que estava acontecendo. Você tem que negar tudo.

Entre as ligações, os *carabinieri* podiam ouvir a mãe e o pai de Concetta discutirem um plano para entregar a filha a um advogado da 'Ndrangheta que lhe daria uma declaração pronta para assinar, como os Pesce haviam feito com Giuseppina. Foi a mãe que, em outra ligação para Concetta, pegou no ponto fraco da filha.

– Amanhã de manhã, você liga para o advogado – disse ela. – É assim que você consegue o que quer. É assim que você consegue que eu lhe envie seus filhos.

Concetta tossiu, quase como se tivesse levado um soco, e a ligação caiu. Os *carabinieri* também ficaram chocados. Quaisquer que fossem suas diferenças com a 'Ndrangheta, Concetta sempre tinha respeitado a família. Ela era uma filha obediente e uma boa mãe, e foi sua fé no vínculo materno que a convenceu de que ela poderia confiar seus filhos à mãe com segurança. Ela havia pagado caro por sua confiança ao longo dos anos. Agora, sua mãe estava usando-a contra ela, muito provavelmente para tentar mandá-la para a morte. Que tipo de pessoa faria uma coisa dessas? Que tipo de mãe?

Concetta ligou para a mãe alguns minutos mais tarde. Ela parecia arrasada.

– Espere, mamãe, deixe-me falar, e depois você fala – disse ela.

Depois que a mãe consentiu, Concetta continuou:

– Eu entendi. Eu já entendi. Não posso fazer mais nada. Só não podia falar na hora porque estava perto daquelas pessoas que querem prendê-los. Entendeu?

A mãe de Concetta se apressou para reforçar sua posição.

– Não estou nem aí para eles – respondeu ela. – *O cu nui, o cu iddi* [Ou você está conosco ou você está com eles].

– Sim, eu sei – respondeu Concetta.

– Você tem que fazer isso, 'Cetta! Hoje à noite; falei com o advogado. Entendeu? Amanhã você vai ao mesmo advogado. Nós já pagamos.

– Eu sei, eu sei.
– Amanhã! O mesmo advogado. Vittorio Pisani.
– Ok.
– Jure, 'Cetta! Você vai fazer isso amanhã!
– Sim, eu vou ligar para ele. Eu vou ligar para ele amanhã.
– Se você não ligar para ele amanhã, pode me esquecer, 'Cetta. Estou destruída aqui.
– Para com isso, mãe. Já chega. Me deixa em paz.
– Jure! Amanhã de manhã! Você não entende, 'Cetta. As pessoas com quem você está. Você está deixando os homens loucos! Você chama o advogado amanhã de manhã!
– Está bem, mamãe. Está bem. Por favor, pare.
– Se você fizer tudo o que o advogado diz, as crianças vão voltar para você. Você não quer voltar para casa? Está bem. Vai para casa da sua tia Angela, ou da sua tia Santina, ou para onde você quiser. Mas você tem que fazer uma escolha. Nós, ou eles. E você se cala!

Três dias depois, em 6 de agosto, Concetta ligou para sua amiga Emanuela Gentile. Para a equipe de vigilância, a mudança no tom de Concetta foi dramática. Uns dias antes, ela soava livre e confiante. Agora, estava em cacos.

– Sabe, Emanuela, o único erro que cometi foi ligar para casa aquela vez – disse ela. – Se eu não tivesse ligado, teria continuado no mesmo caminho. Mas eu liguei e enfraqueci.

Concetta contou a Emanuela sobre a conversa que teve com a mãe e com o pai.

– Eles sabem tudo o que eu tenho feito – disse ela. – Têm até transcrições dos meus telefonemas.

Emanuela contou ter ouvido que o pai e o irmão de Concetta haviam visitado Pasquale Improta em sua casa em Reggio.

– Seu irmão está doente da cabeça – disse ela. – Ele é implacável.

– Meu pai me disse que não deixaria Giuseppe colocar um dedo em mim – respondeu Concetta. – Ele até começou a chorar. Ele me disse: "eu te perdoo". Mas eu tenho medo, Emanuela, vou te dizer. Estou com medo. Mesmo que me digam: "volte, filha, volte", você sabe como são essas famílias, especialmente a minha, especialmente os homens. Eles não perdoam. Eles não perdoam ferimentos à sua honra. Meu pai tem dois corações. Um para a filha e outro para a honra.

Algo certamente aconteceria com ela se ela fosse para casa, falou Concetta. Tinha de acontecer, embora provavelmente não de imediato, ela achava.

– Eles vão esperar – disse ela. – Se eles já me tiverem lá, no lugar deles, não precisam se apressar. Mas faz sentido eu ir para casa e viver só um ano, talvez um ano e meio?

Ela não conseguia se decidir.

– De certa forma, estou pensando que deveria fazer isso, sabe? Voltar para casa. Assumir o risco. Porque eu tenho que voltar, Emanuela. Eu *tenho* que voltar. Eles não vão mandar meus filhos a mim.

– *Mamma mia!* – exclamou Emanuela. – Eles estão mantendo seus filhos longe de você?

– Eu pedi por eles, mas não os mandaram. E não vão mandar. Porque eles sabem que, se me enviarem meus filhos, perderão a filha para sempre.

Em outra ligação, para Pasquale Improta, Concetta tentou preparar o namorado para o que estava por vir.

– Se eu for para casa, estou acabada – disse ela. – Eu entendo isso. Sei como isso vai acabar. Eles não perdoam ofensas à honra ou à dignidade, e eu feri as duas.

– Concetta – respondeu Pasquale –, posso te dizer uma coisa? Você é boa demais. Boa demais.

– Idiota demais – brincou Concetta.

– Boa demais. Eles quebraram suas costelas. Outras mulheres nem sequer ligariam para eles.

– Tenho medo de ir para casa, vou dizer.

– Se você tem medo, Concetta, então não vá. Se você for, vai pagar.

– Bem, isso com certeza.

Talvez porque ele não fosse da 'Ndrangheta, ou talvez porque não fosse pai, Pasquale parecia não entender. Ele imaginava que Concetta ainda tinha escolha. Concetta não conseguia fazê-lo entender. Antes de desligar, no entanto, ela se demorou nas despedidas.

– Pa – disse ela –, até o meu último suspiro, eu vou te amar. Boa noite, meu amor. Boa noite. Eu te amo.

Em 8 de agosto, Concetta escreveu um bilhete para seus oficiais de proteção, dizendo que havia falado com a mãe, que estava a caminho de Gênova com seu tio Gregorio e sua filha mais velha, Tania. Concetta explicou que não suportava não ver Tania.

Na verdade, Concetta havia inicialmente tentado resistir. Seus vigilantes a ouviram ao telefone tentando enrolar Lazzaro, dizendo que precisava verificar com os *carabinieri* antes de concordar em se encontrar.

– Para quem você precisa ligar, 'Cetta? – gritou a mãe de volta. – Por que você precisa pedir a alguém? Está ouvindo sua filha?

Na linha, veio o som de uma criança pequena chorando e gritando. Lazzaro segurava o telefone em direção à filha mais nova de Concetta, Rosalba, de sete anos, que tinha o mesmo nome da avó. A menina chorava.

– Ela está morrendo sem você, 'Cetta!

– Diga a ela para não se preocupar – falou Concetta, suavemente.

– Dizer para ela ficar quieta? – respondeu Lazzaro. – 'Cetta, ela está morrendo aqui.

– Tá, tá. Diga a ela que estou por perto. Diga a ela que estou chegando.

– Você nos encontra do outro lado da cidade! – ordenou Lazzaro, e desligou.

Na manhã seguinte, quando os agentes de proteção de Concetta foram ao seu quarto de hotel, encontraram a porta aberta com as chaves na fechadura. Lá dentro, sua mala havia desaparecido.

A equipe de vigilância não voltaria a ouvir a voz de
Concetta por mais de uma semana. No entanto, não era por ela não estar falando. Três dias depois de chegar a Rosarno, Concetta gravou secretamente uma declaração no escritório da família Cacciola, no centro da cidade. A gravação, incluindo uma breve interrupção, durou onze minutos e sete segundos.

Meu nome é Maria Concetta Cacciola, hoje é 12 de agosto de 2011, e quero esclarecer o que me aconteceu neste mês de maio.
Durante uma visita ao quartel dos carabinieri, *eu lhes disse que tinha alguns problemas com minha família. Minha família tinha recebido umas cartas anônimas. Naquela época, eu estava em maus lençóis. Estava com ciúme. Meu marido estava na prisão. Depois vieram essas cartas e eu me rendi para o que elas diziam, e minha família me fechou em casa, dizendo que eu não podia sair nem ter amigos. Eu estava com raiva da minha família. Eu queria fazê-los pagar. Então, eu disse aos* carabinieri:
– Talvez eu possa ajudar vocês. Eu tenho problemas com meus pais e minha família. Tenho medo de que meu pai e meu irmão me façam algo.
Inicialmente, eles não me levaram embora. Mas, alguns dias depois, eles me disseram que eu deveria falar com seus superiores, e o comandante dos carabinieri *veio me ver. E foi assim que aconteceu. Eu disse o que precisava dizer para poder sair de casa. Fiquei confusa. Mas meu raciocínio era para fazê-los pagar. Eu estava tão zangada.*
Dois dias depois, eles me disseram que haviam concordado em me levar em prisão preventiva e me encontraram de novo no quartel. Havia um carro pronto e dois magistrados estavam lá para conversar comigo.

No início, eu fiquei confusa. Mas depois, como eu queria partir, eu falei coisas que não eram verdadeiras e que não tinham acontecido. Porque eu só queria ir embora e fazê-los pagar pelo meu sofrimento. Finalmente, um magistrado me disse:

– É sexta-feira. Prepare-se para sair daqui na segunda.

Na verdade, eles vieram me buscar no sábado. Eles me levaram para Cosenza. Três dias depois, os dois magistrados voltaram e começaram a me pressionar sobre minha família. E eu, como ainda estava furiosa com eles, acusei outra vez meu pai e meu irmão.

Fiquei um mês e meio em Cosenza. De lá, eles me levaram para Bolzano. Mas, quando cheguei a Bolzano, eu queria retratar tudo. Porque percebi que, por raiva, eu havia dito coisas que não eram verdade. Eram coisas que eu havia lido nos jornais ou ouvido as pessoas falarem e, só porque eu estava tão enfurecida, acusei meu pai e meu irmão de estarem envolvidos, mesmo quando não estavam. Percebi que eu estava errada. Percebi que, por estar tão furiosa, estava acusando pessoas que não tinham nada a ver com nada. Não era certo. Eu queria um advogado. Mas eles me disseram que eu não podia ter um porque as testemunhas não podiam ter advogados segundo a lei. Eu disse a eles que queria voltar para minha família. Mas eles me falaram:

– Não volte para sua família. Nós somos sua família agora. Sua família não vai te perdoar se você voltar agora. Se você achava que eles queriam te matar antes, imagine o que vão fazer agora que acham que você tem um relacionamento com a gente.

E eu tinha medo, sabendo o que tinha feito e o quanto tinha infligido um ferimento grave.

Em Bolzano, falei com minha filha por e-mail. Depois disso, falei com minha mãe. Eu queria saber o que minha mãe achava do que eu havia feito. Em Bolzano, também conheci pessoas que poderiam ter me reconhecido. Naquele momento, fui imediatamente transferida para Gênova. Eles me disseram:

– Você não pode ter nenhum contato com pessoas que conhece.

De Gênova, liguei novamente para minha mãe e disse-lhe que sentia saudade dela e que queria vê-la. Falei com minha mãe e meu pai também.

E agora eu realmente sabia o que tinha feito! Minha mãe veio a Gênova, mas o Estado me disse que eu não poderia ter nenhum contato com minha família. Quando entrei no carro com meu pai, porém, percebi que ele já havia me perdoado pelos erros que eu tinha cometido. Chegamos a Reggio Emilia. Tive medo de voltar para a Calábria, mas não medo do meu pai, e de minha própria vontade parti novamente com os carabinieri *para Gênova. Eles me perguntaram:*

– Tem certeza de que você não contou à sua família que vai ficar em Gênova?

Eu falei que não, apesar de ter, sim, contado para minha mãe.

Eu também havia dito à minha mãe que queria falar com um advogado. De Gênova, liguei para um advogado, Vittorio Pisani, dizendo que estava confusa porque o Estado tinha me dito que, se eu não tinha sido representada no processo até agora, então eu não poderia começar agora. De qualquer forma, o Estado me mandou parar de ligar para o advogado e acrescentou que eu era teimosa, que não deveria ligar para minha família, que deveria desligar meu celular e tudo o mais. Eu não estava de acordo. E liguei novamente para minha mãe, pedi a ela para voltar a Gênova, e ela veio com o irmão dela e minha filha, e eu fui embora de Gênova por vontade própria. Agora, decidi nomear os advogados Gregorio Cacciola e Vittorio Pisani para me representar...

Nesse momento, depois de um corte, a gravação foi retomada:

Agora, estou de volta à casa há três dias com meu pai, minha mãe, meu irmão e meus filhos. Finalmente, encontrei a paz...

– ...*que eu tenho procurado* – incitou uma voz feminina em segundo plano.

...*que eu tenho procurado. Devo acrescentar que escrevi uma carta para acompanhar esta gravação. No futuro, espero ser deixada em paz, sem contato com ninguém e sem que ninguém me contate.*[76]

Nos dias 13 e 14 de agosto, os agentes de vigilância de Concetta interceptaram duas mensagens que ela enviou para Pasquale Improta usando um celular que ela havia conseguido esconder da família. Nelas, contava uma história diferente. Dizia que era outra vez uma prisioneira de sua família na casa amarela da Via Don Gregorio Varrà. Desta vez, no entanto, "eles trouxeram advogados para me obrigar a me retratar", escreveu. "Eles me fizeram dizer que eu estava usando drogas, que eu estava com raiva. Meu irmão não quer falar comigo. A frieza deles é aterrorizante. Eu não quero ficar aqui, Pa. Não vejo como isso pode acabar bem."

Concetta pediu a Pasquale que passasse uma mensagem ao marechal Salvatore Esposito na sede dos *carabinieri* em Reggio Calabria. Ela queria voltar para o programa de proteção a testemunhas, disse. Desta vez, tinha que levar seus filhos junto. "Eu me sinto enjaulada aqui", escreveu ela. "O que eu posso fazer?"

Pasquale passou a mensagem. Em 17 de agosto, Concetta falou várias vezes com os *carabinieri* para confirmar que queria voltar ao programa de proteção a testemunhas. Pouco antes das onze da noite, ela ligou para o marechal Esposito em Reggio. Depois de confirmar por si mesmo que Concetta queria voltar ao programa, Esposito perguntou qual seria a melhor maneira de extraí-la com seus três filhos.

– Você consegue sair de casa? – perguntou ele. – Mesmo se for hoje à noite, mais tarde?

Concetta disse que não. Ela perguntou se Esposito poderia enviar oficiais para prendê-la e fazer parecer que ela estava sendo levada contra sua vontade.

– É tão difícil aqui, com meu pai e meu irmão – explicou ela.

Mesmo fora da família, continuou:

– Também aqueles ao redor, as pessoas sabem o que aconteceu. A notícia de que estou falando com os *carabinieri* está se espalhando.

– Você tem medo de fugir ou das repercussões? – perguntou Esposito.

– Das duas coisas! – respondeu Concetta.

Por fim, Esposito e Concetta concordaram que ela ligaria quando fosse a hora certa – naquela noite ou na manhã seguinte – e que Esposito despacharia um carro imediatamente. Estaria lá quinze minutos depois da ligação dela, garantiu.

– Ligue a qualquer hora – acrescentou ele. – Estaremos esperando.

No Palácio da Justiça de Reggio, Alessandra também estava esperando. Era agosto, a temperatura durante o dia ultrapassava os 40 °C e o país inteiro estava de férias. Pignatone, Prestipino e Giovanni Musarò estavam todos fora. Apenas Alessandra permanecia. "A situação parecia estar calma com Cacciola", declarou Giovanni mais tarde. "Havia uma escuta dela falando com um amigo, na qual ela disse que sabia que seria morta – mas não logo. Ela estava falando de um ano, um ano e meio, porque seria uma burrice matá-la imediatamente. E, de qualquer forma, Concetta voltaria em breve a estar protegida. Por isso, nos sentíamos seguros."

No dia seguinte, 18 de agosto, em uma conversa gravada por uma escuta dentro do carro de Cacciola, Concetta disse à mãe que havia falado com o marechal-chefe Esposito. Ela acrescentou que pretendia voltar para o programa de proteção a testemunhas.

– 'Cetta, não! – gritou Lazzaro. – Não! Absolutamente não!

– Você me disse que tudo seria diferente – gritou Concetta de volta.

– Eu estava resignada a você nos deixar – respondeu Lazzaro. – Mas agora eu não estou. Não! Não vou aceitar isto!

– Mamãe, tenho que terminar o que comecei – disse Concetta.

Meia hora depois, Concetta telefonou mais uma vez para os *carabinieri* e disse-lhes que estava em um dilema. Era impossível sair de casa sem ser acompanhada pela mãe. Por outro lado, se saísse com ela e a mãe voltasse para casa sem Concetta, aí era a mãe dela que enfrentaria consequências terríveis. Por fim, Concetta concordou com os *carabinieri* que a solução era esperar que todos na casa de Cacciola adormecessem naquela noite e então sair com seus filhos para a rua e entrar em um carro dos *carabinieri* à espera. Seria por volta de 1h30 da manhã. Quatro horas depois, Concetta voltou a ligar para dizer que a filha mais nova, Rosalba, estava com febre e que tudo tinha que ser adiado por um dia ou mais.

Ao ler as transcrições, Alessandra ficou exasperada. "Estávamos todos esperando a ligação para ir buscá-la. Ela tinha telefonado e dito: 'eu quero voltar'. O quartel estava todo pronto para ela e seus filhos. Eu até tinha pedido aos *carabinieri* que voltassem das férias. Então, estávamos só esperando. E aí, essas idas e vindas. Sinceramente, naquele momento, pensamos que ela estava brincando com a gente. Descobrimos que a parte sobre a filha estar doente era mentira. Os filhos dela estavam na praia. Concetta simplesmente não estava decidida. Ela mudava de ideia constantemente. Alguns dias, ela entrava em contato. Outros, não. Havia muita indecisão. Queríamos muito que ela se decidisse e tomasse uma decisão final, fizesse uma escolha. Mas achamos que pelo menos ela tinha a situação sob controle. E eu acho que talvez ela mesma achasse que tinha mais tempo."

No dia seguinte, 19 de agosto, Alessandra e os

carabinieri esperaram ao lado do telefone para o caso de Concetta mudar de ideia mais uma vez. Nenhuma ligação.

No dia 20 de agosto, Alessandra e os *carabinieri* se encontraram de novo para retomar sua vigília. "A equipe inteira estava lá em alerta, esperando que ela desse a palavra para nós entrarmos e a pegarmos. Mas não podíamos fazer nada até que ela nos desse luz verde. Por lei, como ela era testemunha, não nos era permitido atacar e arrombar a porta. Ela tinha que abrir a porta para nós. E ela simplesmente não conseguia abrir aquela porta."[77]

Às 18h40 do dia 20 de agosto de 2011, o pai de Concetta, Michele, chegou ao Hospital Santa Maria, na cidade de Polistena, a vinte minutos de Rosarno. Concetta estava deitada no banco de trás da Mercedes da família. Ela usava calças jeans apertadas e uma blusa branca desabotoada mostrando os seios, e seu cabelo havia sido recentemente cortado e penteado. Uma espuma vermelha e branca escorria da boca de Concetta, manchando seu batom púrpura.

No pronto-socorro, o dr. Fortunato Lucia confirmou que Concetta não tinha batimentos cardíacos. Enquanto a equipe do hospital chamava a polícia, dr. Lucia tentou ressuscitá-la pela reanimação cardiopulmonar. Os paramédicos entregaram ao médico uma garrafa de plástico vermelha com ácido clorídrico que disseram que a família de Concetta havia encontrado ao lado dela no porão da família. Dr. Lucia tentou fazer uma infusão intravenosa, mas, sem pulso, não conseguiu. Quando uma viatura chegou, às 19h, dr. Lucia já havia declarado a morte de Concetta.

TERCEIRO ATO

A Itália acorda

18

A certidão de óbito de Maria Concetta Cacciola a identificava como tendo nascido três décadas antes, alguns quilômetros ao sul do hospital em que morreu.[78] Afirmava que ela morava dezesseis quilômetros a oeste, em Rosarno. Nasceu na Calábria. Viveu na Calábria. Morreu na Calábria. Como sua família lhe havia prometido, era como se os últimos quatro meses nunca tivessem acontecido.

A notícia da morte de Concetta chegou a Alessandra e aos *carabinieri* em uma ligação da polícia local no início da noite. O policial disse que as indicações eram de que Concetta havia bebido um litro de ácido clorídrico no porão da casa da família Cacciola. Pela segunda vez naquele ano, Alessandra se viu momentaneamente atordoada. "Foi terrível para todos", disse ela. "Ninguém havia imaginado que aquilo acabaria de um jeito tão final, tão completo. Estávamos todos prontos para ir buscá-la. Foi muito difícil aceitar."[79]

Giovanni, de férias, atendeu a ligação de Alessandra. Ele ficou sem palavras. Anos mais tarde, diria: "não se pode deixar o trabalho se tornar pessoal. Mas a história de Maria Concetta Cacciola era terrível, realmente difícil de suportar. Ela nem sequer havia sido presa e não tinha condenações. Ela era só uma testemunha".[80] Foi a tragédia da morte de Concetta, a forma como parecia quase miticamente predestinada, que mais perturbou Giovanni. "Maria Concetta Cacciola era uma personagem de uma peça grega", disse ele. "Ela voltou, mesmo sabendo que seria assassinada. Ela voltou por amor aos filhos. Essa relação quase simbiótica que ela tinha com a mãe, a carta de amor que ela lhe escreveu – há algo de belo nisso. Lindo e inaceitável."

Giovanni e Alessandra sabiam muito bem o efeito que a história de Concetta teria sobre as cidadezinhas e os vilarejos das colinas da Calábria.

– Era o que tinha que acontecer – disse o pai de Concetta, Michele, em um aparte gravado pelos *carabinieri* dois dias depois, e os promotores sabiam que todos os calabreses estavam pensando o mesmo.

Lea Garofalo estava morta. Giuseppina Pesce tinha sido forçada a se retratar em público. Por fim, Maria Concetta Cacciola também estava morta. Era o que acontecia com as mulheres que traíam a 'Ndrangheta. Não havia como fugir do destino. A 'Ndrangheta era invencível. "Se o fenômeno de mulheres testemunhas tinha ganhado impulso com Giuseppina, ia parar repentinamente com a morte de Maria Concetta Cacciola", declarou Alessandra. "Em contraste com Giuseppina, Concetta era um símbolo de que a 'Ndrangheta *podia* chegar até você."

Na noite em que Concetta morreu, os *carabinieri* fecharam o porão na Via Don Gregorio Varrà, 26, em Rosarno, onde ela foi encontrada. Apreenderam celulares, um computador, o diário de Concetta e várias cartas dirigidas a seu marido, Salvatore. Quando interrogaram Michele, ele lhes disse que havia voltado para casa depois das 17h30 e que havia chamado Concetta, mas não conseguira encontrá-la. Ele acabou descobrindo-a deitada no banheiro do porão. Ao lado de seu corpo, havia uma garrafa de plástico. Perguntado por que a filha poderia ter se matado, Michele explodiu e se recusou a responder. A mãe de Concetta, Anna Rosalba Lazzaro, foi mais direta. Concetta, disse ela, tinha tirado sua própria vida por vergonha.

– Ela se sentia culpada. Ela disse coisas que ela não sabia. Não conseguia enfrentar aqueles que havia acusado.

A família de Concetta a tinha "apoiado totalmente" depois que ela voltou para casa, acrescentou Lazzaro. Eles sabiam que ela não estava bem. Afinal, ela tinha um histórico. Havia sofrido pelo marido ausente por muitos anos. Ela também tomava obsessivamente remédios para emagrecer. Essas coisas haviam afetado sua mente.

Giovanni dispensou a entrevista de Lazzaro na mesma hora. "Era nítido que tinha acontecido algo que não sabíamos", disse ele. Os promotores sabiam que Concetta estava correndo risco no longo prazo com a família. Como Concetta, eles tinham calculado que a família não a machucaria tão logo após seu retorno, pois a suspeita recairia de imediato sobre eles. Por outro lado, também sabiam que Concetta havia dito à mãe que em breve voltaria ao programa de proteção a testemunhas. Talvez a família tivesse decidido matá-la enquanto era possível.

Não havia dúvida de que Concetta havia sido assassinada. Todos os gastroenterologistas disseram que beber um litro de ácido clorídrico voluntariamente era impossível. O reflexo humano era engasgar e vomitar depois de apenas um gole. A dor era insuportável. O ácido corroía a parede do estômago. Ela logo ficaria inconsciente. Mais tarde, o médico legista relataria que Concetta havia morrido de ataque cardíaco e insuficiência respiratória, mas apenas depois de o ácido ter queimado sua garganta, estômago, pâncreas e pulmões. "Simplesmente não é algo que se possa fazer sozinho", disse Giovanni.

O método da morte de Concetta também tinha a assinatura da 'Ndrangheta. O ácido era um dos recursos favoritos da 'Ndrangheta para traidores. Eles o usavam nos mortos, para apagar qualquer traço de vergonha do corpo de um colaborador, e o usavam nos vivos. Em dezembro de 2010, a gerente de orçamento do município de Reggio, Orsola Fallara, dera uma entrevista coletiva em um restaurante no centro da cidade, na qual admitiu ter feito pagamentos suspeitos e mantido contas irregulares – e, horas depois, fora encontrada morrendo em seu carro depois de beber ácido.[81] Em março de 2011, outra esposa da

'Ndrangheta, Tita Buccafusca, de 38 anos, havia corrido para uma delegacia perto de Rosarno, agarrada ao filho pequeno, e se oferecido para testemunhar – e um mês depois seu marido, um chefe da 'Ndrangheta chamado Pantaleone Mancuso, relatou que ela havia cometido suicídio bebendo ácido.[82] Bocas que falavam o que não deviam eram caladas. A morte de Concetta fazia parte de um padrão.

Para os promotores, havia, no entanto, uma anomalia no caso. Concetta dissera a eles que a família nunca a deixava sozinha, especialmente desde seu retorno a Rosarno. Porém, no dia em que ela morreu, seu pai, sua mãe e seu irmão haviam saído de casa. "Isso parecia muito estranho", disse Giovanni. Sugeria não apenas um planejamento cuidadoso, mas também o envolvimento de uma terceira parte.

Em 23 de agosto, três dias após a morte de Concetta,

a família Cacciola fez uma queixa formal por escrito ao Ministério Público em Palmi. Seguindo o roteiro estabelecido pelos Pesce, os pais de Concetta acusaram Alessandra e Giovanni de tirar vantagem de uma mulher em estado mental frágil. Concetta entrara na estação dos *carabinieri* em maio de 2010 "deprimida" e em "angústia patológica", disseram. Os *carabinieri* tinham visto sua fraqueza como uma oportunidade. Haviam prometido a ela uma nova vida "que acabou sendo um inferno na Terra, tirando-a de sua família".

Segundo essa visão, Concetta, como sua amiga Giuseppina antes dela, era uma criatura patética. A queixa alegava que nada do que ela fizera era por escolha consciente. Ela não havia optado por criar uma nova vida para si mesma e para seus filhos. Não havia rejeitado sua família e a 'Ndrangheta. Não havia, acima de tudo, afirmado seu livre-arbítrio e recuperado sua independência em relação aos pais e ao marido. Pelo contrário, de acordo com os Cacciola, ela era lamentavelmente fraca e facilmente influenciável. Essa filha, essa mulher, tinha ficado deslumbrada com as pérfidas ofertas do Estado de uma vida melhor. Em troca, sua mente fraca havia conjurado os tipos de histórias sobre a criminalidade de sua família que ela imaginava que os promotores queriam ouvir. Concetta logo caíra em si, percebera seu erro, voltara a entrar em contato com sua família e finalmente conseguira escapar das garras das autoridades. Uma vez de volta ao seio da família "amorosa e atenciosa", ela confessou tudo, especialmente as "alegações inventadas" que havia feito contra seus parentes para "ficar bem com os promotores". Felizmente, ela havia enfim encontrado a paz de espírito que buscava no perdão amoroso e na aceitação de sua família. Compreensivelmente, no entanto, a vergonha se provara demais. Toda essa triste saga podia ser ouvida nas próprias palavras de Concetta na fita cassete anexa ou na transcrição também anexa. Os Cacciola esperavam uma resposta imediata dos procuradores e dos *carabinieri* explicando sua conduta vergonhosa.

Mesmo assim, os Cacciola não tinham acabado. No mesmo dia em que apresentaram sua queixa, Anna Rosalba Lazzaro escreveu uma carta para a *Gazzetta del Sud*, o principal jornal do sul da Itália, reclamando que, na reportagem sobre a morte de Concetta, os jornalistas da *Gazzetta* a haviam descrito como tendo sido criada em "um ambiente imbuído dos valores negativos da 'Ndrangheta". "Isso simplesmente não é verdade", escreveu Lazzaro. "Sobre esta questão em particular, desafio qualquer um a mostrar que em minha casa já houve discussões sobre assuntos criminais que tenham afetado ou envolvido os membros de minha família. Quero acrescentar que meu marido e eu dedicamos nossa vida a dar aos nossos filhos a melhor educação cívica possível."[83] No dia seguinte, o *Calabria Ora* publicou uma entrevista exclusiva com Lazzaro, com a manchete: "Vocês levaram minha filha ao suicídio!".[84] Em suas páginas internas, o jornal martelou a mensagem de que a morte de Concetta era inevitável. "Crônica de um suicídio anunciado" foi o título da manchete.

Era inacreditável, pensou Alessandra. Os Cacciola tinham chantageado a filha para que ela voltasse para eles, e esperado ela ser executada. Em seguida, estavam pintando sua morte como uma tragédia da qual o Estado era culpado, enquanto usavam sua morte para consertar sua reputação criminosa. Não haviam, em nenhum momento, expressado tristeza, amor, ou qualquer sentimento exceto indignação com as injustiças cometidas contra eles. Eles nem tinham enterrado Concetta. Teria havido alguma vez uma família tão inominável como os Cacciola de Rosarno?

19

A 'Ndrangheta tinha se reafirmado de maneira espetacular.[85] Mais uma vez, aqueles que os desafiavam estavam mortos ou em desgraça. Assim como Alessandra e Giovanni tinham sido obrigados a responder perguntas sobre o caso Giuseppina Pesce, precisavam prestar contas de seu tratamento de Maria Concetta Cacciola. O editor do *Calabria Ora*, Piero Sansonetti, comemorou a humilhação do Estado em uma série de editoriais. "A temporada de cooperação acabou", escreveu ele.

Em Milão, os seis réus em julgamento pelo assassinato de Lea Garofalo pareciam animados com os acontecimentos ao sul. Seus advogados argumentaram que o caso contra seus clientes deveria ser imediatamente arquivado. Sem corpo, sem assassinato. Lea, disseram eles, estava na verdade morando perto da praia na Austrália.

– Espero que ela se canse da Austrália e nos dê a honra de comparecer a esta corte – declarou um deles.[86]

Seus clientes eram inocentes não apenas de matar Lea, eles alegaram, mas de qualquer crime. O irmão de Carlo, Giuseppe, disse que era sapateiro. Vito alegou ser pedreiro. Rosario Curcio disse que administrava um solário. Carmine Venturino pediu para ser dispensado de responder perguntas no tribunal porque só falava greco-calabrês, não italiano. Carlo tinha conseguido de alguma forma convencer as autoridades que sua renda era de apenas dez mil euros por ano, qualificando-se assim para a assistência jurídica estatal. Ele disse que estava perplexo com todo o processo.

– Não é justo que eu esteja sentado aqui – disse ele. – Eu sou uma pessoa honesta. Minha mãe me ensinou a respeitar e amar a família. Minha filha me escreveu cartas na prisão dizendo que me amava e sentia minha falta e que queria estar comigo de novo. Eu não tive nada a ver com o desaparecimento de Lea. Eu também quero saber a verdade sobre o que aconteceu.[87]

A defesa desfilou uma sucessão de moradores de Pagliarelle pelo tribunal para testemunhar a decência de Carlo. A maioria alegou mal ter conhecido Lea. Quando uma testemunha de acusação, amigo de Carlo e residente na Viale Montello, falhou repetidas vezes em comparecer na corte, os réus riram e comemoraram.

– Talvez ele esteja no sótão – veio uma sugestão gritada.

Um advogado de Giuseppe confundiu ainda mais a situação declarando que seu cliente não falava com o irmão Vito há anos, tornando qualquer sugestão de conspiração entre eles um disparate.

Havia, no entanto, sinais de tensão entre os réus. Desde o início, Massimo Sabatino sentou-se separado dos outros homens no cercadinho gradeado reservado aos réus no tribunal.

– Você devia ter vergonha! – Venturino sibilou para ele um dia enquanto estavam sendo escoltados do tribunal à noite.

– Eu devia ter vergonha?! – Sabatino gritou de volta. – É culpa sua eu estar cumprindo seis anos! Se eu puser minhas mãos em você, arranco sua cabeça, seu merda!

Os réus também pareciam perder parte da confiança inicial à medida que as semanas avançavam e o promotor Marcello Tatangelo desmontava cuidadosamente suas negações. Os movimentos rastreados dos celulares mostraram que todos eles tinham estado ocupados circulando por Milão e seus arredores, na companhia uns dos outros, durante as três horas após as 18h30, quando Lea Garofalo foi vista viva pela última vez. Os *carabinieri* tinham encontrado um amigo de Carlo que disse ter emprestado as chaves do apartamento da avó. Era ali, disse Tatangelo, que Lea tinha sido levada para ser torturada, depois baleada no pescoço, antes de seu corpo ser descartado nos arredores da cidade. Quando Salvatore Cortese, antigo companheiro de cela de Carlo, testemunhou sobre o desejo ardente de vingança de Carlo contra Lea, o réu não conseguiu se conter:

– O que você está dizendo? – gritou. – Que história é essa de obter permissão dos chefes para matar Lea? Ele está inventando! Eu não tive nada a ver com nada disso!

Quando a confissão de Sabatino ao seu companheiro de cela, Salvatore Sorrentino, foi lida, foi a vez de Sabatino gritar.

– Eu nunca disse essas coisas sobre Carlo! – disse ele. – Não é verdade que eu disse que eles eram malditos e que queria matá-los! Você está inventando! Concordo com tudo o que estes homens dizem.

Finalmente, Denise foi chamada para testemunhar. Uma divisória foi erguida no tribunal para que seu pai não pudesse vê-la. Denise usou uma blusa com capuz para esconder ainda mais o rosto. Sentindo a filha a poucos metros de distância, Carlo levantou-se, caminhou até a frente de seu cercadinho e passou os braços através das barras. Em uma voz clara e sem hesitação, e em um testemunho que durou dois dias inteiros – 20 de setembro e 13 de outubro de 2011 –, Denise contou a história do início da vida de sua mãe e de seus anos como fugitivas e no programa de proteção.

– Nós éramos como irmãs – declarou. – Era quase como se tivéssemos crescido juntas. Usávamos a roupa uma da outra. Gostávamos das mesmas músicas.

Durante sete anos, acrescentou, ela não tivera nenhum contato com Carlo.

– Isso é um fato – disse Carlo audivelmente.

Denise franziu o cenho.

– Pode pedir a essa pessoa que fique calada? – pediu ela friamente ao juiz. – Está atrapalhando.

Denise continuou contando as tentativas de sua mãe de fazer as pazes com Carlo. Ela descreveu o ataque em Campobasso, em maio de 2009, levando Sabatino a ficar de pé e a andar para cima e para baixo dentro do cercadinho. Somente uma vez Denise se mostrou abalada. Quando uma advogada a repreendeu por acusar os réus de homicídio sendo que não havia corpo e nenhuma arma do crime, ela gritou:

– Vocês não podem permitir que ela diga isso! Faz dois anos desde que eu vi minha mãe!

Diante dessa emoção crua, os advogados de defesa tentaram conjurar alguma empatia para com os réus.

– Sei, de coração, que meu cliente é inocente – disse Maira Cacucci, advogada de Carlo. – Se olharem nos olhos dele, vocês vão entender.

Francesco Garofalo, advogado da Calábria, representando Carmine Venturino e Vito Cosco, apoiou-se em uma defesa conhecida: a natureza instável das mulheres.

– Por que todas essas tentativas de santificar Lea, que nasceu e foi criada dentro da 'Ndrangheta? – perguntou. – Ela era uma mulher louca, como sua própria filha descreveu. Lea Garofalo queria ir para a Austrália. Que momento melhor do que depois de deixar a filha com o pai? Foi isso que aconteceu aqui!

No entanto, a farsa da defesa pouco adiantou para evitar o que começava a parecer cada vez mais certo: que todos os seis homens acabariam sendo considerados culpados de homicídio. Porém, com o julgamento se aproximando da conclusão, no dia 23 de novembro, véspera do segundo aniversário do desaparecimento de Lea, ocorreu um desastre. De repente, o juiz presidente, Filippo Grisolia, foi nomeado chefe de gabinete do Ministério da Justiça. O julgamento precisaria ser abandonado e, em seguida, reiniciado. Além disso, o limite legal de detenção preventiva significava que qualquer novo julgamento teria de terminar até 28 de julho de 2012, dali a oito meses. O julgamento já havia levado cinco meses. Não seria difícil para a defesa fazer com que um novo julgamento ultrapassasse o prazo. Naquele momento, Carlo e toda a sua *'ndrina* estariam livres.

20

A 'Ndrangheta sempre dependeu de ficções.[88] Uma das maiores era que ela não podia ser desafiada, e nunca por uma mulher. Lea Garofalo, Giuseppina Pesce, Maria Concetta Cacciola e Denise Cosco tinham todas exposto essa mentira. A resposta da 'Ndrangheta foi intransigente. As mulheres deveriam morrer, e suas histórias deveriam ser reescritas.

Alessandra e Giovanni estavam enfrentando a possibilidade de que, após seus primeiros triunfos, os clãs tivessem dado a volta por cima, pelo menos na percepção pública. A investigação de Lea Garofalo podia ter reavivado vários casos antigos e injetado vida nova na luta contra a 'Ndrangheta na costa leste, mas não havia como ressuscitar Lea. Da mesma forma, apesar da decisão de Giuseppina de voltar a cooperar, sua última lembrança pública era que ela havia se retratado. Quanto a Concetta, havia morrido e depois, em um golpe de mestre da máfia, se retratado direto do túmulo. Com o colapso público do próprio julgamento contra Carlo Cosco e seus homens, parecia que os clãs também tinham tido sorte com Denise. "A verdade é que não há ferramenta de investigação mais importante ou fundamental que os *pentiti*", declarou Giovanni Musarò. Os promotores tinham tido quatro mulheres *pentiti*. Nenhuma saíra ilesa. A 'Ndrangheta tinha usado a morte de Concetta, em particular, como um aviso. "Quando os Cacciola escreveram sua denúncia sobre os promotores, não estavam pensando na filha deles", disse Giovanni. "Eles estavam assegurando que aquilo nunca mais acontecesse. Ia além de Cacciola. Era uma mensagem para toda a Calábria. Portanto, sim, naquela época, dá para dizer que as coisas não estavam a nosso favor."

No entanto, ao refletir, era possível ver o veemente esmagamento de qualquer oposição, por parte da 'Ndrangheta, como um sinal de fraqueza. Em particular, sua intolerância absolutista à liberdade parecia derivar de uma compreensão de que, uma vez alcançada, era quase impossível contê-la novamente. Além disso, apesar dos esforços dos clãs, Giuseppina e Denise ainda respiravam. Ambas também pareciam fortalecidas pela determinação que haviam descoberto no vendaval da opressão da 'Ndrangheta. Em Milão, Denise já havia enfrentado seu pai uma vez no tribunal e garantia aos promotores que poderia fazer isso novamente. Quanto a Giuseppina, a morte de sua amiga parecia ter tido o efeito exatamente oposto àquele pretendido. Giuseppina disse a Alessandra que não tinha dúvidas de que a 'Ndrangheta havia forçado Concetta a beber ácido. A morte de sua amiga a fez perceber quanto ela mesma havia chegado perto do mesmo destino: ela estivera a apenas horas de seu próprio retorno à Calábria quando Alessandra a prendeu.

– Você salvou minha vida – disse ela a Alessandra. – Se você não me tivesse impedido, meus filhos estariam agora levando flores para o cemitério, como os de 'Cetta.

Essa percepção pareceu liberar Giuseppina de qualquer dúvida final. Em 23 de agosto, três dias após a morte de Concetta, uma carta de Giuseppina chegou ao Palácio da Justiça em Reggio Calabria, endereçada a Alessandra, Pignatone e Roberto di Bella, chefe do tribunal de menores de Reggio. "Eu sei que o senhor já conhece minha história", escreveu Giuseppina, "mas, aqui, desejo começar do início".

Após seis meses de prisão, em 14 de outubro de 2010, expressei à promotora dra. Cerreti meu desejo de seguir um novo caminho, impulsionada por meu amor de mãe e minha vontade de levar uma vida melhor, longe de onde nasci e vivi. Nunca pensei em reduções na minha pena. Também nunca tive a intenção de provocar ninguém. Só fiz isso porque estava, e continuo, convencida de que esta é a escolha certa, até porque as escolhas que meus amigos e parentes fizeram na vida sempre foram tingidas pela covardia e sempre levaram ao sofrimento. Cada um de nós deve ter a capacidade de escolher entre o certo e o errado.

Talvez eu devesse ter conseguido isso mais cedo, antes de ser arrastada para toda essa confusão. Mas minha esperança é que ainda tenhamos tempo. Quero agir para que meus filhos possam ter uma vida melhor – uma vida de princípios, de liberdade, de escolha. Também espero que muitas pessoas como eu, que estão em situações como a minha, encontrem a coragem de se rebelar. Finalmente encontrei a força para tomar esta decisão e enfrentar uma família temível, poderosa e imperdoável, com o pleno conhecimento do risco para mim e para aqueles que eu amo. Finalmente, eu estou fazendo isto.

Houve momentos em que achei que tinha feito uma escolha apressada e não tinha pensado bem. A coragem que eu sentia no dia 14 de outubro de 2010 me abandonou. Angela me disse que não viria mais me ver. Meu marido Rocco me escreveu cartas ameaçadoras. Descobri que a família de meu marido estava maltratando meus filhos. Eles não estavam alimentando-os adequadamente, dizendo que tinham dado todo o dinheiro ao meu advogado. Meu filho Gaetano foi espancado pelo avô com um cinto.

Então eu desisti. Fiquei confusa com a relação de meus filhos com a família. Comecei a achar que não tinha o direito de privá-los de seu pai. Eu disse a mim mesma que nenhum de nós poderia escapar da vida em que nascemos. Tudo isso pesava muito sobre mim. E, mesmo que meu parceiro discordasse, decidi mandar meus filhos de volta para a Calábria. Meu plano era contratar um bom advogado para lutar por mim e, enquanto isso, dar aos meus filhos um pouco de liberdade própria, longe de mim.

Mas eu estava morrendo por dentro. Não era o que eu queria. Era só o que eu imaginava ser certo para eles.

E, é claro, havia os jornais. O que era escrito, dia após dia, me fazia parecer uma vítima em vez de alguém no comando de suas próprias decisões. Enviaram uma carta ao juiz, e isso fez com que eu me sentisse ainda pior: todas aquelas mentiras, essa impressão de mim que foi criada e que não era eu. Tive que engolir isso também, não porque alguém me obrigasse, mas porque eu sentia que, como nos filmes, havia uma maneira de fazer as coisas que eu tinha que respeitar – e que, se eu não fosse mais colaboradora e um dia fosse voltar à Calábria, então talvez essas reportagens servissem para proteger meus filhos e a mim mesma dos preconceitos da minha família e do meu povo. As declarações que dei sobre ser forçada a cooperar foram puramente uma técnica defensiva. Tudo o que eu disse antes de 11 de abril de 2011 era a verdade.

Sabe, ao entrar no carro com Domenico em Lucca e partir, de repente entendi a importância da motivação – por quem estou fazendo isto. É pelo futuro de meus filhos. Trata-se do amor de um homem que me ama pelo que eu sou, não pelo meu sobrenome. Hoje, embora eu possa ter perdido credibilidade como colaboradora, todas essas experiências me fortaleceram como mulher. Igualmente importantes, elas restabeleceram minha confiança em mim mesma. Sinto agora que talvez eu não fosse tão egoísta, no fim das contas. Talvez, se eu tivesse sido mais corajosa, hoje eu já estaria na praia com Domenico e meus filhos. O que me resta é a liberdade de escolher. E sempre priorizei meu amor por meus filhos, sua saúde e bem-estar, e meu amor por Domenico. São eles que eu realmente amo porque, por mais que eu mude de ideia, eles estão lá comigo, graças a Deus.

É por isso que acredito que minha colaboração levará a uma verdadeira mudança, para muitas pessoas. Por favor, diga à dra. Cerreti que eu não sou louca, como disseram. Eu lhe digo todas essas coisas para que o senhor possa contar a ela sobre a pessoa real em quem ela depositou sua confiança. Eu nunca contei nenhuma mentira. Tive apenas um momento de confusão. Aguardo pacientemente sua resposta, senhor, humildemente consciente de meus erros.[89]

Enquanto seus funcionários e colegas liam a carta, Alessandra ficou satisfeita em notar que eles se demoravam, lendo silenciosamente cada linha. Homem ou mulher, todos ficaram comovidos. Embora ela nunca tivesse demonstrado, Alessandra também ficou. Em um mundo de enganações, ali estava a clareza. Em vez de ódio, ali estava o amor. Desaparecera o medo. Ali estava a força.

Após a carta de Giuseppina, os acontecimentos se
desenrolaram rapidamente. No início de setembro, ela deu a Alessandra um relato abrangente de como seu antigo advogado, Giuseppe Madia, e o editor do *Calabria Ora*, Piero Sansonetti, haviam coordenado a redação e a liberação de sua carta de retratação. (Madia disse a Giuseppina que ele teve de abordar Sansonetti porque o editor do pequeno diário local da Calábria "era o único disposto a publicá-la e defender nossa causa".)

Em 15 de setembro, Giuseppina recebeu outra carta de Rocco. No início, ele a advertiu. "Eu sei que você começou a *coccòdeo*", dizia ele, usando o termo italiano para "tagarelar". "Eu me pergunto por que você arruinou todas as nossas vidas, inclusive a sua. Só para estar com as crianças?" Talvez sentindo a determinação renovada de Giuseppina, no entanto, ele logo passou para um tom mais simples. "Por favor, não me faça parecer mal", escreveu ele. "Acho que não estou pedindo nada de mais. Não há manhã em que eu não acorde e pense em você. Infelizmente, foi assim que as coisas aconteceram. Minha família está quebrada. Mas eu a deixo com um abraço e a esperança de que Deus a ilumine."[90] Um ano antes, a mansidão de Rocco poderia ter balançado Giuseppina. Agora, apenas confirmava que ela havia emergido do casamento deles como a mais forte dos dois, e aquilo endureceu ainda mais seu propósito.

Ela também se sentiu indiferente, cinco dias depois, em 20 de setembro, quando o primeiro julgamento resultante da Operação All Inside condenou onze membros da *'ndrina* dos Pesce. O tio de Giuseppina,

Vincenzo, e seu primo Francesco Pesce, que haviam sido encontrados escondidos em um bunker em 9 de agosto, receberam as penas mais pesadas: vinte anos cada um por associação mafiosa e outros crimes; e uma multa total de setenta milhões de euros, dos quais cinquenta milhões de euros eram para compensar os cidadãos de Rosarno por décadas de opressão assassina e dez milhões de euros para o Ministério do Interior e o mesmo valor para a autoridade regional da Calábria.[91]

A condenação foi o início de alguns dias desconcertantes de humilhação pública para os Pesce. No dia seguinte, 21 de setembro, os *carabinieri* tiraram Angela, de dezesseis anos, Gaetano, de dez, e Elisea, de seis, da casa de seus avós e os entregaram à custódia protetora do tribunal de menores.[92] Em 22 de setembro, Alessandra anunciou formalmente ao tribunal que Giuseppina estava mais uma vez cooperando com as autoridades.[93] Em 23 de setembro, a seu pedido, Giuseppina compareceu ao tribunal de Palmi por chamada de vídeo para ouvir as acusações feitas ao chefe do clã, Antonino; a seu marido, Rocco; a sua mãe, Angela Ferraro; e a sua irmã, Marina.[94] Em 27 de setembro, Giuseppa Bonarrigo, a avó da família, acorrentou-se às portas da prefeitura de Rosarno, onde foi fotografada por jornalistas, alegando a inocência de seus filhos.

A desonra pública dos Pesce estava longe de ter terminado. Em 4 de outubro, os parentes do marido de Giuseppina – Gaetano, Gianluca e Giovanni Palaia – foram presos, rapidamente seguidos por tia Angela Palaia e por Angela Ietto. Em 13 de outubro, Alessandra bloqueou outras oito empresas em Rosarno no valor de mais dezoito milhões de euros, elevando o valor total dos confiscos do império Pesce para 228 milhões de euros.[95] Uma semana depois, em 21 de outubro, Alessandra anunciou que, além de Giuseppina, tinha uma segunda mulher da 'Ndrangheta pronta para testemunhar: Rosa Ferraro, uma prima de Gênova acolhida pelos Pesce como empregada doméstica após ter sido expulsa de casa pelo marido.[96] No dia seguinte, 110 membros da 'Ndrangheta que haviam sido presos durante as incursões em massa de julho de 2010 foram condenados a penas entre 2 e 16 anos.[97]

O ápice da desgraça veio em 25 de novembro, o dia em que o maxiprocesso do clã Pesce foi formalmente aberto. Sessenta e três membros da *'ndrina* foram acusados. Mais de cinquenta estavam presentes no tribunal, incluindo vários Pesce, Palaia e Ferraro, juntamente com cinquenta advogados de defesa. Aqueles já cumprindo pena na cadeia, como o chefe do clã, Antonino, e o marido de Giuseppina, Rocco, assistiram por vídeo. Um punhado de Pesce continuava foragido. Eles seriam julgados sem estar presentes.

O procedimento exigia que Alessandra lesse as acusações aos réus e apresentasse as provas recolhidas de anos de investigação, incluindo as Operações All Inside, All Inside II, All Clean e Crimine. As provas chegaram a 65 mil palavras, o tamanho de um livro. A leitura de tudo isso levaria várias semanas, e não se esperava que um julgamento completo começasse antes de maio de 2012.

No entanto, aquele primeiro dia não correu como o esperado. Os réus já sabiam que estavam sendo julgados por uma promotora com base nas provas de uma mulher. A notícia de que Giuseppina seria acompanhada por uma segunda mulher da família Pesce tinha chegado como um choque. Ao serem conduzidos ao julgamento, os homens ficaram surpresos ao ver que, além disso, uma proporção excepcionalmente grande de funcionários do tribunal, *carabinieri* e até mesmo advogados e repórteres em serviço naquele dia também eram mulheres. Quando chegaram as juízas, uma presidente e duas assistentes, os réus ficaram surpresos ao ver Maria Laura Ciollaro, Antonella Create e, ocupando o lugar de presidente, Concettina Epifanio.

Para os homens da 'Ndrangheta, deve ter parecido uma conspiração.

– Não! Não! – gritaram eles.

Apontando para Alessandra e usando o nome de outro promotor no caso, eles gritaram:

– Queremos Di Palma! Queremos Di Palma! Isso não! *Isso* não!

Os funcionários do Estado e do tribunal insistiriam mais tarde que não havia nenhuma conspiração para desestabilizar os Pesce. A seleção do pessoal e dos juízes era feita de modo a garantir a neutralidade.

Em particular, as três juízas tinham presidido o caso desde seu início. Também não havia nenhuma dúvida de que Alessandra devia liderar a acusação no tribunal, uma vez que ela havia conduzido a investigação que a precedera. Isso não significava que os funcionários não pudessem desfrutar do desconforto dos réus. "Quando nos viram todas no tribunal, eles começaram a gritar para mim e minhas colegas", lembrou Alessandra, com um sorriso. "Eles ficaram humilhados por estarem na frente de tantas mulheres – por serem julgados por mulheres, para eles inferiores a um homem." Para Alessandra e Giuseppina, que ouvia por vídeo, havia algo na reação de ultraje dos homens que sugeria que eles souberam, talvez pela primeira vez, que a sorte estava virando. Alessandra descreveu seus gritos de indignação como algo próximo a música. "Uma sinfonia de libertação das mulheres", ela brincou. "Justiça divina para aqueles homens!" Prestipino, que também negava qualquer influência no número incomum de mulheres no tribunal, estava igualmente em júbilo. "Pense em quantas mulheres na Calábria vivem a mesma vida que Giuseppina Pesce e Maria Concetta Cacciola", disse ele. "Agora elas têm algo, um exemplo, algum simbolismo, a que se agarrar." Alessandra observou como a mãe e a irmã de Giuseppina, Angela Ferraro e Marina Pesce, permaneceram sentadas e em silêncio durante todo o tempo. Talvez não houvesse melhor representação da injustiça em suas próprias vidas do que ver seus homens uivando à visão de uma assembleia de mulheres modernas e profissionais sentadas para julgá-los.[98]

21

Giuseppina Pesce não foi a única a ser impulsionada à ação pela morte de Maria Concetta Cacciola.⁹⁹

Em Reggio Calabria, os tribunais de menores há muito tempo eram o primo pobre de seus equivalentes adultos. O chefe desse departamento da justiça, Roberto di Bella, achava que essa era uma visão míope. Como Alessandra, Di Bella argumentava que a 'Ndrangheta era, acima de tudo, uma operação familiar. "Desde a Segunda Guerra Mundial, as mesmas famílias têm controlado o território", disse ele. "Seja contrabando de heroína, cocaína, negócios ou política, essa cultura, esse fenômeno, nasce da família e passa de pai para filho. É hereditário. É dinástico." De alguma forma, o Judiciário italiano tinha se concentrado nos pais, mas esquecera suas esposas – e seus filhos. Isso apesar da própria experiência de Di Bella na Calábria. Em duas décadas em Reggio, ele havia lidado com mais de uma centena de crimes graves cometidos por crianças da 'Ndrangheta. "Tivemos extorsão, roubo, sequestro e mais de cinquenta casos de homicídio ou homicídio assistido", contou ele. "Crianças que usaram Kalashnikovs.

Crianças que participaram de rixas entre clãs. Crianças que foram assassinas. Crianças que mataram *carabinieri*."

A experiência de Di Bella também o ensinou que enviar crianças da 'Ndrangheta para detenção, na maioria das vezes, as colocava no caminho de cometer mais crimes e do encarceramento. Uma vez lá dentro, elas estavam fadadas a se tornar assassinas e chefes, e em pouco tempo acabavam voltando para a prisão ou mortas. "Essas crianças começam a respirar a cultura 'Ndrangheta desde o momento em que nascem", disse ele. A lavagem cerebral era constante e eficaz. Aos doze anos de idade, uma criança da 'Ndrangheta cuspia sempre que via um policial. Adolescente, aprendia a exercer o poder "não apenas sobre as crianças, mas também sobre os adultos". Aos dezoito anos, já não podia mais ser recuperada. Às vezes, o ódio pelo Estado estava de fato enraizado nela. Di Bella havia encontrado algumas crianças com tatuagens de *carabinieri* específicos nos pés "para que pudessem pisar neles 24 horas por dia".

Di Bella tinha um modo gentil, e seus cabelos escuros e óculos com aro dourado sugeriam um médico de cidade pequena, ou acadêmico de província, ou mesmo um padre. E seu trabalho, era claro, era uma vocação. Um caso em particular o tinha marcado. Em 2002, um descendente de um clã calabrês de dezesseis anos havia sido detido por posse de arma e resistência à prisão. "Os números de série haviam sido raspados da arma e havia uma bala dentro dela", lembrou Di Bella. Ele supôs que o menino estava se preparando para seu primeiro homicídio. Ele conhecia bem a família. O pai do menino havia sido assassinado quando ele tinha onze anos. Di Bella já mandara três de seus irmãos mais velhos para a cadeia. "Era", disse ele, "um dos clãs mais violentos e sangrentos da 'Ndrangheta".

Ao longo de seu julgamento, o garoto fez questão de se mostrar durão, disse Di Bella. "Seus olhos eram como aço. Ele não demonstrava emoções." No final, Di Bella sentiu que não tinha outra opção senão mandá-lo para se juntar a seus irmãos durante vários anos na detenção juvenil. Vários meses após a condenação do rapaz, porém, Di Bella recebeu um telefonema do diretor da prisão. O rapaz não estava bem.

"Ele sofria de insônia", disse Di Bella. "Tinha distúrbios estomacais relacionados ao estresse. Ele precisava falar com uma referência masculina, mas não tinha nenhuma."

Di Bella mandou trazer o menino de volta ao tribunal para uma reavaliação. Encontrou uma sombra de quem o garoto era antes. "Os olhos dele não eram mais de gelo", disse ele. "Ele estava desnorteado. Tinha muito medo. Estava angustiado – muito angustiado – por causa dos assassinatos e das guerras de máfia e das pessoas que ele havia perdido, inclusive o pai." Di Bella percebeu que as defesas do garoto estavam abaixadas e que podia falar com ele diretamente. "Então eu lhe disse claramente que ele precisava deixar sua família da 'Ndrangheta. Falei que ele seria assassinado ou colocado na prisão, como seu pai e seus irmãos. E esse rapaz me disse, pela primeira vez: 'eu quero sair'. Ele não escondeu que sua família era da 'Ndrangheta. Ele me pediu que o ajudasse a deixá-los no final de sua pena."

Di Bella prometeu que faria o que estivesse a seu alcance. Alguns meses depois, porém, ele foi transferido da Calábria. Vários anos depois disso, o escrivão do tribunal em Reggio entrou em contato para dizer-lhe que o menino, já fora da prisão, tinha ido procurá-lo no tribunal em Reggio. "Ele estava esperando por mim há mais de um ano até alguém lhe dizer que eu não estava mais lá", disse Di Bella. O magistrado foi consumido pela culpa. Não havia dúvidas de que ele e o Estado haviam falhado com esse menino, uma criança com a simples desgraça de nascer em circunstâncias fora de seu controle, mas que, das profundezas de seu tumulto, havia buscado ajuda.

Quando Di Bella voltou à Calábria em 2011, descobriu que o menino, já um homem, estava de volta à prisão, condenado por associação mafiosa. "Ele me enviou uma saudação da clínica psicológica onde estava sendo tratado", contou ele. "Alguns meses depois, eu soube que seu irmão mais velho havia sido preso outra vez. Tudo isso ficou na minha cabeça."

Ao retornar à Calábria, porém, Di Bella ficou animado ao descobrir que a luta contra a 'Ndrangheta tinha sido transformada. Pignatone,

Prestipino, Alessandra e os outros promotores haviam trazido nova energia e novas ideias para a luta. Eles haviam forjado um novo consenso de que, nas palavras de Alessandra, "a 'Ndrangheta é um fenômeno muito complicado que não aceita uma única solução. Precisamos agir em vários níveis diferentes ao mesmo tempo". Alessandra, particularmente, tinha sido fundamental na reorientação das mentes para a dinâmica familiar interna da 'Ndrangheta. Isso também fazia sentido para Di Bella. Os tribunais de menores, ele achava, tinham muito a contribuir com essa nova direção.

Se Di Bella ainda tinha dúvidas sobre a necessidade de mudança em sua própria corte, elas desapareceram quando, um dia em Reggio, ele se viu julgando os filhos das crianças que havia julgado uma geração antes. Aqui estava uma prova inegável de que a 'Ndrangheta e o sistema de justiça estavam presos em um conflito sem fim. A 'Ndrangheta continuaria a roubar, mutilar e matar. Os *carabinieri* e os juízes continuariam a jogá-los na cadeia. Era um fracasso sistêmico e perpétuo. "Todos nós *herdávamos* a 'Ndrangheta", disse Di Bella. E, se visar um menino da 'Ndrangheta quando ele era jovem era uma das maneiras de terminar essa batalha eterna, e todo o sangue, a prisão e a morte que essa máfia provocava, Di Bella sentia que era seu dever aproveitar o momento.

Quando leu os arquivos sobre a morte de Maria

Concetta Cacciola em agosto de 2011, Di Bella sentiu que sua chance havia chegado. "Os filhos de Concetta foram usados como uma ferramenta para fazê-la voltar e se retratar", declarou ele. "Os pais fizeram Concetta ouvir a filha de seis anos gritando: 'estou com saudade da mamãe' ao telefone." Era um caso inequívoco de violência contra a criança a serviço da criminalidade. Algumas semanas depois, Di Bella leu as transcrições de uma conversa sob escuta entre o filho de dezesseis anos de Concetta, Alfonso, e seu pai, Salvatore Figliuzzi. Nas transcrições, Alfonso acusou seus avós – os pais de Concetta – de tratar tão mal sua mãe que "praticamente a mataram. Você perdeu uma esposa. Eu perdi uma mãe. Nada dessa merda teria acontecido se não fosse o vovô e sua fúria de ciúme". Ali estava outro menino da 'Ndrangheta gritando para ser resgatado de sua família. De uma forma ou de outra, o Estado havia falhado com Concetta. Di Bella não podia permitir que fracassasse com os filhos dela. "Após a morte de Concetta, decidimos tentar uma abordagem muito diferente", disse ele.

O primeiro passo de Di Bella foi fazer com que os *carabinieri* retirassem os filhos de Giuseppina e Concetta dos avós. Essa dupla apreensão de duas das mais proeminentes famílias da 'Ndrangheta em Rosarno provocou fúria imediata. Di Bella recebeu cartas ameaçadoras. Os jornais calabreses fizeram entrevistas com pais e mães de Rosarno acusando-o de separar famílias e roubar crianças por pura vingança. Aparentemente com toda a seriedade, alguns o acusaram de tentar fazer lavagem cerebral em seus filhos da mesma forma que os nazistas raptaram e doutrinaram os filhos de seus inimigos durante a Segunda Guerra Mundial.

Di Bella não se deixou comover. Ele havia encontrado justificativa legal para as apreensões no direito internacional, particularmente na Convenção sobre os Direitos da Criança firmada pela Organização das Nações Unidas (ONU). "Diz que a família de uma criança tem que respeitar sua liberdade, seus direitos e sua paz", explicou ele. "Nada disso é respeitado pela máfia." A convenção tornou-se a base de Di Bella para uma nova política de tratamento dos filhos de *pentiti*, para que elas não pudessem mais ser usadas para chantagear suas mães. "Agora, sempre que uma mulher colabora, os oficiais informam o tribunal sobre as crianças para que possamos intervir e levar os filhos até a mulher. Isso evita a perigosa lacuna de autoridade sobre as crianças que a 'Ndrangheta tenta explorar."

Di Bella percebeu que a convenção também tinha aplicações muito mais amplas. Aquilo contra o que ele vinha lutando todos esses anos não era, como seus colegas às vezes diziam, desprezando a importância, o simples azar de ter nascido em uma família mafiosa do sul ou mesmo em alguma versão tradicional de *patria potestas*, o poder habitual de um pai. A convenção era inequívoca. O que estava acontecendo dentro de quase todas as famílias da 'Ndrangheta era a violência ilegal contra crianças. "Quando falamos de uma criança de doze anos levada à praia com o pai para aprender a disparar uma arma, a convenção diz que é nosso dever intervir", disse Di Bella. "Um pai em prisão domiciliar ensinando a seu filho de doze anos como lixar uma arma ou mover uma Kalashnikov de uma casa para outra – também temos a obrigação de intervir nesse caso também. Um homem que é fugitivo há vinte anos com seus filhos, forçando-os a perder sua educação – temos a mesma obrigação. Em todos os casos em que os crimes são cometidos por crianças ou pais que usam crianças, ou se temos crianças extorquindo em nome de seus pais, ou quando uma criança é levada a algum lugar para atirar em traficantes e testemunhar uma briga de drogas, ou quando eles usam os filhos como assassinos durante disputas entre clãs – em todos esses casos, quando há prejuízo tangível e concreto para a criança, a convenção diz que temos uma obrigação."

O mesmo dever de cuidado se aplicava às mães da 'Ndrangheta que educavam seus filhos na vida mafiosa, a própria força vital da máfia. A convenção reconhecia o direito dos pais de educar seus filhos, mas isso estava subordinado ao direito da criança de ser protegida de preconceitos e violência, fosse física ou psicológica; e ao seu direito a uma educação responsável destinada a preparar a criança para uma vida de tolerância, paz e legalidade. As crianças da 'Ndrangheta não tinham nada disso. Elas basicamente não tinham infância, ponto. "Você pega um menino da 'Ndrangheta de dezessete anos e lhe pergunta que música ele ouve e ele responde 'a tarantela'", contou Di Bella. "Ele não conhece Lady Gaga nem Madonna. É uma criação muito rigorosa e restrita. Eles não enxergam além de sua própria família e sua própria cidadezinha."

Di Bella começou a acreditar que o maior problema de uma educação na 'Ndrangheta era a maneira como ela paralisava emocionalmente uma criança. Em tenra idade, as crianças aprendiam a esconder e controlar seus sentimentos, para não traírem a si mesmas ou aos outros. Elas internalizavam o código, que proibia quase qualquer expressão ou identidade individual. Além de não estabelecerem quase nenhum relacionamento fora da 'Ndrangheta, dentro dela, conforme seus amigos e parentes eram constantemente assassinados, presos ou fugiam, elas se tornavam cada vez mais solitárias. "Não há ninguém para dizer à criança o caminho certo a seguir e nenhum indivíduo quer escolher um caminho diferente dos outros", disse Di Bella. "O jovem nem sequer contempla isso, porque não sabe que existe uma realidade diferente. Para as crianças que crescem nessas pequenas cidades mafiosas, o culto da 'Ndrangheta oprime tudo e todos." Não era surpresa, disse Di Bella, que os relatórios do tribunal sobre as crianças da 'Ndrangheta mostrassem devastação psicológica. "Seus sintomas são semelhantes aos dos veteranos do Vietnã", contou ele. "Eles são inibidos. Todos têm uma forte sensação de angústia e ansiedade. Seus sonhos são cheios de pesadelos. E eles estão sozinhos."

Em conjunto, Di Bella concluiu, o próprio "sistema familiar mafioso" era "prejudicial para o bem-estar das crianças". "Uma educação mafiosa, doutrinação mafiosa pelos pais, a perpetração de crimes pela criança, o perigo físico para as crianças", disse, "tudo isso é prejudicial à integridade mental e física das crianças e viola os direitos, liberdades e princípios fundamentais da carta da ONU. As principais vítimas da 'Ndrangheta são seus próprios filhos".

A Família sempre tinha sido uma imoral perversão das relações de sangue. Agora, parecia que também era ilegal.

Di Bella propunha a desprogramação das crianças da 'Ndrangheta, um assunto no qual o Judiciário não tinha experiência. Quando ele levantou o assunto com assistentes sociais e psicólogos, eles recomendaram não apenas tirar as crianças de seus pais, mas tentar oferecer-lhes uma adolescência normal. Crescer era, no fundo, descobrir a liberdade. A liberdade era o que a 'Ndrangheta negava a seus filhos, e era por isso que eles acabavam daquela maneira. Se o

Estado quisesse mudá-los, disseram os psicólogos, deveria mandar as crianças mais novas a famílias fora da Calábria que as deixariam frequentar a escola, sair com os amigos e fazer as escolhas convencionais de qualquer criança em fase de crescimento. Uma vez que tivessem idade suficiente, as crianças poderiam ficar em um abrigo onde seriam obrigadas a frequentar a escola. Elas deveriam ter contato com os pais, mas, crucialmente, o poder de dirigir suas vidas deveria estar com as próprias crianças. Os conselhos faziam sentido para Di Bella. "Essas crianças vêm de mundinhos em que tudo é 'Ndrangheta", disse ele. "Seu destino inexorável é ser morta ou acabar na cadeia. O desejo de escolher um caminho diferente nunca é contemplado porque elas não conhecem as alternativas. Não se pode desejar outro mundo se não se sabe que ele existe."

A esperança, disse Di Bella, era que, se as crianças pudessem experimentar uma educação convencional, uma nova ideia se instalaria em suas mentes: a autodeterminação. "Nossa ideia era mostrar a elas que existe um mundo melhor lá fora, com regras diferentes", explicou ele. Este era "um lugar onde você pode ser livre. Onde há amor e carinho. Onde não há necessidade de violência ou morte para que outras pessoas possam entender o que você está pensando. Onde há igualdade de direitos para homens e mulheres. Onde a prisão não é uma medalha que você coloca no peito. E onde você pode experimentar sua personalidade livre do sobrenome que carrega". O que as autoridades estavam tentando, disse Di Bella, era uma espécie de "infiltração cultural". Eles inseririam as crianças na vida cotidiana italiana e deixariam que isso as subvertesse suavemente. "A 'Ndrangheta nos infiltrou", disse ele. "Nós íamos infiltrá-la de volta."

No tribunal, em vez de penas de detenção, Di Bella começou a ordenar que crianças da 'Ndrangheta fossem separadas de suas famílias de outra forma. Ele enviou muitos dos adolescentes mais velhos para um abrigo anexo a uma igreja no alto das colinas acima de Messina, do outro lado do estreito. O programa era dirigido por um jovem psicólogo siciliano, Enrico Interdonato, que tinha se especializado na máfia.

Interdonato levava os jovens para comer pizza e para casas noturnas. Quando levou um a uma livraria, ficou surpreso ao saber que era a primeira vez que o menino visitava uma loja daquelas.

Os resultados iniciais foram variados. Um rapaz, Francesco, chegou com uma propensão para a violência e um conjunto de preconceitos duros contra as mulheres, os imigrantes, a polícia e o Estado, que estavam apenas ligeiramente suavizados quando ele partiu. Já outro rapaz, Riccardo Cordì, de Locri, um reduto da 'Ndrangheta, foi transformado. O pai de Riccardo tinha sido morto quando ele era pequeno. Seus irmãos estavam todos na cadeia. O próprio Riccardo estava indo na mesma direção, chegando ao tribunal de Di Bella depois de ser preso por roubar uma viatura, e depois novamente por brigar na rua.

Depois de um ano no abrigo em Messina, esse destino não parecia mais certo. Ao fazer dezoito anos e deixar o abrigo, Riccardo escreveu uma carta que foi publicada em vários jornais.

Prezado editor,

Sou um menino da Calábria, venho de Locri e meu nome é Riccardo Cordì. Em 7 de março de 2011, fui preso pela polícia de Locri por roubo e danos a um carro de propriedade da polícia ferroviária. Em julho de 2011, fui acusado de outro caso de agressão. Mas o tribunal de Reggio decidiu me mandar embora de Locri para ver se eu conseguiria deixar para trás essas experiências. Foi o início da minha jornada.

Quando cheguei na Sicília, a princípio não era fácil estar sozinho e longe de casa. Mas tudo mudou quando comecei a consultar um psicólogo em Messina que me orientou para a descoberta de uma nova vida. Fiz coisas, conheci pessoas e visitei Roma, Milão e outros lugares que eu nunca tinha visto. Certa manhã, fui ver o mar com o psicólogo. Dava para ver a Calábria, minha terra. Mas, pela primeira vez, pude vê-la de outra perspectiva.

Eu decidi ali que minha vida seria diferente. Quero voltar a Locri, mas não quero mais problemas com a lei. Não porque não possa lidar com isso, mas porque quero viver em paz. Eu quero estar limpo. Antes desta experiência, eu acreditava que o Estado não se importava com as pessoas.

O Estado era apenas essa coisa que o levava para longe de casa sem que você soubesse quando ou se voltaria. Mas, nos últimos meses, conheci um Estado diferente. Esse Estado não parecia querer que eu mudasse. Pelo contrário, tentou entender quem eu era.

E quem sou eu, de verdade? Um menino de dezoito anos. Um garoto como qualquer outro. Eu era muito pequeno quando meu pai foi morto e vi meus irmãos irem para a cadeia. Eu quero um futuro diferente para mim mesmo. Isso não significa que eu esteja renunciando à minha família. Meus irmãos serão sempre meus irmãos, e a Calábria será sempre minha terra. Mas agora um novo caminho está diante de mim e eu o escolho por mim mesmo, por vontade própria. O Estado me deu essa oportunidade. Eu posso escolher o que fazer quando crescer. Posso escolher meu trabalho para sobreviver na cidade. Posso ficar de cabeça erguida. Não tenho ideia se vou ter sucesso, mas vou tentar – porque algo mudou para mim. Eu mudei. E posso mudar ainda mais. Outros também. Há muitos caras como eu que precisam do Estado para apoiá-los, como ele me apoiou. Neste momento, eles não acreditam que esse Estado exista. Mas eu sei, e escrevo esta carta para que outros também possam saber. O caminho ainda é íngreme. Mas um final feliz, eu sei agora, não é apenas um sonho. Pode ser a vida real.[100]

Interdonato, o psicólogo de Riccardo, disse que até a família de Riccardo, que era da 'Ndrangheta por completo, parecia aceitar que o Estado não estava prejudicando seu filho e poderia até estar abrindo alguns novos horizontes para ele. Interdonato e Riccardo ainda conversavam diariamente mesmo meses depois de Riccardo ter deixado o abrigo. Certa manhã, Interdonato ligou seu celular e viu que Riccardo tinha enviado uma foto de si mesmo com um bebê pequeno. "Ele se casou com a namorada este ano, e eles tiveram um filho", contou Enrico. "A família está no centro da história da Itália. A máfia tomou esses valores e os *radicalizou* até se tornar uma espécie de violência psicológica. Mas Riccardo está começando uma nova família. Ele está escrevendo uma nova história."

22

Alessandra e Giovanni ainda eram assombrados por sua incapacidade de provar que a morte de Maria Concetta Cacciola fora assassinato.

Eles tinham muitas provas circunstanciais. Para começar, Concetta nunca tinha parecido suicida. Pelo contrário, disse Giovanni, "Concetta estava se organizando para deixar sua família novamente. Ela tinha seu caso amoroso. As escutas mostravam que ela e o amante estavam planejando seu futuro juntos".

Havia também a impossibilidade física de beber um litro de ácido clorídrico por opção. Embora a perícia forense inicial sugerisse que Concetta havia se suicidado, uma patologista encontrou mais tarde contusões no pescoço e outras marcas nos braços consistentes com alguém a segurando enquanto uma segunda pessoa mantinha sua boca aberta, possivelmente com um funil, e despejava ácido garganta abaixo. Além disso, a autópsia revelou que Concetta não havia tomado sedativos para aliviar a dor. Ela sentira tudo. Presumivelmente, supuseram os promotores, porque era para sentir.

Alessandra e Giovanni também tinham certeza de que a família de Concetta estava por trás de sua morte. Era o código 'Ndrangheta. Cada família limpava sua própria bagunça. Alessandra ainda achava que a indecisão de Concetta, além de sua crença de que levaria meses até que a família agisse, tinha dado aos Cacciola a oportunidade que eles precisavam. "Essa falta de determinação, demorar demais", disse ela. "Talvez tenha sido fatal para ela."

Havia, no entanto, uma outra possibilidade. Talvez os Cacciola planejassem esperar, mas tivessem intensificado seus planos depois que Concetta contou à mãe que ia voltar para o programa de proteção. Nesse cenário, a mãe de Concetta, Anna Rosalba Lazzaro, teria sido crucial. "Maria Concetta Cacciola ainda sentia amor pela mãe", declarou Giovanni. "Foi por isso que ela lhe contou que voltaria para o programa de proteção a testemunhas. Mas Lazzaro era uma mulher clássica da máfia, encarregada de preservar o clã. Foi ela quem disse: 'ou você está conosco ou está com eles'."

Exatamente quem matou Concetta, no entanto, permanecia um mistério. "Podemos dizer que ela foi assassinada", disse Giovanni. "Mas a pergunta permanece: por quem? A mãe e o pai dela saíram de casa naquela tarde. Não foram eles. Algo mais aconteceu, mas ainda não sabemos o quê."

Se os dois promotores não pudessem afirmar quem matou Concetta, não poderiam acusar ninguém pelo assassinato dela. Eles decidiram que, mesmo continuando a tentar provar um caso de homicídio, acusariam os Cacciola de algo menor. O artigo 110 do código penal italiano especificava que "quando mais de uma pessoa participar do mesmo delito, cada uma estará sujeita à pena prescrita para tal delito".[101] O artigo 580 tornava ilegal ajudar ou instigar o suicídio, uma ofensa punível com pena de 5 a 12 anos de prisão.

Acusar a família de pressionar Concetta para o suicídio ainda mostraria que, na Itália do século 21, ninguém poderia dar assistência à morte de sua filha, conspirar para isso e esperar que saísse impune. Era um caso que Alessandra e Giovanni conseguiriam provar prontamente.

Concetta lhes havia contado que a família a havia espancado e ameaçado. Em escutas telefônicas, eles tinham registros da família Cacciola discutindo como forçar Concetta a se retratar. Também tinham gravações deles usando os filhos dela para chantageá-la a voltar a Rosarno. Na gravação de sua retratação, a voz de uma segunda mulher podia ser ouvida incitando-a. Dois meses após o assassinato de Concetta, eles tinham uma gravação de seu filho de dezesseis anos, Alfonso, culpando os pais de Concetta pela morte da mãe. Finalmente, os próprios Cacciola estavam dizendo que a filha havia morrido de vergonha. Havia ali alguma justiça poética, pensou Alessandra. Os Cacciola estavam tão cegos pelo culto da 'Ndrangheta e sua lealdade ao código que não haviam percebido que estavam efetivamente admitindo um crime. Concetta não sentira vergonha por si mesma. Quer ela tivesse se matado ou sido assassinada, era a vergonha derramada sobre ela pela família que tornara sua morte inevitável.

Durante os últimos meses de 2011, Alessandra e Giovanni construíram um caso firme contra os Cacciola. Em 9 de fevereiro de 2012, eles estavam prontos. Naquela manhã, quando os promotores divulgaram sua acusação, os *carabinieri* prenderam os pais de Concetta, Michele Cacciola e Anna Rosalba Lazzaro, em Rosarno, e emitiram um mandado de prisão para o irmão dela, Giuseppe, que foi detido dois meses depois em Milão. Todos os três foram acusados de conspiração para forçar Concetta a cometer perjúrio e suicídio. Os *carabinieri* chamaram as prisões de Operazione Onta, ou Operação Vergonha.

As prisões chegaram à imprensa no dia seguinte. "Levada ao suicídio por sua própria família", dizia uma manchete de primeira página em *Il Quotidiano della Calabria*, o principal jornal da província.[102] O que chamou a atenção de Alessandra, no entanto, foi um longo editorial do editor do jornal, Matteo Cosenza. Pela primeira vez em um jornal italiano, Cosenza ligava os casos de Concetta, Lea e Giuseppina como elementos da mesma história essencial. "Giuseppina Pesce, Maria Concetta Cacciola e Lea Garofalo tiveram a infelicidade de nascer em um mundo terrível", escreveu ele. "Apesar do tremendo sofrimento, essas mulheres decidiram romper com suas famílias e escolher o caminho da legalidade e da justiça." As três mulheres tinham pagado caro por sua coragem, escreveu Cosenza. Todas haviam mergulhado sua vida e a vida de seus filhos em um tumulto sombrio. Duas das mulheres haviam morrido. Cosenza continuou:

Alguns dizem que exageramos quando falamos da 'Ndrangheta e sua penetração na sociedade e nas instituições da Calábria. Dizem que ela não existe. Estes casos nos lembram a verdade. Todas as calabresas honestas devem seguir o exemplo dessas mulheres em sua vida diária e fazer frente à 'Ndrangheta. Faça isso por você! Faça pelos jovens, que merecem um futuro diferente nesta terra maravilhosa! É quase impossível imaginar como alguém pode fazer uma mudança depois de nascer em uma família da 'Ndrangheta – alguém que suga arrogância e anarquia do peito de sua mãe e que nem consegue conceber um mundo de convivência cordial, tolerância, respeito e felicidade. É por isso que devemos nos curvar diante de Giuseppina, Concetta e Lea. Apesar de tudo, elas foram capazes de compreender que estavam vivendo entre o mal e encontrar a coragem de dizer: "basta! Parem! Nós e nossos filhos devemos viver em paz, não em guerra perpétua!".

Elas pagaram um preço alto. Pagarão um preço mais alto se as esquecermos. Calabreses, não se omitam! Vamos nos tornar a bela e forte Calábria que todos queremos! Conhecemos o mal entre nós. Passo a passo, livraremos a Calábria desta grande malevolência e nos redimiremos aos olhos de nossos filhos e do mundo.

Alessandra mal conseguia acreditar no que estava lendo. Sua grande ideia sempre fora esmagar a 'Ndrangheta libertando suas mulheres. Durante anos, tinha sido uma obsessão particular. Nos últimos dois anos, mês a mês, homem a homem, ela havia lentamente persuadido seus colegas. A cada caso sucessivo – primeiro Lea, depois Giuseppina, depois Concetta –, a força de sua argumentação crescia. A morte de Concetta, em particular, tinha dado a Giuseppina uma determinação renovada e incitado Roberto di Bella a repensar tudo o que ele estava fazendo no tribunal de menores de Reggio.

Porém, Alessandra nunca poderia ter previsto uma campanha de jornal contra a 'Ndrangheta, apelando a todas as calabresas para que tomassem as três mulheres como suas porta-bandeiras. Dois anos antes, multidões haviam bloqueado a estrada em Reggio para aplaudir o chefe da 'Ndrangheta Giovanni Tegano quando ele foi levado para a prisão. Apenas um ano antes, o *Calabria Ora* havia lançado sua campanha contra Alessandra. De repente, ali estava tudo em prol do que ela vinha trabalhando, toda sua intuição por ter crescido durante *la mattanza* na Sicília, a soma de seus anos de estudo e pesquisa, a montanha de provas que ela havia acumulado detalhando como as mulheres da 'Ndrangheta eram oprimidas e como umas pouquíssimas haviam lutado – tudo isso na primeira página de um jornal, em um artigo pedindo algo parecido com revolução. Parecia milagroso. "*Il Quotidiano* criou, pela primeira vez, um debate público sobre as mulheres da 'Ndrangheta", disse ela. "E de repente as pessoas ao nosso redor falavam sobre como a 'Ndrangheta tinha corrompido nossa vida durante todos estes anos. Foi uma mudança real e imediata."

Ocorreu a Alessandra que aquilo a que ela resistira durante tantos anos – sentimento, empatia, emoção – era precisamente o que *Il Quotidiano* estava usando para incitar seus leitores. Para uma promotora, as mulheres da 'Ndrangheta eram uma ferramenta técnica com a qual se podia desbloquear a maior conspiração criminosa da Europa. Para um editor de jornal, a história das três boas mães era uma tragédia épica para despertar um povo. E os repórteres de *Il Quotidiano* tinham sido diligentes. Nas páginas internas, eles expuseram cada elemento da história para que seus companheiros calabreses lessem. Um relatório sobre a prisão dos pais de Concetta foi acompanhado de reportagens sobre a investigação dos Pesce ("Clã Pesce atingido com mais onze prisões") e sobre o caso Garofalo ("Julgamento Garofalo: um réu ameaçado"). A carta que Concetta deixou para a mãe quando foi para o programa de proteção a testemunhas foi reimpressa na íntegra, assim como sua "retratação" gravada. Havia antecedentes sobre os clãs de Rosarno e tributos às duas mulheres mortas escritos por parte de membros do parlamento. Havia até mesmo descrições dos três bunkers sobre os quais Concetta havia testemunhado.

O fio comum que percorria a cobertura era o heroísmo de Lea, Giuseppina e Concetta e o imperativo para todos os calabreses de seguir o exemplo delas. No fundo, escreveu Cosenza, era a história de três mães que haviam compreendido que sua família era uma maldição sobre a Calábria e que haviam desafiado séculos de misoginia violenta – seja mafiosa, calabresa ou italiana – para salvar seus filhos e sua pátria. Tratava-se de sacrifício e dor, violência e terror, sangue e ácido – e um sonho de um novo futuro. E, agora, disse Cosenza, o cerne tinha que ser os milhões de calabreses, homens e mulheres, que se juntariam à rebelião que as mulheres haviam iniciado. Cosenza até fixou uma data para a revolta da Calábria: 8 de março, a Festa della Donna, Dia Internacional da Mulher. Nesse dia, ele exigiu que todos os verdadeiros calabreses celebrassem Lea, Giuseppina e Concetta. Ao fazer isso, escreveu, elas finalmente recuperariam sua liberdade.

Por coincidência, 8 de março de 2012 era uma data já marcada com destaque no calendário de Alessandra.

Aquela quinta-feira de primavera era o dia da sentença no último dos maxiprocessos resultantes das batidas de 2010 contra a 'Ndrangheta. Mais de duzentos homens e mulheres de toda a Itália já haviam sido condenados e sentenciados a um total de vários milhares de anos de prisão. Centenas de milhões de euros em propriedades e bens haviam sido apreendidos. Famílias criminosas inteiras haviam sido derrubadas, e impérios criminosos inteiros, desmantelados. Em um espaço cercado dentro de um tribunal à prova de balas e à prova de bombas em Reggio Calabria, os últimos 127 membros da 'Ndrangheta seriam julgados e sentenciados, entre eles chefes de cada *'ndrina* significativa, bem como Domenico Oppedisano, o *capo crimine*.

Alessandra sabia que, o que quer que acontecesse, a 'Ndrangheta perduraria. Apesar das condenações e dos confiscos, a organização ainda tinha milhares de homens em seu quadro de funcionários e centenas de bilhões de euros em ativos. Os chefes ainda podiam administrar seus negócios de dentro da prisão, até mesmo comandando rixas de clãs e supervisionando a expansão internacional. Todo promotor sabia que, por mais que trabalhasse duro para responsabilizar a 'Ndrangheta, dezenas de milhares de crimes, incluindo centenas de assassinatos, permaneceriam sem solução.

Porém, não havia dúvida de que os promotores da Calábria haviam sacudido a 'Ndrangheta de maneira histórica. A arma mais preciosa da organização, seu sigilo, havia sido estilhaçada. O mito centenário sobre um bando de Robin Hoods do sul da Itália estava em pedaços. Ninguém mais alimentaria a ilusão de que a máfia calabresa era um bando de delinquentes com bacamartes e calças seguradas por barbantes que roubavam cabras e sequestravam donos de mercadinhos da província. Finalmente, a 'Ndrangheta tinha sido exposta pelo que era: uma conspiração criminosa violenta, unificada e moderna assentada na Calábria que ameaçava todos os países do mundo.

Esse dia já estava sendo preparado havia décadas, desde muito antes de Falcone e Borsellino, ou *O poderoso chefão*, ou da noite de julho de 1973 em que o neto de dezesseis anos de um bilionário ficou na rua até tarde em Roma. A investigação que levou aos maxiprocessos demorou anos e envolveu dezenas de milhares de policiais, *carabinieri*, promotores e juízes. Exigiu a maior operação de vigilância já montada na Itália, totalizando 25 mil horas de chamadas telefônicas sob escuta e 83 mil horas de vídeo e áudio. O resultado de todo esse trabalho era uma imagem abrangente e, para a maior parte da Itália, da Europa e do restante do mundo, nada menos do que estonteante, da 'Ndrangheta. Seja pelas centenas de bilhões de euros que ganhava a cada ano, seja pelo controle que exercia sobre os mercados globais ilícitos de narcóticos e armas, seja pela corrupção política que fomentava de Melbourne a Montreal ou mesmo pela forma como subvertia os mercados financeiros e a soberania nacional em todo o mundo, os promotores da Calábria tinham exposto a 'Ndrangheta como a máfia mais poderosa e perigosa do mundo.

O que agradava especialmente Alessandra era que o maior dano à 'Ndrangheta tinha sido realizado pelas investigações sobre Lea, Giuseppina e Concetta. Seus casos revelaram a organização não como um conto de fadas sobre cavaleiros errantes e honras justas, mas como um culto ao assassinato grotesco, iletrado e de mentira, que praticava crueldade impiedosa e sangrenta, corrompia a família a serviço da ganância e adorava esmagar a liberdade, o amor e a esperança. "Mais do que apenas as prisões, havia o prejuízo à imagem e o ferimento da lenda", disse Alessandra. "Isso realmente os golpeou."

A cada manhã, de 10 de fevereiro a 8 de março, *Il Quotidiano* exibia uma faixa de primeira página com fotos de Lea, Giuseppina e Concetta. Todos os dias, o jornal enviava repórteres para cobrir como os calabreses comuns estavam se juntando à luta contra a 'Ndrangheta. Os promotores e grupos de mulheres estavam entre os primeiros a se comprometerem a apoiar. A eles, seguiram-se empresas e sindicatos, crianças em idade escolar e estudantes universitários, partidos políticos e prefeitos. Depois vieram grupos de jovens e associações de aposentados, proprietários de *trattorie* e cooperativas de agricultores, o Rotary Club, o clube de natação, operadores de balsa, capitães de pesca, companhias de teatro, coletivos de artistas, assistentes sociais, produtores de azeitonas, vendedores de *gelato*, viticultores, trabalhadores portuários, cantores populares e caminhoneiros. Quando 8 de março chegou, até mesmo a imprensa nacional do norte já havia começado a tomar conhecimento das várias marchas contra a 'Ndrangheta que envolviam dezenas de milhares de pessoas em toda a Calábria.[103] A história de Lea, Giuseppina e Concetta estava se tornando uma grande notícia. Um slogan havia surgido: *"La Calabria Non*

Ci Sta!!!" ("A Calábria não vai mais aceitar!!!"). À medida que as histórias das mulheres eram repetidas, e o rosto delas era impresso e reimpresso em cartazes e pôsteres, camisetas e banners, e transmitido na televisão e em revistas internacionais, Alessandra percebeu que, lenta mas firmemente, Lea, Giuseppina e Concetta estavam se tornando as novas lendas da 'Ndrangheta.

Para os clãs, era catastrófico. A invencibilidade deles estava rachada. "Essas mulheres haviam se rebelado contra o machismo da 'Ndrangheta, e esse ato, bem como a história do que aconteceu com elas, custou à 'Ndrangheta seu controle e seu sistema de consenso", disse Alessandra. "Essa era toda a base da 'Ndrangheta e toda sua essência. Era uma enorme crise para eles."

Na manhã de 8 de março, levou uma hora inteira no tribunal principal de Reggio Calabria para ser possível reunir todos os 127 membros da 'Ndrangheta e seus advogados, assim como os promotores, funcionários, repórteres e três juízes. Foram necessárias mais duas horas para que o juiz presidente lesse a lista de condenações. Quando ele terminou, 93 réus já haviam sido condenados. As penas variavam de oito meses a catorze anos. O *capo crimine* Domenico Oppedisano pegou dez anos, provavelmente o suficiente para garantir que ele morreria na prisão.

Mais importante para os promotores era que, em seu julgamento, o tribunal reconheceu formalmente a 'Ndrangheta como uma entidade global coesa com presença em 120 locais em todo o mundo. De uma vez por todas, a verdadeira natureza da maior máfia do mundo havia sido estabelecida em jurisprudência irrefutável. "A decisão de hoje reconhece a precisão de nossa reconstrução da estrutura da 'Ndrangheta como uma organização unificada, organizada em uma hierarquia complexa, governada por um conselho superior, enraizada na Calábria com filiais no exterior", disse Pignatone aos repórteres. "Isso representa um passo crucial para combater a 'Ndrangheta na Calábria e onde quer que ela tenha se infiltrado."

Enquanto Pignatone e sua equipe se parabenizavam tranquilamente dentro do Palácio da Justiça, os calabreses dançavam nas ruas do lado de fora. Como *Il Quotidiano* havia incitado, quase todas as cidades da Calábria estavam realizando um evento antimáfia. No próprio Reggio, havia palestras, peças de teatro, comícios, oficinas, exposições e discursos. Como demonstração de enfrentamento público, era algo único na história da Calábria. Os ícones desse novo movimento eram Lea, Giuseppina e Concetta, o rosto delas quase onipresente.

Nenhuma das mulheres pôde estar lá para ver seu triunfo. Naquela manhã, porém, Alessandra havia providenciado a entrega de uma carta das estudantes da escola de ensino médio feminina Mattia Preti, em Reggio Calabria, para Giuseppina na prisão. As palavras das meninas, pensava Alessandra, dariam a Giuseppina ao menos um gostinho do que estava acontecendo. "Cara Giusy", começava a carta:

Não teríamos tido a força necessária. Não teríamos tido a força e a coragem como mulheres. Não teríamos tido a força e a coragem como filhas ou irmãs. Não teríamos tido a força e a coragem nesta cidade e neste país, onde tantas vezes tudo é silenciado pelo medo e pela vergonha. Mas, quando alguém encontra a força e a coragem para falar, especialmente como mãe, esse medo desaparece, e queremos nos redimir e não mais permanecer caladas.

Ouvimos sua história em silêncio. E esses acontecimentos aparentemente distantes de repente se tornaram reais. Você abriu nossos olhos. Você abriu os olhos de tantos jovens, homens e mulheres, que não esquecerão sua força e coragem. Com tudo o que você passou, e ainda continua a passar, com estas palavras queremos lhe devolver um pouco da força que você nos deu. Você é um farol para a emancipação da mulher. Sua liberdade torna possível a nossa própria liberdade. Sua liberdade torna possível a liberdade desta terra.[104]

Giuseppina ficou exultante. Uma vez, ela havia sonhado que ela e Concetta poderiam ser o começo de algo. Finalmente estava acontecendo. Em todos os lugares, parecia que as pessoas estavam saudando Lea, Giuseppina e Concetta e se pronunciando contra a 'Ndrangheta.

Em Reggio, Alessandra ficou igualmente emocionada com a primeira página de *Il Quotidiano*. Acima de um desenho das três mulheres feito por uma criança, o jornal havia impresso uma manchete que resumia o que, por mais anos do que Alessandra gostaria de admitir, tinha sido seu credo pessoal: "com as mulheres, todos nós nos libertaremos". Abaixo, o editor Matteo Cosenza havia escrito uma carta aberta a Denise Cosco:

Prezada Denise,

Eu não a conheço, mas você deve saber do carinho e da admiração que tenho por você. Não sei se será capaz de ler estes pensamentos no lugar secreto onde, neste momento de liberdade, calor e celebração, você é obrigada a viver. Sua escolha de testemunhar duas vezes contra seu pai sobre a morte de sua mãe, Lea Garofalo, reflete como sua mãe viveu. Você teve que escolher entre seu pai vivo e sua mãe morta, e escolheu o triunfo da verdade, da legalidade e da justiça. Você teve até que testemunhar contra um homem que era seu parceiro.

Você deve saber que sua mãe está orgulhosa. Ela se sacrificou por seu futuro, que ousou imaginar como digno e livre da opressão em que ela nasceu. Seria tão fácil ceder ao ódio. Mas nada pode ser construído sobre o ódio. Ninguém, também, nasce criminoso. Essas pessoas fazem parte de nossa família, nossos bairros, nossas escolas, nossas tradições e nossa pátria. Muitos homens da 'Ndrangheta não decidiram ser como são. Eles nunca tiveram escolha. Nossa ação coletiva, se for séria e profunda, pode cutucar a consciência deles. Pode fazer deles novos homens.

Minha querida Denise, essa doença se espalhou de tal forma que, enquanto a febre não for curada, continuará a nos infectar. Devemos lembrar o exemplo das mulheres que quebraram esse chamado código de honra para proclamar seu próprio direito à liberdade, ao respeito e à dignidade. O caminho à frente é longo e difícil. Sabemos que esta luta exigirá mais do que um pequeno festival. Mas temos o seu exemplo. Seu testemunho nos dá confiança de que, mesmo na noite mais escura, mesmo em meio ao tormento que você, sua mãe e as outras mulheres viveram, há luz à frente. Devemos construir um futuro diferente. Nada no sofrimento e na violência do presente é natural ou inevitável. Esta tarefa exigirá todo o nosso compromisso. Teremos vencido quando você estiver novamente livre para passear pelas ruas da Calábria, aproveitando o sol e a brisa do mar em paz. É um direito seu. Se isso lhe for negado, o fracasso será nosso.[105]

23

Os maxiprocessos, as marchas, *Il Quotidiano* – algo estava acontecendo na Calábria. Alessandra e os outros promotores sentiram um momento de possibilidade, até mesmo de esperança. Era emocionante, mas também inquietante. O Estado havia lutado por gerações para mudar a Sicília, e aquela guerra ainda não estava vencida. A campanha contra a máfia calabresa agora tinha suas primeiras condenações, mas, na verdade, havia apenas começado. Mesmo os casos contra os Cosco, os Cacciola e os Pesce haviam levado anos para percorrer os vários recursos e níveis processuais do Judiciário italiano. Lea, Giuseppina e Concetta poderiam ser os ícones daquele novo movimento, mas, se Carlo Cosco, ou os Pesce, ou os Cacciola, de alguma forma saíssem livres, a primavera de 2012 seria lembrada como um breve e brilhante instante que desapareceu tão rapidamente quanto apareceu.

Àquela altura, Alessandra sabia que a melhor maneira de garantir um resultado no caso Pesce era acabar com qualquer contato entre a família e Giuseppina. O tribunal de menores de Roberto di Bella já havia tomado conta das crianças, Angela, Gaetano e Elisea. Agora, Alessandra estava mandando Giuseppina ser transferida para a prisão de Paliano, nos arredores de Roma, uma penitenciária reservada para os colaboradores da máfia.

Situada em um antigo palácio do século 15 em uma fortaleza de rocha natural com vistas idílicas da cidade e das montanhas dos Apeninos, Paliano abrigava cerca de cinquenta *pentiti*, homens e mulheres. As instalações prisionais incluíam uma biblioteca, um teatro, uma igreja, um campo esportivo, três oficinas, quatro cozinhas, quatro laboratórios, cinco ginásios e um salão de jogos para crianças. Os reclusos tinham aulas de ensino fundamental e médio em suas cinco salas. Para os mais instruídos, havia cursos de contabilidade e de administração, bem como treinamento vocacional. Todos os detentos eram encorajados a trabalhar: na pizzaria da prisão, cultivando tomates, cerejas e *cavolo nero* na horta orgânica, costurando roupas ou bordando almofadas. Havia um coro. Havia internet. Havia banheiros privativos com bidês.

A ideia, explicou Nadia Cersosimo, diretora de Paliano, era mostrar como a vida na máfia era uma imagem pálida e negativa da realidade. Dentro de um clã, respeito era sinônimo de medo, e família, de crime. Paliano ensinava a seus prisioneiros que o verdadeiro respeito tinha a ver com admiração voluntária, não deferência involuntária, e que a verdadeira família era amor, não defesa mútua. As famílias mafiosas treinavam seus filhos para desprezar a lei e odiar o Estado. Cersosimo disse que seus próprios pais lhe haviam ensinado respeito pela lei e lealdade ao Estado – e, em Paliano, ela tentava criar seus presos novamente como ela mesma havia sido criada. Nem sempre dava certo, mas, quando dava, podia mudar vidas. Uma detenta se formou em economia. Dois reclusos, um homem e uma mulher, casaram-se na capela da prisão. "Todos nós compartilhamos desses novos caminhos", disse Cersosimo. "É uma família." Alessandra estava entre os muitos promotores que ficavam impressionados. "Ela dirige aquela prisão como se fosse sua casa", contou ela.

Em Paliano, Giuseppina podia receber visitas regulares de seus filhos. Ela assistiu ao julgamento do assassinato de Lea Garofalo e às prisões dos Cacciola na televisão. Acompanhou o processo contra sua própria família em Palmi por vídeo de um bunker subterrâneo de segurança montado para esse fim na prisão de Rebibbia, em Roma. Quando ela completou 32 anos, em 24 de setembro de 2011, foi autorizada a fazer uma pequena festa.

À medida que Giuseppina e Alessandra retomavam sua colaboração, também reavivavam sua amizade. Entre os dias de julgamento no final de 2011 e o início de 2012, Alessandra se encontrou com Giuseppina em Rebibbia para refinar seu testemunho. Às vezes, durante a viagem de uma hora de carro de Paliano a Rebibbia, os oficiais de proteção de Giuseppina relatavam ter sido seguidos por carros com janelas escurecidas. Porém, Alessandra havia insistido em uma nova equipe de guarda-costas para Giuseppina, e seu evidente profissionalismo convenceu Giuseppina de que ela não corria perigo. Alessandra ficou satisfeita ao notar o estreito vínculo de confiança que estava se desenvolvendo rapidamente entre Giuseppina e seu esquadrão de proteção. Quando, em dezembro de 2011, Giuseppina começou a dar provas detalhadas pela primeira vez contra seu pai e seu irmão – os dois homens da 'Ndrangheta aos quais ela era mais leal –, Alessandra creditou isso à confiança que ela finalmente se sentia capaz de depositar no Estado.

A principal preocupação de Giuseppina continuava sendo a felicidade de seus filhos. Um ano antes, era o desânimo de Angela que tirara dos trilhos a cooperação de Giuseppina. Agora, Angela parecia decidida a apoiar a mãe. Gaetano e Elisea também pareciam felizes aos cuidados do programa juvenil de Roberto di Bella. Mesmo assim, abandonar a família e tudo o que lhes havia sido ensinado desde o nascimento nunca seria fácil.

Em dezembro de 2011, ao perceber que as três crianças estariam longe de Giuseppina no Natal, Alessandra decidiu certificar-se de que todas as três recebessem presentes. Durante as compras, ela viu um bicho de pelúcia que a inspirou a fazer um experimento com a mais nova, Elisea, de seis anos. "Quando essas crianças pensam em *carabinieri*, elas pensam em pessoas encapuzadas com balaclavas negras que agarram seu pai ou tio no meio da noite", disse Alessandra. A promotora decidiu dar a Elisea um ursinho vestido com um uniforme dos *carabinieri*. "Pensei que ela poderia ver o urso como uma figura mais amigável e, através do meu presente, se acostumar com a ideia do Estado."

Quando Alessandra encontrou Giuseppina, em janeiro de 2012, perguntou se Elisea havia gostado de seu presente.

– Sim, sim, ela gostou – respondeu Giuseppina, mas Alessandra viu que ela estava envergonhada. – Infelizmente, ela tirou o uniforme dos *carabinieri* – contou Giuseppina, por fim.

Alessandra disse a Giuseppina para não se preocupar.

– Devagar, devagar – disse ela. – Vamos ver se as coisas mudam.

Devagar, devagar, elas mudaram. Cada vez que se encontravam, Alessandra pedia a Giuseppina uma atualização sobre o urso. Em fevereiro, Giuseppina sorriu e disse que o urso estava usando os sapatos. "Aí, ela me disse que ele estava usando as calças", lembrou Alessandra. "Depois, estava usando o chapéu. Muito gradualmente, o urso começou a usar cada vez mais de seu uniforme. Levou de janeiro a setembro. Mas, enfim, o urso estava completamente vestido e Elisea o colocou bem perto da porta da frente. Ela disse à mãe que era 'para que os *carabinieri* possam nos proteger'."

Alessandra viu a transformação do urso como uma metáfora extraordinária de como, com o incentivo da mãe, os filhos de Giuseppina estavam alterando sua visão do mundo. "Era algo surpreendente o que Giuseppina estava conseguindo fazer", disse ela. "Lenta e progressivamente, ela estava se lançando com seus filhos pequenos e muito frágeis em um novo caminho para algo diferente. Eram pequenos passos em um longo caminho. Mas, devagar e com segurança, ela os fazia compreender que o Estado pode ajudá-los."

Todos os esforços de Alessandra com Giuseppina

eram para prepará-la para o julgamento que se avizinhava. O primeiro obstáculo veio na noite de Ano-Novo de 2011, quando venceria um novo prazo de 180 dias para Giuseppina assinar seus depoimentos de testemunha. Na véspera, Alessandra foi ver Giuseppina, levando consigo vários milhares de páginas de documentação. Oito meses antes, Giuseppina havia se recusado a assinar. Mesmo ao telefone, Alessandra via que ela estava nervosa outra vez. A promotora chegou a Rebibbia temendo uma repetição da situação. Relaxou quando percebeu que o que havia entendido como ansiedade era na verdade animação. Giuseppina assinou e se recostou na cadeira. Ela havia oficialmente substituído a família pelo Estado.

Uma provação maior para Giuseppina seria enfrentar a família no tribunal. As audiências em Palmi só estavam programadas para começar em maio de 2012, dando a Giuseppina e Alessandra meses para se prepararem. Uma vez que o processo estivesse em andamento, porém, seria uma maratona. Esperava-se que o julgamento durasse um ano. As provas de Giuseppina eram tão detalhadas que seu testemunho e sua acareação, por si só, levariam uma semana, de segunda a sexta-feira, de 8 a 10 horas por dia.

Alessandra providenciou para que Giuseppina falasse via vídeo de Rebibbia. Quando vários parentes dos Pesce receberam permissão para assistir ao julgamento em Rebibbia, Alessandra solicitou uma tela no tribunal para bloquear a visão deles. Porém, Alessandra sabia que sua testemunha principal e a família dela ainda estariam cientes da presença uma da outra, e testariam a coragem da outra parte. Ela decidiu treinar Giuseppina como uma atleta. Enfatizou a aptidão física, encorajando Giuseppina a se exercitar para criar resistência e aconselhando-a a levar chocolate e suco de frutas para as audiências para se alimentar. Ela lhe instruiu a pedir uma pausa sempre que precisasse. Para preparar a mente de Giuseppina, Michele Prestipino começou a se juntar a Alessandra em suas visitas a Rebibbia. Os procuradores passavam tudo com Giuseppina, passando dias estudando perguntas, provas e prováveis perguntas da defesa, para que Giuseppina conhecesse o caso e o procedimento judicial de trás para frente.

Alessandra também compreendia há muito tempo que, se Giuseppina fosse trair a família, precisaria de um substituto ao qual se agarrar. Alessandra havia abandonado o hábito de uma vida inteira para se tornar algo próximo a uma mãe para ela. Com a aproximação do dia de Giuseppina no tribunal, Alessandra ficou encorajada ao ver o relacionamento das duas se aprofundar. Uma vez terminado o trabalho formal de recolher declarações e verificar provas, as duas mulheres descobriram que o que restava era afeto e proximidade, uma aceitação e valorização uma da outra. Um dia, quando Alessandra estava montando seu gravador em sua sala habitual em Rebibbia, Giuseppina entrou carregando um presente. Alessandra desembrulhou-o e encontrou uma pequena almofada bordada à mão. Sobre ela, Giuseppina havia costurado as palavras: "obrigada por tudo. Com amor, Giuseppina". "Fiquei emocionada", disse Alessandra. "Afinal, era eu quem a havia prendido. Duas vezes. Na prisão, ela não ganhava muito, mas tinha feito o que podia. E o cuidado que ela teve em fazer aquela almofada! A costura minúscula. Ela a tinha perfumado com uma fragrância floral e o cheiro encheu meu apartamento por uma semana. Era um símbolo, um sinal de sua gratidão por ainda estar viva, graças à minha teimosia. E um símbolo muito feminino, que parecia indicar um carinho particular e uma consideração por mim."

Quando o primeiro dia do testemunho de Giuseppina

finalmente chegou, em 22 de maio, Alessandra julgou que ela e Michele Prestipino tinham feito tudo o que podiam.[106] Giuseppina estava determinada e confiante. Em uma notável inversão de papéis, ela até tentou acalmar os nervos de Alessandra. Um ano antes, quando Giuseppina suspendera sua cooperação, Alessandra lhe dissera, na despedida, que se agarraria ao sonho de que Giuseppina um dia reiniciaria sua colaboração e enfrentaria sua família no tribunal. Agora, Giuseppina piscou para Alessandra.

– Não se preocupe – falou. – Sonhos podem se tornar realidade.

Ainda assim, enquanto Alessandra estava no tribunal principal de Palmi, vendo o monitor de vídeo enquanto Giuseppina tomava seu lugar em Rebibbia, ela estava tensa. Trazer um colaborador para testemunhar contra a máfia no tribunal era um ponto alto na carreira de qualquer procurador italiano. Trazer Giuseppina para testemunhar contra sua família, talvez a única vez que uma testemunha que sabia tanto testemunharia contra um clã tão poderoso, era o acontecimento judicial da década. Os dias seguintes seriam uma guerra processual – sem derramamento de sangue, mas, mesmo assim, uma guerra. De um lado, a verdade e a justiça. De outro, a criminalidade assassina e a chantagem intensa. Alessandra se via ao mesmo tempo em meio ao processo e aterrorizada por ele. Como Giuseppina lidaria com isso?

Alessandra começou pedindo a Giuseppina que descrevesse sua vida como mafiosa. Giuseppina explicou seus deveres, que incluíam passar mensagens entre os homens e administrar os esquemas de extorsão dos Pesce. Ela deu uma visão geral sobre os outros negócios: caminhões, drogas, armas e corrupção. Expôs a estrutura da organização, especificando quais de seus tios e primos eram seus chefes e tenentes, e a linha de sucessão. Ela falou do fundo legal que os homens mantinham para os membros da família em julgamento ou na prisão. Explicou que a casa da avó, Giuseppa Bonarrigo, servia como um ponto de encontro onde os homens acreditavam que podiam falar sem medo de serem escutados.

Giuseppina falou em detalhes do medo que os homens tinham da vigilância e que usavam detectores para encontrar dispositivos de escuta no carro ou sob o pavimento da casa da avó dela, até mesmo as câmeras secretas escondidas nas paredes de uma escola e hospital próximos. Ela descreveu que seu pai, Salvatore Pesce, havia vivido em um bunker debaixo da casa de sua avó, ligado à superfície por uma passagem escondida dentro de um barril, antes de ser preso em 2005.

Falou das ligações da família com juízes, *carabinieri* e funcionários do governo. Contou a história de seu primo, Francesco, que ficava em frente ao local de votação no dia das eleições, dizendo aos eleitores: "vote em Fulano de Tal, ele é amigo". Percorreu a história de assassinatos e guerras de clã em Rosarno, especialmente entre os Pesce e seus rivais, os Bellocco. As regras eram simples, disse ela. "Você matou um dos nossos, nós matamos um dos seus." O mesmo acontecia com os traidores. Quando uma prima, Rosa Ferraro, descobriu que Salvatore havia colocado o supermercado da família Pesce no nome dela e o estava usando para lavar dinheiro e defraudar um fabricante de salame, Ferraro o havia denunciado na rua. Para os Pesce, disse Giuseppina, tal desgraça só poderia ser respondida com a morte. O assassinato iminente de Rosa só fora evitado por pouco com sua rendição às autoridades.

Alessandra então conduziu Giuseppina por sua própria decisão de testemunhar contra sua família. Giuseppina começou dizendo que não havia amor em seu casamento com Rocco Palaia.

– Ele nunca trabalhou e nunca ficava em casa se um dos bebês estivesse doente – disse ela. – Ele não estava em casa para uma caminhada de domingo com a família. Ele nem sequer me dava dinheiro para remédios.

Ela chorou quando falou de seu novo namorado, Domenico Costantino.

– O único homem que já amou meus filhos – soluçou. – O único a me respeitar como mulher.

Ainda assim, uma vez que seu caso foi descoberto, Giuseppina sabia que estava morta.

– Aquela que trai e desonra a família deve pagar com sua vida – disse Giuseppina. – É a lei.

Quando lhe perguntaram quem seria responsável por sua punição, Giuseppina respondeu que seu marido, Rocco, lhe havia dito que a família tinha "uma vala pronta para mim", mas que seria o irmão dela, Francesco, quem puxaria o gatilho.

– Tem que ser o filho mais velho da família – explicou ela.

Esse apego aos primogênitos caracterizava o atraso da vida da máfia, disse Giuseppina, assim como a misoginia violenta. Era comportamento-padrão da máfia a família tê-la chantageado para assinar uma retratação, fazendo seus filhos reféns. Igualmente, bater em seus filhos e deixá-los com fome quando ela desafiou o clã e retomou sua cooperação. Giuseppina tinha conseguido pensar na cultura da máfia durante seus meses em Paliano. Ela agora entregava suas conclusões ao tribunal.

– De certa forma, quaisquer que sejam os problemas que temos como família, eles vieram disso, de todo o ambiente em que estávamos vivendo – declarou ela. – *Esse é* o mal que eu vejo. Essa é a razão de eu estar hoje na cadeia. É por isso que minha irmã, minha mãe e minha família estão todas na cadeia, porque os homens continuam com essa coisa. Eles nos enchem, as mulheres, de sua maldade. Eles nos tornam cúmplices, garantem que nunca quebraremos a corrente e nos obrigam a continuar sua criminalidade, correndo com o devido respeito para a prisão para vê-los. Esse é o mal da máfia. É disso que eu sempre tentei proteger meus filhos. É por isso que não podia suportar a ideia de meus filhos sem mim e por que fiz esta escolha: para que meus filhos pudessem evitar meu destino e ter uma vida melhor, onde eles sejam seus próprios senhores e possam escolher o que querem fazer. É também por isso que cortei qualquer contato com meu irmão. Porque, como homem, ele nunca aceitará minha escolha.

Enquanto falava, Giuseppina podia ouvir tosses do cercadinho dos réus. Isso acontecia sempre que ela mencionava o irmão. Mesmo a centenas de quilômetros de distância, por uma linha de vídeo, ela reconheceu a voz e entendeu a mensagem. "O irmão dela estava dizendo: 'eu estou te escutando'", explicou Alessandra. "'Estou escutando o que você está dizendo sobre mim.'" Para alívio de Alessandra, Giuseppina estava imperturbável. Voltando-se para Alessandra durante um intervalo, ela brincou:

– Meu irmão está com dor de garganta?

Foi a primeira de várias tentativas dos Pesce de desequilibrar Giuseppina durante o julgamento. Sua mãe ainda se recusava a usar o nome da filha, referindo-se apenas a ela como "a colaboradora". Através de um guarda prisional, sua irmã Marina lhe enviou uma fotografia das duas junto com seus filhos. "Isso foi muito desestabilizador para Giuseppina", disse Alessandra. "Ela amava muito a irmã. Era uma pressão muito forte sobre ela, e ela só tinha que encontrar uma maneira de lidar com aquilo."

Giuseppina achou a presença do pai, Salvatore, a mais difícil de suportar. Havia dito muitas vezes a Alessandra que, entre todos da família, ela era mais próxima do pai. Chorava quando falava dele, dizendo que era o único que a entendia e que, se ele não estivesse na cadeia, a teria protegido de Rocco.

No tribunal, quando Giuseppina terminou seu último dia de evidências, o pai dela pediu para fazer uma declaração. Alessandra sentou-se, imóvel. Enquanto Salvatore caminhava do cercadinho para o banco das testemunhas, Giuseppina pôde vê-lo pela primeira vez. "Ele estava vestindo uma camisa branca com riscas azuis. Giuseppina começou a chorar assim que o viu", lembrou Alessandra. "A camisa era o último presente que ela lhe dera. Era a maneira de seu pai lembrá-la de seus laços de sangue, de dizer-lhe quem ela era. Na tela, eu via as lágrimas de Giuseppina correndo pelas bochechas."

De forma rápida e silenciosa, Alessandra sugeriu que Giuseppina pedisse uma pausa. Assim, longe da escuta de Giuseppina, Salvatore Pesce começou então a falar. Inicialmente, ele voltou sua raiva contra Alessandra, acusando-a de abusar de sua posição e forçar Giuseppina a mentir, ameaçando levar os filhos dela e dando-lhe drogas. Ele disse que Alessandra havia excedido seus poderes ao prender a mãe e irmã de Giuseppina, Angela Ferraro e Marina Pesce, em Milão.

– Agiu de forma ilegal – gritou ele para Alessandra. – E por quê? Você quer morrer?

Alessandra interrompeu para solicitar que a transcrição do tribunal fosse encaminhada ao diretor do Ministério Público em Roma para decidir se a ameaça de Salvatore a ela constituía crime. Salvatore foi então autorizado a continuar.

– Quero dizer à minha filha que todos a amam – falou ele. – Depois que tudo isso tiver terminado, quando todas as luzes tiverem sido apagadas e todas essas carreiras tiverem melhorado e quando você estiver sozinha, você nos encontrará aqui esperando por você. Nós estaremos aqui.

Alessandra se maravilhou de como, em campo aberto, o pai de Giuseppina conseguia tocar o coração da filha enquanto a ameaçava em um só fôlego. Não havia fim para a maldade daqueles homens?

Pesando-se durante a semana do testemunho de

Giuseppina, Alessandra calculou que estava perdendo dois ou três quilos por dia. Ela se surpreendeu ao ver Giuseppina lidando muito melhor com a situação. "Ela continuou o julgamento – com muita dor e sofrimento, mas também com muita força", disse Alessandra.

Alessandra conhecia Giuseppina, que tirava a maior parte de sua coragem da mesma fonte que sempre a havia inspirado: seus filhos. Alguns dias antes de Giuseppina testemunhar, sua filha mais velha, Angela, havia lhe dado um colar com uma cruz de prata. "Essa foi outra mensagem", falou Alessandra. "Angela estava dizendo a ela: 'se você sentir medo, se estiver assustada, toque o colar e pense em nós'. Durante o julgamento, teve um momento ou dois em que eu pensei que ela fosse desmaiar. Mas ela se recuperou imediatamente, e sei que sua força veio de pensar nos filhos e em como ela estava fazendo isso por eles. Isso lhe deu toda a força de que ela precisava."

Alessandra ponderou sobre o afeto materno que sentia por Giuseppina, mais uma vez caracterizando sua conexão como "umbilical". Ela se perguntava como isso se comparava ao vínculo que ainda existia entre Giuseppina e sua família. As audiências de julgamento continuariam pelo resto de 2012, e a sentença só era esperada em maio de 2013. Poucas visões eram mais propensas a reacender o amor de uma filha por seus pais do que o espetáculo deles em um cercadinho com grades. O dia em que o caso fosse concluído, porém, seria provavelmente o último em que Giuseppina veria seus pais e sua família. Giuseppina precisava aceitar a separação inevitável.

Após o estresse de testemunhar, Alessandra e Michele Prestipino deixaram Giuseppina em paz por algumas semanas. Em Paliano, era verão, e os tomates e as berinjelas estavam amadurecendo no jardim da penitenciária, prontos para os *pentiti* colherem no início da noite e os usarem nas bandejas gigantes de *parmigiana*. Em um dia quente de julho, quando julgaram que já havia passado tempo suficiente, Alessandra e Prestipino foram de avião para Roma e fizeram a viagem de carro para o leste, para o Lazio e para Paliano. Os dois promotores chegaram no início da tarde. Em sua homenagem, a diretora Nadia Cersosimo tinha organizado um jantar-surpresa, com a presença de todo o pessoal e dos detentos, feito com legumes e ervas do jardim. Os convidados comeram e conversaram amigavelmente com os *pentiti*. Em seguida, Giuseppina presenteou Alessandra e Prestipino com picles e compotas cujas tampas ela tinha decorado com toalhinhas bordadas: um desenho simples de cerejas e damascos ao lado das iniciais do distrito de Paliano. Olhando Giuseppina, Alessandra percebeu que sua testemunha havia mudado de novo. Pela primeira vez, ela escreveu, "tive a nítida impressão de ter substituído a família dela em suas emoções". Aquela lealdade familiar, aquele vínculo inquestionável tinham desaparecido.

Alessandra começou a perceber que era ela que estava se tornando muito apegada a Giuseppina. Em momentos mais calmos, ela se admoestava por imaginar que a ligação das duas poderia ser mais do que temporária. Ela precisaria seguir para outros casos. Giuseppina teria de viver sua própria vida. Ainda assim, a equipe de Alessandra ficou incrédula quando, algumas semanas após sua visita a Paliano e horas antes de sair com Paolo para suas férias anuais de agosto, ela recebeu uma ligação de Giuseppina no telefone do escritório, um número que um membro da 'Ndrangheta nunca deveria ter obtido.

– É sobre a guarda dos filhos dela – explicou Alessandra à secretária, com a mão sobre o bocal. – Tem um burocrata a enrolando. Ela pode estar chateada.

Como toda boa mãe, Alessandra nunca deixou de se preocupar.

24

Quando o julgamento do assassinato de Lea Garofalo desmoronou em novembro de 2011, parecia um desastre. Dentro de uma semana, entretanto, uma nova juíza, Anna Introini, foi nomeada e imediatamente acrescentou nova urgência ao processo.

Introini era uma das mulheres mais experientes do Judiciário italiano. Aos 59 anos, veterana de vários casos da máfia, assim como tentativas de processar Silvio Berlusconi, sua experiência a havia deixado com pouca paciência para os malabarismos da defesa ou atrasos processuais, quanto mais para a misoginia da máfia. Ciente de que o prazo de prisão preventiva de Carlo expirava em 28 de julho de 2012, Introini decidiu, com objeções da defesa, que nenhuma audiência anterior precisava ser repetida e que o depoimento condenatório de Denise ainda era válido. Ela também instituiu um cronograma acelerado de dois dias de tribunal por semana.

Quando as audiências foram retomadas, em dezembro de 2011, o peso do testemunho contra Carlo e sua *'ndrina* rapidamente aumentou. Um companheiro de prisão em San Vittore, em Milão, testemunhou – por cima das denúncias que Massimo Sabatino gritava – ter ouvido Sabatino descrever que Carlo lhe havia pedido, em maio de 2009, para se vestir como técnico de máquina de lavar e sequestrar Lea em Campobasso.[107] Vários conhecidos de Carlo falaram que tinham medo dele. Outros tiveram tantos problemas de memória que, sem querer, deram a mesma impressão. Os procedimentos foram ainda mais acelerados pela recusa de Carlo em depor. Um dia, enviando à 'Ndrangheta uma mensagem de que ele estava cumprindo a omertà, ele tapou os ouvidos com as mãos. "A mensagem era: 'não há problema, não se preocupem, fiquem tranquilos, eu não vou falar'", explicou Alessandra. Mesmo assim, ao não testemunhar, Carlo acabou acelerando seu julgamento. Quando Matteo Cosenza escreveu sua carta a Denise em *Il Quotidiano*, em 8 de março, a juíza Introini havia dito que anunciaria um veredito e uma sentença em 30 de março de 2012.

Quando chegou o dia, Introini deu a notícia de que emitiria o julgamento às 20h30. Em frente ao tribunal, o salão estava lotado. De um lado, parentes dos réus sussurravam com seus advogados. Do outro, estudantes ativistas se amontoavam em torno de Enza Rando, passando suas cartas de apoio a Denise. Os jornalistas andavam pela sala. No cercadinho, Carlo, seus irmãos Giuseppe e Vito, Massimo Sabatino, Rosario Curcio e Carmine Venturino cumprimentavam seus parentes através das grades.

Pouco depois das 20h, um funcionário anunciou que os trabalhos estavam prestes a começar. Enquanto os repórteres se espremiam nas cadeiras de imprensa, Carlo conversava calmamente com sua *'ndrina*. Quando a juíza Introini entrou, o tribunal ficou em silêncio. Introini tomou seu lugar.

– Em nome do povo italiano – disse ela –, o júri da Corte d'Assise[108] condena Carlo Cosco, Giuseppe Cosco, Vito Cosco, Rosario Curcio, Massimo Sabatino e Carmine Venturino...

A juíza Introini decidiu que todos os seis homens haviam participado do assassinato de Lea. Ela condenou todos os seis de ajudar a se desfazer do corpo de Lea dissolvendo-o em ácido e de fingir que Lea estava viva, gozando de boa saúde e morando na Austrália. Introini deu sentenças de prisão perpétua a todos. Ela especificou que Carlo e Vito deveriam cumprir seus dois primeiros anos em isolamento, enquanto os outros quatro deveriam cumprir o primeiro. Todos os seis homens também foram condenados a pagar um total de duzentos mil euros a Denise, cinquenta mil euros à irmã de Lea, Marisa, e cinquenta mil à mãe delas, além de 25 mil euros à cidade de Milão.

Era difícil imaginar um conjunto de condenações mais duro. Alessandra ficou maravilhada. A 'Ndrangheta parecia chocada. Na galeria pública, a mãe e a irmã de Carmine Venturino começaram a chorar. Outros parentes gritaram em desespero.

– Estão felizes agora? – gritou uma mulher para os ativistas.

Fora do tribunal, Enza leu uma declaração já pronta:

– A parte mais importante de hoje é que uma menina que teve a mãe assassinada teve a coragem de testemunhar a favor da justiça. Ela quebrou o medo e o silêncio e deu sua contribuição para a justiça e a verdade.

O fundador da Libera, padre Don Luigi Ciotti, acrescentou:

– Essa sentença ficará na história. Devemos nos curvar diante dessa jovem que encontrou a coragem de quebrar a omertà e restaurar a dignidade, a verdade e a justiça à sua mãe.[109]

Denise havia testemunhado contra um pai que havia assassinado sua mãe e ordenado a morte dela própria. Ao permanecer fiel a Lea, ela havia rompido não apenas com a omertà, mas com sua educação, sua família e toda a Calábria. O que sua mãe havia começado, ela havia terminado. Ela tinha apenas vinte anos de idade. Merecia a mais ampla admiração possível.

No entanto, quando Alessandra pensou naquilo durante os meses seguintes, a condenação de Carlo pareceu um anticlímax. Ir para a prisão, mesmo por toda a vida, era algo que um chefe da 'Ndrangheta como Carlo Cosco aceitava como o preço do poder. Mesmo que o Estado o tivesse punido, ele havia punido Lea por sua deslealdade. Os jornalistas que escreviam sobre o caso podiam focar a pena, mas as reportagens deles não deixaram de enviar a mensagem de que, se irritasse a 'Ndrangheta ou Carlo Cosco, você morreria.

Claro, pelo funcionamento da 'Ndrangheta, Carlo poderia estar na prisão, mas seu status dentro da organização tinha subido. Na opinião da 'Ndrangheta, ele tinha feito a coisa justa e honrada ao matar sua esposa infiel. Ele e sua *'ndrina* haviam demonstrado disciplina no tribunal. Não haviam falado. Mal haviam reconhecido a autoridade do tribunal. Conseguiram até torturar ainda mais Denise, recusando-se a dizer como e onde Lea tinha morrido ou o que tinham feito com o corpo. Carlo havia sido testado repetidas vezes e permanecido firme. Aos olhos da 'Ndrangheta, ele já era *santista*, literalmente, santificado. Agora, seria reconhecido como um dos maiores chefes da Itália, livre para expandir seu império da prisão e planejar para o dia de acertar suas contas com Denise, assim como havia feito com a mãe dela. Carlo estava inabalado. A 'Ndrangheta continuava.

Apenas três meses após a condenação de Carlo, no

entanto, chegou a notícia de que sua organização havia sido esmagada. Às 9h do dia 21 de junho de 2012, setenta policiais em marcha invadiram *il fortino delle cosche*, a Viale Montello, 6. Arrombando portas, despejaram duzentos residentes, incluindo várias famílias da 'Ndrangheta e mais de cinquenta famílias de imigrantes chineses e africanos. Em duas horas, a ocupação de quarenta anos pela máfia de um dos edifícios mais históricos de Milão havia terminado. A base de operações de Carlo foi destruída.[110]

Atrás de portas fechadas, outras rachaduras estavam aparecendo no império de Carlo. Durante sua investigação da morte de Lea, os *carabinieri* haviam descoberto um diário secreto no qual Lea escrevera durante seus primeiros anos com Carlo. "Eu não sabia que ele existia", contou Denise. "Ela escrevera quando estava grávida de mim. Lendo, eu soube que ela estava muito apaixonada por meu pai." As palavras da mãe deram a Denise uma nova perspectiva. "A história de nossa família é uma história de coragem", disse ela, "mas, mais do que isso, é uma história de amor. Tudo começou com o amor que minha mãe tinha por meu pai". Para Denise, da maneira como a mãe escreveu sobre o pai, aquele amor devia ser recíproco. "Ele tinha outros motivos para casar-se com ela", declarou Denise. "Mas eu acho que ele a amava."[111]

Diante da prisão perpétua, a 'ndrina de Carlo experimentava emoções igualmente variadas. Em julho de 2012, o promotor do caso, Marcello Tatangelo, recebeu uma carta de Carmine Venturino. "Quero confessar o que sei sobre o homicídio de Lea Garofalo", escreveu Carmine. Ele declarou que havia auxiliado no assassinato de Lea e mentido sobre isso depois. Acrescentou que, enquanto estava sob o comando de Carlo, ele tinha de obedecer "à lei que existe na Calábria, que é diferente daquela que governa o restante do mundo". Seus advogados lhe haviam assegurado que seria absolvido, pois, sem um corpo, não poderia haver assassinato.

Isso havia se revelado incorreto. Como resultado, Carmine estava seguindo seu próprio conselho. O julgamento tinha ensinado a ele, escreveu, que "eu não sou um mafioso. Eu não sou um monstro". Ele não era imune ao sofrimento, como Carlo e os outros homens. Ao invés disso, "a dor de perder Denise não me deixa escolha", escreveu. "É uma coisa muito delicada. Mas acho que todos gostariam de saber os fatos do desaparecimento de Lea, especialmente Denise. Eu faço isso por amor a Denise. Ela foi corajosa. Ela é um exemplo para mim. Tenho que lhes contar o que realmente aconteceu."[112]

Carmine Venturino tinha 33 anos quando foi condenado à prisão perpétua. Ele havia nascido em novembro de 1978 em Crotone, na planície abaixo de Pagliarelle. Ele disse a Tatangelo em uma série de entrevistas, durante o verão e o outono de 2012, que uma de suas primeiras memórias era de como a atenção e o amor de sua família estavam concentrados em seu irmão, que nasceu com uma

deficiência.[113] Carmine não os culpava. Ele descreveu sua família como "pobre, mas honesta". Como a maioria dos calabreses, porém, disse que seus pais nunca teriam pensado em enfrentar a 'Ndrangheta.

Quando Carmine se envolveu com uma turma de Pagliarelle e começou a usar haxixe, heroína e cocaína, sua família deixou que isso acontecesse. Eles também não fizeram objeção quando, em setembro de 2006, aos 27 anos, ele se mudou para a Viale Montello, em Milão. No início, Carmine era usuário. Logo, estava negociando para um dos primos de Carlo. Dentro de um ano, estava trabalhando para Carlo, que havia voltado para a Viale Montello após ser solto da prisão. Com o dinheiro que ganhava, Carmine alugou seu próprio apartamento. Um dia, em 2008, Carlo apareceu à sua porta com um cobertor e um travesseiro, perguntando se poderia ficar. "Ele nunca foi embora", disse Carmine. Sua rápida promoção de usuário de drogas a tenente na maior máfia de drogas da Europa foi, disse Carmine, "doçura, seguida de amargura".

Carmine tinha ouvido falar de Lea Garofalo em Pagliarelle. "Todos estavam falando disso", declarou ele. "Todos nós sabíamos que Carlo tinha precisado ir embora por causa dela e que era por isso que ele queria matá-la." No apartamento deles, Carlo disse a Carmine que Lea estava tentando afastar Denise dele. Ele estava frustrado por Denise não ter tentado lutar mais contra sua mãe. Não articulou, naquele momento, quais eram seus planos para Lea. Por outro lado, disse Carmine, não precisava fazer isso.

As chances de Carlo concretizar a vingança aumentaram significativamente na primavera de 2009, quando Lea deixou o programa de proteção a testemunhas pela segunda vez. Ela enviou uma mensagem por Marisa, perguntando a Carlo se ela e Denise poderiam retornar à Calábria. Carlo tinha todos os motivos para concordar. Lea estava fazendo o que ele queria. Um dia em abril, contou Carmine, "Vito Cosco veio até mim em Milão e me disse que Carlo queria comprar quatro conjuntos de equipamento militar camuflado, quatro balaclavas e quatro pares de botas, e me deu um papel com um conjunto de medidas. Perguntei para que serviam, e Vito respondeu que precisaríamos do material para raptar e matar Lea". Carmine acrescentou que ele já sabia onde comprar o equipamento porque havia comprado ali máscaras de esqui para outro assassinato.

Carlo disse à *'ndrina* que, como já era suspeito de tentar matar a esposa, não podia arriscar o envolvimento direto nesta nova tentativa. Em vez disso, ele queria que Vito, Carmine e Rosario Curcio assassinassem Lea. Carmine comprou devidamente as roupas com dinheiro em espécie e as carregou em uma van vermelha da Fiat roubada, juntamente com uma submetralhadora Uzi equipada com um silenciador e dois carregadores que pegou da Viale Montello, todos prontos para a viagem até a Calábria. O plano foi frustrado quando Carlo, tendo chegado a Pagliarelle para checar o ataque, descobriu que Lea tinha instalado uma nova porta de aço na casa onde estava hospedada e que a polícia tinha colocado um carro em frente.

Carlo retornou a Milão com um novo plano. Ele havia falado com Denise, que lhe havia dito que queria terminar a escola em Campobasso. Carlo havia alugado um apartamento lá para Lea e para ela. "Era lá que íamos matar Lea", falou Carmine. Carlo estabeleceu o dia 5 de maio como a data para o assassinato. Ele recrutou outro membro da 'Ndrangheta, Massimo Sabatino, para fingir ser técnico de máquinas de lavar e ter acesso ao apartamento. Sabatino deveria sequestrar Lea. Os outros homens, esperando lá fora, a levariam para um local isolado em Bari, no sul do país, onde a matariam e se livrariam do corpo. Porém, no dia 3 de maio, Carmine sofreu um acidente de carro. "Eu estava bêbado e chapado", disse ele. "Estava muito assustado." Com dois pontos na cabeça, Carmine disse a Carlo que ele não estava bem o suficiente para participar. Rosario Curcio também se retirou no último minuto, dizendo que não podia deixar seus negócios sem supervisão.

– Fique bem fora disso – ele aconselhou a Carmine.

Quando Carmine falou a Vito que não podia ir, recebeu um tapa no rosto que o derrubou no chão. No final, Carlo despachou Giuseppe, Vito e Massimo, apenas para Massimo estragar o sequestro. Carlo ficou furioso.

– Vocês são todos inúteis – gritou com Vito. – Tenho que fazer tudo sozinho?!

Evidentemente, Carlo decidiu que sim. Quando Lea e Denise voltaram para Pagliarelle para as férias de verão, hospedadas com a avó de Lea, ele e Carmine foram de carro de Milão. Carlo começou a ver Denise regularmente. Uma noite, ele e Carmine levaram Denise a uma casa noturna. Ficaram fora até as cinco da manhã. O celular de Denise tinha ficado sem bateria e ela não pôde ligar para a mãe para lhe avisar que chegaria tarde em casa. "Quando deixamos Denise na casa da avó, Lea deu uma bofetada em Denise, de tão preocupada", lembrou Carmine. "Quando saímos, Carlo se virou para mim e disse: 'isso foi totalmente desnecessário. Aquela vaca tem que morrer'."

No dia seguinte, Carlo reuniu Vito, Carmine e Rosario Curcio. Ele disse que iriam matar Lea imediatamente, assim que possível, e tinha um novo plano de como fazer isso. Carmine vigiaria o apartamento da avó de Lea. Assim que Lea saísse para ir buscar água na praça, Carmine ligaria para Carlo de um celular descartável novo que Vito lhe dera. Carlo chegaria então na garupa de uma moto conduzida por Rosario e atiraria em Lea enquanto eles passavam; então, ele e Rosario iriam imediatamente para a costa, largariam a arma e lavariam qualquer resíduo de pólvora no mar. Na ocasião, Carmine fez o que lhe foi ordenado, mas Lea acabou só indo comprar cigarros na loja do vilarejo. Ela estava de volta ao apartamento antes da chegada de Carlo e Rosario.

Carlo simplesmente não conseguia matar Lea. Ele havia tentado e fracassado três vezes em cinco meses. Àquela altura, sua obsessão já consumia tudo. Gente suficiente dentro da 'Ndrangheta sabia o que ele estava planejando; se ele não conseguisse, havia o risco de perder o status. Quando agosto virou setembro, Carmine ficou surpreso ao observar uma nova calma em Carlo. A razão, que Carlo lhe confiou um dia, foi que finalmente havia descoberto como assassinar sua esposa.

Lea estava começando a confiar nele outra vez, disse Carlo. Ela ligava e lhe mandava mensagens o tempo todo. "Carlo me mostrou mensagens de Lea nas quais ela havia escrito que Nini – seu apelido para Denise – queria um irmãozinho", disse Carmine. "Eram mensagens de amor. Fiquei espantado. Mais tarde, eles até saíram juntos para tomar *gelato*." Carlo calculou que, se conseguisse levar a esposa em um encontro noturno para Botricello, poderia tomar todo o tempo que quisesse. Quanto mais tempo ele esperasse, quanto mais confortável Lea se sentisse, mais fácil seria. "Carlo estava muito satisfeito", declarou Carmine. "Ele disse que agora seria muito simples matá-la. Ele me falou que Lea estava encurralada."

Em novembro de 2009, Lea e Denise partiram para Florença a fim de comparecer ao tribunal. Inicialmente, Carlo pensou em tentar matar Lea lá. Depois, ele disse a Carmine que tinha uma ideia melhor. Havia convencido Lea e Denise a passar alguns dias com ele em Milão. Carlo falou que matariam Lea na cidade onde ela o traiu pela primeira vez. Havia uma simetria no plano que agradava a Carlo. Ele queria todos os seus homens envolvidos.

Uma vez que Lea e Denise chegaram a Milão, disse Carmine, "nós seguimos Lea dia e noite, o tempo todo". O plano, como em Campobasso, era esperar pelo momento certo, sequestrar Lea, tentar descobrir o que ela havia dito aos *carabinieri* em 1996 e 2002, matá-la e se desfazer do corpo para fingir que ela havia desaparecido para a Austrália.

Durante quatro dias, a quadrilha brincou de gato e rato com Lea pelas ruas de Milão. Em uma ocasião, Carmine viu Lea entrar em uma lavanderia e encostou, pronto para pegá-la quando ela emergisse, antes de decidir que havia muitas câmeras de segurança e que a rua estava lotada demais. Em outra ocasião, Carlo levou Lea para jantar e disse a seus homens para pegá-la quando ela saísse para fumar um cigarro, mas era uma noite fria e Lea não saiu. Na noite seguinte, Carlo levou Lea para jantar novamente e disse para Carmine, Vito e Rosario esperarem pelos dois em uma rua tranquila perto de um viaduto, prontos para interceptar o carro e matá-la no local quando Carlo passasse. No caminho, porém, Carlo furou um sinal vermelho e foi parado por um *carabiniere*, então, cancelou. Essa também foi a noite em que Carmine conheceu Lea pela primeira vez. Algumas horas depois da que devia tê-la matado, ele se viu dirigindo até o hotel de Lea a pedido de Carlo e dando a ela um pequeno bloco de haxixe.

Carmine e Rosario começaram a achar que Carlo estava prestes a ser frustrado mais uma vez. Rosario, por exemplo, ainda acreditava que Lea era uma preocupação particular de Carlo e não algo com que a *'ndrina* devesse estar envolvida. Talvez Carlo a matasse desta vez. Talvez não. Naquele momento, parecia que ele estava namorando com ela. Todo membro da 'Ndrangheta sabia que o clã tinha seu lado quente e impetuoso, seu machismo, mas suas atividades também eram baseadas em cálculos frios, especialmente quando se tratava de assuntos como o assassinato de uma filha do clã. O planejamento de Carlo estava todo desorganizado. Ele fingia calma, mas dava para perceber que estava atordoado. Era o tipo de coisa que poderia afundar todos eles, dizia Rosario. Ele e Carmine não deveriam desempenhar nenhum papel naquilo.

Carlo foi insistente. A gangue teria sua última chance em 24 de novembro. Lea e Denise deveriam pegar o trem das 23h30 de volta à Calábria. Carlo explicou a seus homens que tinha elaborado outro plano. Havia perguntado a seu amigo Massimiliano Floreale se poderia pedir emprestadas as chaves do apartamento da avó de Floreale na Via San Vittore, nos arredores do centro histórico de Milão. Também tinha combinado que Denise jantasse com os primos para que Lea e ele ficassem a sós novamente. Pouco depois das 18h, Carlo pegou Denise no Arco da Paz, perto do parque Sempione, e a deixou na casa dos primos. Então, foi buscar Lea.

Ao mesmo tempo, Carmine levou Vito ao apartamento em San Vittore em um Volkswagen Passat que ele havia roubado naquele dia. Quando a dupla chegou, Vito entrou no apartamento. O trabalho de Carmine era ficar do lado de fora. Se houvesse algum problema, ele deveria sinalizar ligando o pisca-alerta. Enquanto esperava, Carmine ligou para Rosario com o objetivo de marcar uma hora e um lugar para pegá-lo. Mas, quando Rosario atendeu, declarou que não podia ir. Estava com a namorada, e ela estava com um humor daqueles. Rosario alegou que não conseguia se livrar dela. Era óbvio que estava mentindo.

– Você deveria ficar fora disso também – disse ele a Carmine.

Pouco depois das 18h30, Carlo pegou Lea no parque Sempione. Depois que ela subiu no Chrysler, ele disse a ela que tinha que parar brevemente em um apartamento a algumas ruas de distância. Pouco antes das 19h, Carmine viu Carlo e Lea encostarem na San Vittore, no Chrysler. O casal estacionou e saiu. Carlo tocou o interfone do apartamento. Vito abriu o portão. Lea entrou, depois Carlo.

Quinze minutos depois, por volta das 19h15, Carmine viu Carlo sair do apartamento, caminhar rapidamente até o Chrysler e ir embora. "Ele não disse uma palavra", declarou Carmine. Vito saiu do apartamento segundos depois e entrou no Passat de Carmine.

– Conseguimos – disse Vito, respirando pesado.

Vito deu um celular a Carmine. Era de Lea, disse ele.

– Livre-se disso imediatamente antes que alguém ligue – instruiu Vito, e saiu a pé.

Carlo e Vito agora tinham que construir seus álibis. Carlo também teve que tentar persuadir Denise de que Lea tinha simplesmente ido embora do nada. Isso deixava para Carmine e Rosario a tarefa de se livrar do corpo.

Carmine saiu do carro, arrancou o chip do celular de Lea e jogou-o em um bueiro, seguido pela bateria do aparelho. Ele jogou o resto do telefone em um contêiner. Voltou para o Passat e telefonou para Rosario. Carlo tinha evidentemente ligado para ele nesse ínterim. Rosario agora disse que afinal iria ajudar, e Carmine dirigiu até lá para pegá-lo.

Procurando um lugar para descartar o corpo, os dois homens passaram mais de uma hora tentando localizar as chaves de um armazém de propriedade de um amigo em San Fruttuoso, nos arredores de Monza, a cerca de meia hora de carro. Sem sucesso, eles voltaram para San Vittore e subiram as escadas até o apartamento. Carmine abriu a porta, acendeu a luz "e lá estava o corpo de Lea Garofalo no chão", disse ele. "Tinha um sofá em cima dela."

Carmine afastou o sofá. Ele quase não reconheceu Lea. "Ela tinha hematomas no rosto todo. Sua boca estava ensanguentada, como se tivesse sido esmagada. Havia sangue por todo o nariz e pescoço dela, e uma poça de sangue no chão. As roupas sobre o peito dela estavam rasgadas. Havia um cordão verde ao redor de seu pescoço com o qual ela tinha sido estrangulada e que, de tão enfiado no pescoço, desaparecera. Eu conhecia o cordão. Era das cortinas do meu apartamento."

Quaisquer que fossem as dúvidas que Carmine e Rosário haviam tido, a ferocidade da morte de Lea as apagou. Eles prenderam o corpo com um lençol, só para o caso de Lea estar meramente inconsciente. Em seguida, a colocaram em uma grande caixa de papelão que haviam levado. Esfregaram o chão com água quente e panos velhos. Depois jogaram os panos dentro da caixa, usaram fita adesiva para selá-la e a carregaram até o térreo. Carmine esperou no corredor com a caixa enquanto Rosario foi buscar o Passat. Então, os dois homens passaram a caixa pela porta da frente do prédio residencial, desceram a rua e a colocaram na parte de trás do carro.

Sem nenhum lugar para despejar o corpo, Carmine e Rosário se dirigiram para a casa dos pais de Floreale. Eles deixaram as chaves do apartamento, largaram o Passat trancado na rua e foram para casa trocar de roupa. Algumas horas mais tarde, quando já era quase meia-noite, Carmine ligou para Floreale e pediu para encontrá-lo no apartamento em San Vittore. Uma vez que ambos os homens chegaram, Carmine pediu desculpas a Floreale pelo chão do apartamento de sua avó estar um pouco sujo. Avistando um pedaço do cordão verde no chão, Carmine imediatamente o queimou dentro de um cinzeiro. Ele então notou uma mancha de sangue no sofá e disse a Floreale que os dois deveriam largar o sofá na rua, o que eles fizeram, ao lado de alguns latões de lixo. Floreale não fez nenhuma pergunta.

Por volta da 1h30 da manhã, Carmine foi ver Carlo no Drago Verde. Carlo disse que Denise estava dormindo na Viale Montello. Carmine atualizou Carlo sobre a limpeza. Carlo disse que agora tinha as chaves do depósito e que Carmine e Rosario deveriam levar o corpo de Lea para lá na manhã seguinte. Carlo e Carmine então voltaram para o apartamento de Carmine. Antes de pegarem no sono, Carlo perguntou se poderia pedir emprestada uma pomada antisséptica para um corte em seu dedo. Ele mostrou a marca a Carmine.

– Lea – falou, sorrindo.

Na manhã seguinte, 25 de novembro de 2009, Vito

e Rosario conduziram o corpo de Lea no Passat até o armazém nos arredores de Monza. Carmine foi em uma van separada. Quando chegou, Vito já tinha saído para bater o ponto em um canteiro de obras. Rosario e Carmine levaram a van para encher um botijão de dez litros com gasolina. Depois voltaram e tiraram a caixa contendo o corpo de Lea do Passat, entrando com ela no armazém. "Pegamos um grande baú de metal que estava no armazém", disse Carmine. "Abrimos a caixa do corpo e empurramos o corpo para dentro do baú de metal. Dava para ver, por pouco, os sapatos dela saindo. Sacudimos parte da gasolina em cima do corpo e acendemos. Jogamos a caixa de papelão em cima."

Carmine disse que ele e Rosario observaram o corpo de Lea arder durante uma hora. "Não queimou bem", disse ele. A certa altura, Rosario falou que talvez não estivesse funcionando porque não havia ar suficiente entrando. "Então eu peguei um machado e fiz vários buracos no fundo do baú. Mas, mesmo com os novos furos, o corpo queimou muito lentamente." Carmine deixou Rosario e foi procurar Vito para perguntar o que fazer. Sem sucesso, ele voltou e descobriu que Rosario havia retirado o corpo do baú com uma seção de andaime e o deixado cair em cima de alguns paletes de madeira, colocado mais madeira em cima e, depois de adicionar mais gasolina, acendido tudo novamente. "O corpo estava muito mais destruído", lembrou Carmine. "A cabeça estava quase desaparecida. Havia muita fumaça e um forte cheiro de carne queimada. Na porta ao lado, havia alguns ciganos queimando folhas e em algum momento uma delas veio até a cerca e perguntou se podíamos dar um palete para a fogueira deles. Eu passei um por um buraco na cerca. Não tinha como ela não notar o cheiro da carne queimando. Ela não fez nenhuma pergunta."

Nem Carmine nem Rosario haviam dormido mais do que alguns minutos na noite anterior e, às 13h, a exaustão estava se instalando. "Antes de sair, colocamos o que sobrou do cadáver em um pequeno poço que já havia sido cavado no terreno do armazém. Só tinham sobrado uma parte de seu peito e uma das pernas. Mas havia muitos fragmentos de ossos, que recolhemos com uma pá e jogamos no porta-malas. Por fim, eu cortei o que sobrou do corpo em pequenos pedaços com o machado. Era tudo ossos e carne escurecidos. Depois cobrimos com terra e uma folha de metal."

Carmine e Rosario saíram para dormir por algumas horas. Eles voltaram naquela tarde com Vito, que enviou Carmine para comprar mais cinco litros de gasolina. Os três homens então empurraram o que restava do corpo de Lea de volta para o baú de metal, carregaram um pouco mais de madeira nele, mergulharam novamente em gasolina e acenderam por mais um tempo. Eles o viram queimar até as brasas, quebraram o que sobrou em pedaços, batendo com a parte de trás da pá, e foram embora.

Naquela noite, Carmine se encontrou com Carlo no Drago Verde. Ele estava com Denise. Carmine explicou a Carlo que o corpo de Lea estava quase desaparecido. Carlo contou a Carmine sobre a entrevista de cinco horas de Denise com os *carabinieri*. Essa era outra dor de cabeça com a qual eles teriam que lidar, falou.

Na manhã seguinte, Carmine e Vito retornaram ao armazém uma última vez. Eles recolheram as cinzas e as brasas queimadas em um carrinho de mão, lavaram e esfregaram o baú de metal e jogaram todos os restos que encontraram em um bueiro próximo. No dia seguinte, 27 de novembro, Carmine encontrou o amigo dono do armazém para lhe devolver as chaves.

– Acabou? – perguntou o amigo.

– Tudo certo – confirmou Carmine.

Carmine nunca mais conversou com Carlo nem com qualquer outro homem sobre aqueles três dias. A única vez que Carlo levantou o assunto foi em março de 2010, quando soube que Denise havia falado com os *carabinieri* e o acusado de assassinar Lea. Se fosse verdade, disse Carlo, "então todos nós sabemos o que temos que fazer".

Carmine se ofereceu para mostrar o armazém a

Tatangelo e à equipe dos *carabinieri* forenses. Era outubro de 2012, quase três anos após a morte de Lea. Os agentes forenses retiraram fragmentos de poeira do armazém e, usando uma escavadora, escavaram o solo e o bueiro. Durante vários dias, eles conseguiram recolher mais de três quilos de material, que transportaram para seu laboratório em Milão. O processamento das amostras levou mais alguns dias. Mas, no início de novembro, eles conseguiram confirmar a presença de 2.812 fragmentos de osso, bem como um pino de implante dentário que Lea havia colocado em 2007, além de partes microscópicas do colar e pulseira trançada de ouro branco e amarelo que Carlo dera a Lea quando eles se conheceram.

Denise tinha ficado inicialmente perturbada ao saber que havia se apaixonado pelo homem que descartara o corpo de sua mãe. Agora, ela encontrava conforto no arrependimento dele. Quando Tatangelo levou Carmine e os outros réus de volta ao tribunal em abril de 2013, Denise ouviu o testemunho inteiro. Carmine não poupou os sentimentos dela com suas descrições do que havia feito ao corpo de sua mãe, mas ficou claro que ele se sentia compelido pela devoção a ela.

– Eu quero dizer que este é um dia muito difícil para mim – falou ele.

Carmine disse que, na prisão, havia aprendido que a família não era nada sem amor, e que o amor superava qualquer outra lealdade.

– Não estou acusando pessoas comuns ou desconhecidas, mas pessoas com as quais compartilhei três anos de minha vida, algumas delas da mesma família. Eu fiz esta escolha por amor a Denise. O pai dela não a ama. A família dela não a ama. Mas ela é dona do meu coração. Me enoja pensar que estou contribuindo para a dor dela, mas é também graças ao seu exemplo que estou aqui hoje.

Carmine disse estar ciente de que estava assinando sua própria sentença de morte ao falar.

– Eu sei que agora sou bucha de canhão – disse ele. – Mais cedo ou mais tarde, Carlo vai me matar.

Mesmo assim, acrescentou, ele não tinha escolha.

– Eu estou apaixonado de verdade.

A confissão de Carmine era marcante tanto pelas razões pelas quais ele havia falado como pelo conteúdo. O código enfatizava a disciplina e a asfixia dos sentimentos. Endurecer seus corações era a forma como os homens da 'Ndrangheta venciam. Ao matar mais e fazerem mais terrorismo que seus rivais, eles podiam superá-los. Ainda assim, ali estava Carmine, um traficante de drogas trabalhando para um dos homens mais duros da 'Ndrangheta, falando porque não conseguia conter sua ternura. Mesmo nas profundezas mais escuras da organização, uma luz fraca ainda brilhava.

Quando Annalisa Pisano, ex-advogada de Lea, leu sobre o testemunho de Carmine nos jornais, se sentiu atordoada por diferentes razões. Durante três anos, ela sonhara com Lea chamando seu nome, rodeada de chamas em um armazém. "Eu pensava que só podia estar errada", disse ela. "Não sou o tipo de pessoa que acredita nesse tipo de coisa. Mas, quando ouvi que foi assim que acabou para ela, da pior maneira possível, é claro que me lembrei logo de meu sonho."

Inicialmente, Annalisa ficou horrorizada com o que seu pesadelo poderia significar. Teria ela abandonado Lea? Teria Lea morrido pedindo sua ajuda? Com o tempo, no entanto, ela passou a pensar de maneira diferente. De acordo com as evidências de Carmine, Lea tinha morrido muito antes que as chamas a consumissem. Se havia alguma verdade em seu sonho, Annalisa começou a pensar que era uma prova da ligação entre ela e sua cliente. "Comecei a pensar que, de certa forma, era algum tipo de consolo", disse ela. "Se ela realmente pensou em mim em seus últimos momentos, talvez soubesse que eu a amava."

25

As provas de Giuseppina haviam levado à prisão e ao julgamento de 64 membros da *'ndrina* dos Pesce. Foi tão detalhada e tão volumosa a acusação a que ela conduziu que o julgamento durou mais um ano depois que ela testemunhou. Pouco depois das 18h do dia 3 de maio de 2013, após dezessete dias de deliberação, os três juízes voltaram ao tribunal de Palmi para proferir seu veredito.

Dos acusados, 22 foram absolvidos e 42 foram condenados. Três quartos das sentenças foram de mais de dez anos. A mais severa foi para a família imediata de Giuseppina. Seu tio, o chefe do clã Antonino Pesce, foi condenado a 28 anos de prisão. O pai de Giuseppina, Salvatore, recebeu 27 anos e sete meses. Seu marido, Rocco Palaia, recebeu 21 anos e dois meses; sua mãe, Angela Ferraro, treze anos e cinco meses; sua irmã, Marina Pesce, doze anos e dez meses; e seu irmão, Francesco, 25 anos e oito meses. Mais dez pessoas da família Pesce, duas da Ferraro e uma da Palaia foram condenados. Até mesmo a avó de Giuseppina, Giuseppa Bonarrigo, de oitenta anos, foi condenada a um ano e oito meses por receber mercadorias roubadas. A única clemência demonstrada foi para

Giuseppina, condenada a quatro anos e quatro meses por associação mafiosa, a maioria dos quais ela já havia cumprido.[114] "Os Pesce foram destruídos", disse Giovanni Musarò. "Mal havia sobrado um único andando por Rosarno."[115]

Enquanto a maioria da família absorvia sua ruína em silêncio, alguns poucos Pesce achavam a humilhação demais. A irmã mais nova de Giuseppina, Marina, que Alessandra descreveu como abençoada com "o rosto de um anjo", começou a uivar, gritar e arrancar os cabelos quando as sentenças foram lidas. "Ela surtou completamente", disse Alessandra. Em frente ao tribunal, a avó Bonarrigo – uma das poucas Pesce a quem foi concedida fiança – rosnou para os repórteres que as verdadeiras Pesce iam com seus homens para a sepultura. Pouco tempo depois, Alessandra chegou ao Palácio da Justiça em Reggio e encontrou um grupo de esposas da 'Ndrangheta de Rosarno fazendo um protesto lá fora. "Foi surreal", lembrou ela. "Elas tinham cartazes que diziam 'Que vergonha', 'As condenações são injustas' e 'Inocentes estão na cadeia'. Algumas tinham até se acorrentado aos portões." Com toda seriedade, aparentemente, a maior máfia da Europa se apresentava como uma vítima do Estado. Alessandra supôs que a manifestação também era projetada para enviar uma mensagem. "A ideia era mostrar que as verdadeiras mulheres calabresas ainda estavam com a 'Ndrangheta. Mas eu vi como um sinal de desespero, de fraqueza. Você realmente precisa provar algo que não deveria precisar? Você realmente precisa demonstrar algo que, alguns anos atrás, todos teriam dado como certo?"

Os Pesce estavam quebrados, e sua dominância em Rosarno havia terminado. Duas semanas após os veredito, Giuseppe Pesce, o último chefe da *'ndrina* ainda em fuga, entregou-se para iniciar sua pena de doze anos e seis meses.

– Chega – disse ele ao entrar na estação dos *carabinieri* de Rosarno. – Estou cansado de fugir. Vamos terminar com isso aqui e agora.

Mesmo assim, o povo de Rosarno levou mais tempo para digerir sua nova realidade. Os Pesce tinham governado a cidade por décadas, e a maioria dos chefes ainda estava viva e enviava seus rapazes para coletar *pizzo* de lojistas e donos de restaurantes. Mas as pessoas notaram que o preço da extorsão estava caindo. Uma reação violenta dos Pesce era inevitável, mas, quando chegou, foi patética: uma granada que feriu ligeiramente o irmão do namorado de Giuseppina, Domenico Costantino, quando ele abriu um portão de fazenda ao qual o dispositivo estava amarrado. Talvez os Pesce estivessem acabados. Era difícil de acreditar, mas também foi difícil acreditar na visão, pouco mais de um ano após o final do maxiprocesso, de uma escavadora passando pela porta da frente da antiga casa da avó de Giuseppina, o antigo ponto de encontro da família. As autoridades haviam confiscado a casa em 2011, mas haviam lutado durante anos para encontrar um empreiteiro disposto a fazer o trabalho. Gaetano Saffioti, um empreiteiro de Palmi, contou aos repórteres que estava encantado de demolir o palácio dos Pesce. Tão feliz, de fato, que o tinha feito de graça.

– A luta pela legalidade é ganha com ações, não com palavras – disse ele.[116]

Observando que um dos mais poderosos sindicatos do crime da Europa estava sendo desmanchado tijolo por tijolo, Alessandra se perguntava se era a obsessão dos Pesce pela honra que os tinha condenado. Era quase como se a família tivesse morrido de vergonha. "Se uma mulher trai sua família, isso tem uma enorme ressonância", disse ela. "Significa que a família é incapaz de controlar suas mulheres." Para uma família criminosa da 'Ndrangheta, parecia não haver nada pior.

Menos de um mês após as condenações dos Pesce

vieram novos vereditos no caso de Lea Garofalo. A confissão de Carmine havia exposto a mentira de Carlo de que Lea ainda estava viva. Quando o processo foi reaberto em Milão, em 9 de abril de 2013, Carlo fez uma tentativa desesperada de recuperar o protagonismo, anunciando do cercadinho no final do primeiro dia:

– Presidente, desejo falar!

Seu advogado, Daniel Sussman Steinberg, pareceu atônito. Carlo tinha ficado agarrado a um pedaço de papel o dia todo. Estava claro o porquê: ele, Carlo Cosco, ia quebrar a omertà. Após uma breve consulta entre Carlo e Steinberg, o advogado anunciou que Carlo gostaria de fazer uma "declaração espontânea", e o réu foi escoltado até o banco das testemunhas.

Falando em italiano, ele leu:

– Senhora Presidente e senhores do tribunal, aceito total responsabilidade pelo homicídio de Lea Garofalo.

Na sala do tribunal, nada se movia.

– Eu queria fazer isso durante o julgamento original, mas as circunstâncias me impediram – continuou Carlo. – Minha filha me odeia e com razão, porque eu matei a mãe dela. Mas eu não posso suportar a vergonha da acusação de que eu quero matá-la. Para mim, é inconcebível que minha filha esteja protegida por qualquer outra pessoa. Protegida de quem? Eu daria minha vida por ela. Ai de quem tocar minha filha!

Era uma explosão espantosa. Afinal, não havia nenhuma razão para aquilo. Carlo já havia sido condenado pelo assassinato de Lea. Legalmente, sua confissão não mudava nada. Psicologicamente, contudo, mudava tudo. Ao que parecia, Carlo tinha desabado. O mais duro dos homens duros da 'Ndrangheta havia deixado transparecer seus sentimentos. Ele era chefe da organização, *capo*, *santista*. Era contrabandista de drogas, extorsionário e assassino. Mas, acima de tudo, parecia que ele era pai.

– Espero um dia que minha filha me perdoe – continuou Carlo. – Vivo na esperança de que ela me perdoe.

Outros, no entanto, perceberam uma mensagem totalmente diferente. Quando Carlo começou a ler sua carta, ele havia coçado o ouvido. Depois, coçou o olho. Pouco tempo depois, tocou o dedo nos lábios. Para aqueles capazes de ler os sinais, Carlo estava enviando outra mensagem para a 'Ndrangheta. "Ouçam-me", dizia ele. "Observem-me. Vocês vão ouvir e ver que eu não vou falar nada." Carlo não estava confessando. Ele estava oferecendo tranquilidade e propondo uma troca. *Eu sou responsável por tudo isso*, ele estava dizendo. *Seja qual for o preço, eu pagarei. Mas não vou colaborar. E, em troca, ninguém toca na minha filha.*[117]

Agora que Carlo havia finalmente aberto a boca, no entanto, ele parecia ter dificuldade para fechar. Nas semanas seguintes, falou amplamente sobre sua vida de jovem casado com Lea. Explicou o ataque em Campobasso dizendo que havia pedido a Sabatino para bater em Lea para "dar uma lição" depois de ela ameaçar a mãe dele. Descreveu o reencontro com sua filha após sete anos.

– *Isso* se tornou minha obsessão – disse ele. – Estar com minha filha, saber onde ela estava. Não matar a mãe dela. Eu nunca tive essa intenção.

O testemunho de Carlo foi todo sobre amor. Carlo amava sua filha. Amava sua mãe. Quando Lea magoou a mãe de Carlo, ele só tinha pedido a Sabatino para dar um tapa em Lea porque, na verdade, disse Carlo, ele amava Lea também.

Foi o mesmo quando Carlo a matou.

– Eu realmente não tinha a intenção – declarou ele. – Naquela manhã de 24 de novembro de 2009, eu fui buscar Denise e a mãe dela no hotel. Quando as vi, tive uma ideia para surpreender Denise. Ela tinha me dito que queria morar em Milão. Então pensei em pedir a meus amigos uma chave do apartamento deles para dar a Denise como um lugar em que ela pudesse ir e vir.

Poucas horas depois, Carlo levou Lea para mostrar-lhe o apartamento na Via San Vittore onde sua filha poderia ficar. Mas Lea havia entendido mal.

– Quando ela viu o apartamento, ficou com raiva – disse Carlo. – Ela me disse que eu era um mentiroso porque eu lhe disse que não tinha nada, que não tinha dinheiro, e que na verdade eu tinha um apartamento. A verdade era que não era meu. Eu morava com Venturino. Mas Lea me falou que eu era um idiota e que eu nunca mais veria Denise.

Carlo recuperou o fôlego.

– Tive um ataque de raiva, senhora presidente – disse ele. – Dei um soco nela. Duas vezes. Ela caiu e bateu com a cabeça no sofá. Eu a agarrei pelos ombros e desta vez ela caiu e bateu com a cabeça no chão. Mesmo antes de ver o sangue, eu sabia que ela estava morta.

Fora tudo apenas um terrível acidente, dizia Carlo. Uma daquelas coisas que aconteciam quando um marido e pai de coração grande era dominado pela emoção.

– Tudo isso aconteceu porque eu amava Lea – disse Carlo. – Se eu não a amasse, nada disso teria acontecido. Mas, quando ela me ameaçou de nunca mais ver minha filha, eu não consegui mais ver meu amor por ela. Porque eu amo Denise acima de tudo. Para mim, esse é o maior tormento. Denise precisa saber que eu a amo. Ela precisa saber a verdade.

Ao tentar racionalizar a intervenção de seu cliente, Steinberg, o advogado, descreveu Carlo como dividido por uma "luta interna lacerante" que o levou a descontar em Lea, mas o absolvia de homicídio premeditado.

O promotor Marcello Tatangelo não estava convencido.

– Agora você só está falando porque o corpo de Lea Garofalo foi encontrado – disse ele.

Carlo não tinha mostrado remorso na época, acrescentou ele. Muito pelo contrário. Dias após o assassinato de Lea, Carlo havia organizado uma festa em Pagliarelle para brindar sua morte sob o pretexto de uma festa de aniversário de dezoito anos para Denise. Tatangelo estava curioso.

– Por que falar agora? – perguntou.

Carlo deu de ombros.

– As pessoas disseram coisas que não eram corretas. Você mencionou ácido. Você disse que eu odiava a mãe de minha filha. Como eu poderia deixar isso passar?

Indiferente aos protestos de amor de Carlo, em 29 de maio de 2013, a juíza de apelação Anna Conforti, outra das mulheres mais experientes do Judiciário italiano, confirmou penas de prisão perpétua para Carlo e seu irmão Vito, Rosario Curcio e Massimo Sabatino.[118] A sentença de Carmine foi reduzida para 25 anos. Giuseppe Cosco foi absolvido, mas permaneceu na prisão, uma vez que também estava cumprindo uma sentença relacionada de dez anos por tráfico de drogas. Cinco meses depois, com provas dadas por Lea dezessete anos antes, dezessete membros da 'Ndrangheta foram presos em Pagliarelle, Petilia Policastro e Crotone, acusados de sete homicídios, posse de armas ilegais e tráfico de drogas – acusações relacionadas com a rixa de clã que havia assolado as colinas da Calábria entre 1989 e 2007.[119]

Em frente ao tribunal, no dia em que a sentença de prisão perpétua de Carlo foi confirmada, Enza disse a uma multidão de partidários:

– Denise agradece a todos vocês. O fato de todos vocês estarem aqui lhe dá força.

Denise poderia agora finalmente enterrar sua mãe, acrescentou Enza, e o funeral seria em Milão.

– É a cidade onde ela foi morta – disse Enza. – Mas também é o lugar onde todos finalmente se mobilizaram para lutar contra a máfia.

Somente o caso de Maria Concetta Cacciola permanecia sem solução.

Um encerramento parcial chegou em Palmi no início de julho de 2013, no mesmo tribunal onde os Pesce haviam sido humilhados. Giuseppina testemunhou no caso de Concetta, se emocionando quando lhe pediram para descrever sua amiga e lembrando o quanto Concetta estava "aterrorizada" com o irmão Giuseppe.

– Ela me falou que quem o conhecia sabia que ele seria capaz de matá-la – disse ela. – Ela era proibida de sair de casa, de passear ou de ter amigos. Ela nunca foi a uma festa. Ela nunca foi autorizada a se divertir.

Em 13 de julho de 2013, o pai, a mãe e o irmão de Concetta foram considerados culpados de ter provocado seu suicídio. Michele Cacciola foi condenado a seis anos, Giuseppe, cinco, e a mãe, Anna Rosalba Lazzaro, dois.

Se Alessandra e Giovanni estavam insatisfeitos com a brandura das sentenças, o juiz também estava. "O tribunal tinha começado a duvidar que a morte de Concetta fosse suicídio", lembrou o promotor Giuseppe Creazzo. O juiz indicou que estava insatisfeito por não poder impor o tipo de pena que uma condenação por homicídio permitiria. "Então, ele enviou o caso de volta aos promotores para que investigassem mais a fundo se tinha sido assassinato."

Salvatore Dolce, que havia entrevistado Lea Garofalo em 2002 e se tornara procurador assistente em Palmi, foi encarregado de investigar os dois advogados dos Cacciola, Gregorio Cacciola e Vittorio Pisani. Após apreender seus computadores, ele encontrou provas de que a declaração de Concetta havia passado por vários rascunhos naquelas máquinas antes mesmo de ela retornar a Rosarno – prova de uma conspiração para forçá-la a se retratar. Em fevereiro de 2014, os dois advogados foram presos. Em 8 de setembro, Vittorio Pisani mandou dizer que queria confessar. Alessandra e Giovanni mandaram transferi-lo para a prisão de *pentiti*, em Paliano. Eles falaram com ele alguns dias depois.

Pisani disse aos dois promotores que havia começado a trabalhar para os Cacciola em junho de 2011, alguns meses antes da morte de Concetta. Ele disse que a família tinha inicialmente se aproximado dele porque suspeitava que Concetta estava tendo um caso com um policial. Eles queriam que ele usasse seus contatos na força para investigar.

– Foi um pedido anormal – disse Pisani –, mas eu aceitei porque tinha problemas de dinheiro e não queria perder a chance de trabalhar para uma família como os Cacciola.

Mais tarde naquele mês, os *carabinieri* descobriram um dos bunkers dos Cacciola e, em seguida, um segundo. Os Cacciola e os Bellocco estavam convencidos de que as informações tinham vindo de Concetta. Os Bellocco insistiram que ela fosse obrigada a voltar para Rosarno e se retratasse. Nessa época, os Cacciola, impacientes por um resultado, haviam começado a ameaçar Pisani. Quando Concetta voltou a Rosarno, Pisani não tinha a ilusão de que também ela estivesse sendo coagida. Em 12 de agosto, ele testemunhou Concetta registrando sua retratação. Quando ela morreu oito dias depois, ele soube que a família era a responsável. Durante um ano e meio, Pisani havia tentado apaziguar sua consciência. Os Cacciola e os Bellocco não gostaram nada, no entanto, e Pisani se convenceu de que ele estava em perigo.

– Eu estava assustado – disse ele aos promotores. – E precisava ser capaz de me olhar no espelho novamente.

– Diga, por que foi dada tanta atenção a essa única mulher? – perguntou Giovanni.

– Como um aviso – respondeu Pisani. – Era para dizer: "agora já chega".

A identidade do assassino de Concetta permanecia um mistério, mas o caso ainda estava aberto, e os promotores estavam chegando perto. Em 30 de julho de 2015, o Tribunal de Apelação em Reggio Calabria aumentou a pena de Michele para oito anos e oito meses, a de Giuseppe para sete anos e quatro meses e a de Anna Rosalba Lazzaro para cinco anos e seis meses.

26

Em outubro de 2014, Alessandra e Paolo arrumaram seu pequeno apartamento no sótão do quartel dos *carabinieri* em Reggio e se mudaram de volta para Milão. Alessandra havia sido promovida a promotora pública adjunta na capital financeira da Itália. A maior parte do restante da equipe antimáfia já havia ido embora da Calábria. Giuseppe Pignatone, Michele Prestipino, Giovanni Musarò e Renato Cortese, o chefe do esquadrão voador, estavam todos assumindo cargos mais altos em Roma.

As transferências faziam sentido. Alguns dos maiores clãs da 'Ndrangheta tinham sido esmagados, especialmente no reduto da planície de Gioia Tauro. O custo do sucesso para os promotores de justiça era uma ameaça crescente para a vida deles. Alessandra, que, como Pignatone e Prestipino, vivia em proteção cerrada havia anos, sabia que tinha acrescentado novos nomes à lista daqueles que queriam matá-la. Dos que ela conhecia, havia o pai de Giuseppina, Salvatore, que a ameaçara no tribunal, e a mãe de Concetta, Anna Rosalba Lazzaro, que fora escutada amaldiçoando Alessandra:

– Aquela cadela, aquela vaca maldita. Eu a quero morta!

Giovanni Musarò foi outro promotor forçado a fazer as pazes com a ideia de que estava lutando por uma nação na qual ele não vivia mais de verdade. Em 2010, em um caso não relacionado, Giovanni havia ordenado a prisão de toda a 'ndrina dos Gallico em Palmi, um total de 32 membros da 'Ndrangheta, incluindo uma avó de 84 anos. Posteriormente, o chefe do clã, Domenico Gallico, sofreu a humilhação de ver sua 'ndrina virar as costas para ele no tribunal. Em outubro de 2012, Gallico pediu para encontrar-se com Giovanni em sua cela na prisão de Viterbo, ao norte de Roma. Giovanni ficou perplexo, mas concordou. "Foi uma situação muito estranha", disse ele mais tarde em um inquérito parlamentar. "Fui levado a uma sala muito pequena. Quando Gallico entrou, ele estava sozinho, sem escolta e sem algemas. Ele se aproximou do meu lado da mesa e disse: '*dottore*, que prazer finalmente podermos nos encontrar cara a cara. Posso ter a honra de apertar sua mão?'."

Quando Giovanni estendeu a mão direita, Gallico fingiu fazer o mesmo, depois, com a esquerda, bateu na cara de Giovanni, quebrando seu nariz. "Eu caí da cadeira", contou Giovanni. "Quando me encostei à parede, ele me deu um pontapé e me socou umas cinquenta ou sessenta vezes." Durante o ataque, Giovanni se lembrou de pensar: "se eu não bloquear os socos, ele vai quebrar meu pescoço. Ele vai me matar". Após trinta segundos, vários guardas arrancaram Gallico chutando e gritando.

– Você está louco? – perguntou um, prendendo-o ao chão.

Gallico apontou para Giovanni.

– Pergunte o que ele fez comigo e com minha família! – ele uivou. – Pergunte o que ele me fez!

Os guarda-costas foram colocados em frente à porta do quarto de Giovanni no hospital naquela noite. Não tinham saído de seu lado desde então. Pouco tempo depois, Marcello Fondacaro, um informante da 'Ndrangheta, disse a Giovanni que o mesmo chefe Bellocco que havia ordenado a retratação de Concetta também tinha feito um plano para matar Giovanni e o chefe dele, Prestipino. "Os Bellocco achavam que a retratação de Maria Concetta Cacciola teria acabado com a história", disse Giovanni. "Eles ficaram muito bravos quando isso não aconteceu. Giuseppe Bellocco, em particular, era conhecido como um ser humano muito perigoso que guardava rancor e alimentava grande ressentimento." Segundo Fondacaro, Bellocco planejava emboscar Giovanni e Prestipino com pistoleiros e explosivos enquanto os dois promotores dirigiam-se ao tribunal. "Ele sabia que eu dirigia para Palmi duas vezes por semana durante um julgamento com o qual eu estava lidando", disse Giovanni. "Ele sabia a rota, a cor do meu carro blindado e do meu carro de escolta, e que Prestipino teria seguido em seu carro blindado, acompanhado de outro carro de escolta. Ele até tinha pedido permissão aos Gallico para realizar o ataque." O duplo assassinato só falhou porque o julgamento em Palmi foi inesperadamente suspenso. E embora, para alguns, pistoleiros e explosivos pudessem ter parecido um exagero, para os promotores, sublinhava o quanto a 'Ndrangheta levava a sério a vingança. "Na Calábria, ou eles fazem direito, ou não fazem", declarou Giovanni.

Estava na hora de sair. Nenhum dos promotores antimáfia ou suas famílias poderia esperar viver uma vida normal novamente. Era, de certa forma, sua própria sentença de prisão perpétua. Porém, Alessandra, por exemplo, estava encontrando inspiração em uma fonte inesperada. "Giuseppina sabe que o que ela fez é outra sentença de morte", disse ela. "Sua traição tem que ser punida com a morte e tem que ser o irmão dela, o mesmo sangue, a matá-la para restaurar a honra da família. E, um dia, ele vai sair da cadeia." Alessandra explicou que já fazia anos que ela não via Giuseppina duvidar de si mesma. "Para Giuseppina", disse ela, "o que ela fez foi um ato de amor para com seus filhos". No final, a disputa entre a Família e sua própria família não tinha sido uma disputa de fato. "Ela está bem", afirmou Alessandra. "Aliás, eu acho que ela está feliz."

Desde o momento, 150 anos antes, em que um

grupo de criminosos do sul encontrou um bando de maçons revolucionários na prisão e decidiu revestir sua criminalidade com mito e lenda, a 'Ndrangheta tinha se mostrado, acima de tudo, adaptável. A Calábria seria sempre a pátria da organização. Ainda havia muitas *'ndrine* para perseguir lá, e tráfico, extorsão, corrupção e assassinatos continuariam. Mas, quando a campanha calabresa dos promotores contra a 'Ndrangheta começou a arrefecer, novas provas de vigilância evidenciaram que o centro de gravidade do crime organizado italiano estava se deslocando para o norte do país e ainda mais longe. A mudança fazia sentido. A Itália era o único país do mundo a ter uma lei de associação mafiosa. Poucos outros países permitiam uma vigilância tão intrusiva. Muitos deles tornavam muito mais fácil legitimar a riqueza criminosa por meio da compra de bens como títulos, ações, propriedades e negócios.

Além de estar em movimento, a 'Ndrangheta estava mudando de forma. Os promotores da Calábria tinham feito questão de mapear e destruir a estrutura de comando da máfia. Para a organização, a reação inteligente era desmontá-la. Os promotores começaram a relatar o surgimento de um grupo mais informal, descentralizado, difuso, uma associação solta, uma reunião *ad hoc*, algo tão efêmero quanto um estado de espírito. Eles compararam sua penetração na economia legítima da Itália e, além dela, Frankfurt, Londres e Nova York a líquido em uma esponja.

Não se podia espremer o mundo. Em suas novas posições, muitos dos promotores perceberam que seu tempo na Calábria rapidamente começava a parecer os anos dourados. Como os caçadores de espadarte do estreito de Messina, os promotores da Calábria tinham arpoado um monstro e o forçado a subir à superfície, mas agora a criatura estava desaparecendo de volta às profundezas, entrando nas dobras de um sistema financeiro internacional que não só tolerava o sigilo como, no caso da indústria bancária internacional de vinte trilhões de dólares, dependia ativamente dele. Os promotores frequentemente sentiam que estavam em uma corrida perdida contra o tempo. Centenas de bilhões de euros e dólares da 'Ndrangheta já haviam sido lavados com sucesso além de alcance ou condenação. Para a frustração dos promotores, no mundo dos movimentos financeiros globais fáceis, suas objeções fastidiosas eram muitas vezes vistas como pedantismo. Franco Roberti, chefe do escritório italiano contra a máfia e o terrorismo, lamentou a falta de cooperação que seus investigadores encontraram em Londres, Nova York e Hong Kong, quanto mais nos centros de bancos secretos em paraísos fiscais ao redor do mundo. Os governos estrangeiros "não querem acreditar que a 'Ndrangheta também é problema deles", declarou. "Querem acreditar que o dinheiro deles não cheira mal." Roberti era pessimista quanto às chances de vencer uma máfia global em um mundo onde a política estava subordinada aos negócios. "Os negócios mandam e os políticos seguem, e isso tem facilitado a absorção do dinheiro da máfia e sua influência em todo o mundo", disse ele. Um mundo no qual qualquer ideia do bem comum havia sido substituída por ganância e desigualdade escancaradas era um mundo, falou Roberti, cujas portas estavam bem abertas para a máfia. Ele chamou aquilo de "síndrome de Branca de Neve": "ninguém quer se olhar no espelho."

Esse tipo de pensamento poderia levar um promotor a um caminho obscuro, como Alessandra sabia. Em um mundo onde o escândalo financeiro e político tinha se tornado deprimentemente rotineiro, era muito fácil concluir que os promotores estavam lutando na verdade contra a noite da natureza humana. A 'Ndrangheta não seria capaz de corromper os negócios e a política a menos que os empresários e políticos já demonstrassem potencial para isso. Afinal, os admiradores das serpentes de Milão não tinham compreendido há séculos que a iluminação e a escuridão andavam de mãos dadas? E, se a própria família era uma forma de corrupção, como afirmava a máfia, então que chance tinha a legalidade em qualquer país, quanto mais na Itália? "Não podemos combater a 'Ndrangheta apenas colocando as pessoas na cadeia", disse Alessandra. "Precisamos de uma mudança cultural. Precisamos de uma mudança na mente das pessoas." Os promotores não tinham como ajudar nisso. Barricados atrás de suas portas de aço e janelas à prova de balas, eles só podiam assistir.

Nada disso diminuiria o que tinha sido realizado na Calábria. A 'Ndrangheta estava cambaleando. Por mais ágeis que fossem, os clãs não conseguiam se ajustar à traição. "Essa é uma questão inaceitável para eles", disse Prestipino. "É insuportável. Ameaça toda a existência deles." O efeito da campanha na Calábria seria sentido por gerações. A experiência de Prestipino na Sicília havia lhe ensinado que, uma vez que a invencibilidade de uma máfia se rompia, as comportas se abriam. Na Sicília, centenas de mafiosos haviam se apresentado para testemunhar. "Eles nunca se recuperaram", disse ele.

Nas aldeias das colinas e cidadelas da Calábria, a 'Ndrangheta ainda castigava impiedosamente a deslealdade. Em fevereiro de 2012, um homem de trinta anos chamado Fabrizio Pioli, que estava tendo um caso extraconjugal com a filha de um mafioso, foi espancado a pauladas até a morte nos arredores de Rosarno. Em agosto de 2013, Francesca Bellocco e Domenico Cacciola, cujo caso tinha escandalizado duas das maiores famílias criminosas de Rosarno, desapareceram. Tais represálias violentas desencorajaram os *pentiti*. Porém, havia um fluxo constante em andamento. No final de 2015, o Judiciário podia contar 164 *pentiti* e 29 testemunhas que haviam testemunhado contra a 'Ndrangheta. Não era exatamente uma cascata, mas, dado que, cinco anos antes, mesmo um único *pentito* da 'Ndrangheta era quase inédito, parecia significativo.

Talvez o mais notável fosse o número de esposas da 'Ndrangheta seguindo o exemplo das três mulheres: quinze, mais do que jamais haviam testemunhado em quatro décadas de provas contra a Cosa Nostra. O tribunal de menores de Di Bella, em particular, havia se tornado um ímã para as mulheres dissidentes da 'Ndrangheta. Conforme filhos – mais de trinta até o final de 2016 – se voltavam contra seus pais, as mães escolhiam os filhos em vez dos maridos. "É um fenômeno que não prevíamos", disse Di Bella. "Muitas mulheres percebem que essas medidas não existem para castigar seus filhos, mas para protegê-los. Elas vêm em segredo e nos pedem para mandar seus filhos para longe." Uma mulher que escreveu secretamente para Di Bella em novembro de 2015 era um exemplo típico. Seu marido havia sido condenado por homicídio.

Seu pai, primo e sobrinho de onze anos haviam sido todos mortos. Seus dois filhos adolescentes, escreveu, "são rebeldes e violentos, andam com os bandidos e são fascinados pela 'Ndrangheta e pelas armas. Meu filho Rosario acha que a prisão é uma honra que vai garantir respeito a ele. Por favor, mande meus filhos embora. Pensar nisso me despedaça, mas é a única solução. Em minha família, não há ninguém – ninguém – em quem eu possa confiar".

Esse primeiro ato de rebelião de uma mãe da 'Ndrangheta às vezes se transformava em algo mais. Di Bella disse que os tribunais de menores poderiam acrescentar outras dez mulheres da 'Ndrangheta às quinze que haviam testemunhado nos tribunais de adultos. Como resultado de seu sucesso, o programa de Di Bella estava sendo replicado em toda a Itália. Também ajudou o fato de que, ao mesmo tempo, figuras globais como Malala Yousafzai e Michelle Obama estavam tornando a emancipação da mulher uma questão mundial. Di Bella se perguntava se a Itália poderia finalmente ter encontrado seu caminho para um futuro sem máfia. "Estamos abrindo esses desentendimentos dentro de famílias que anteriormente se pensava serem impenetráveis", disse ele. "Somos uma fenda no monólito, uma luz no escuro, uma ameaça brilhante para todo o sistema familiar mafioso."

Às vezes, o ímpeto era palpável. Em junho de 2014, o papa Francisco rachou ainda mais o consenso da máfia quando viajou à Calábria e, diante de uma multidão de cem mil pessoas, excomungou todos os mafiosos, denunciando a 'Ndrangheta como um exemplo de "adoração do mal e desprezo pelo bem comum". Depois de seu decreto, Francisco condenou a Camorra em Nápoles e visitou *pentiti* em Paliano. A mudança parecia sísmica, comentou Di Bella com um sorriso, e principalmente para a 'Ndrangheta. "Eles sentem o chão se movendo sob seus pés", disse.

Nos novos escritórios em Milão e Roma, quando seus funcionários perguntavam como tinha sido no sul, Alessandra e Giovanni contavam histórias da Calábria.

A história preferida de Giovanni era sobre esperança. Ele estava ouvindo um dia as escutas dos Cacciola quando eles discutiam uma família chamada Secolo, que os Bellocco estavam gradualmente arruinando com a agiotagem. Isso o lembrou de uma conversa que ele teve com Concetta. Ela havia lhe contado sobre o dilema em que os Secolo se encontravam e como a matriarca, Stefania Secolo, havia perguntado a Concetta se ela poderia ajudá-los. Concetta havia pedido a seu pai para intervir, mas ele havia descartado seus pedidos. Giovanni queria saber mais. "Então, chamei Stefania Secolo para uma reunião", contou ele. "E, nos dias anteriores à sua chegada, também começamos a ouvir as ligações dela. Seus irmãos e todos os outros estavam lhe dizendo: 'não diga nada! Não honre a memória de alguém que não pode voltar à vida! Não queira ser heroína! Heroínas morrem!'. Mas, em 28 de fevereiro de 2012, ela veio até mim e me contou exatamente o que acontecera e, com suas provas, pegamos os Bellocco e os colocamos na cadeia." Giovanni suspirou. Era "uma história tão linda", disse ele. "Stefania Secolo falou porque sua amiga Concetta a havia lembrado como uma pessoa deveria se comportar e como ela poderia ser livre. Sua amiga havia sido morta por isso. No entanto, Stefania falou mesmo assim." De seus cinco anos na Calábria, "esse é o dia que mais me marcou". Havia toda a esperança do mundo naquele dia, disse ele.

Alessandra ainda estava em contato com Giuseppina Pesce e não se importava em falar dela. Mas, quando as pessoas perguntavam, ela lhes contava frequentemente a história de Giuseppina Multari. Pouco antes do Natal de 2012, alguns meses depois de Giuseppina Pesce ter retomado sua cooperação e estar se preparando para testemunhar contra sua família, uma carta dirigida a ela chegou ao Palácio da Justiça em Reggio. A autora da carta "expressava seu apoio a Giuseppina e exortava-a a acreditar nas instituições do Estado e nas pessoas ao seu redor", lembrou Alessandra. "A carta dizia: 'vá em frente! Seja corajosa!'. Estava assinada como 'Giuseppina Multari, testemunha protegida'."

"Fiquei curiosa", disse Alessandra. "Quem era a mulher que havia enviado aquela carta tão especial? Ela estava no programa de proteção a testemunhas e eu nunca tinha ouvido falar dela." Alessandra procurou nos arquivos do Palácio da Justiça por registros de uma Multari. No fim, encontrou uma carta que Multari havia escrito aos *carabinieri* em 2006 e algumas declarações que ela havia feito em 2008. Alessandra leu que Giuseppina Multari era prima de Concetta por casamento. Seu marido, Antonio Cacciola, era notório na 'ndrina por usar seus próprios suprimentos de drogas. Ele também estava tendo um caso. Uma noite, em novembro de 2005, Multari e Antonio tiveram uma briga, Antonio saiu irado – e Giuseppina nunca mais o viu. "Oficialmente, era um suicídio, mas Giuseppina Multari estava convencida de que sua família o havia matado", disse Alessandra. "E, depois da morte de seu marido, ela foi mantida em casa pela família dele como uma escrava. Não podia sair. Não podia levar os filhos na escola. Ela só podia ir ao cemitério."

Certa noite, os homens Cacciola saíram de casa para ir a um casamento. Finalmente, sozinha, Giuseppina fugiu. Caminhou até a costa. "Ela ia se afogar no mar", disse Alessandra. "Mas, de repente, o celular começou a tocar e era seu irmão Angelo. Ela disse a ele que estava tentando se matar. Ele foi encontrá-la." Quando Angelo chegou, a irmã já estava sofrendo de hipotermia. Ele a levou ao hospital. Quando Angelo lhe perguntou por que ela estava tentando cometer suicídio, ela lhe contou sobre os Cacciola e os espancamentos, e como ela estava vivendo praticamente em uma prisão.

– Eu vou fazer algo por você – respondeu Angelo. – Eu vou te ajudar.

"O irmão foi embora", disse Alessandra. "E *ele* nunca mais voltou."

Após mais seis meses confinada à casa dos sogros, Giuseppina conseguiu enviar uma carta para os *carabinieri*. Como resultado, em 2008, ela fez várias declarações contra os Cacciola e foi levada para o programa de proteção a testemunhas. "Mas ninguém jamais agiu com base em suas provas", revoltou-se Alessandra. "Decidi ir vê-la. E, quando ela me viu, explodiu em lágrimas. 'Tenho esperado por seis anos que alguém venha falar comigo', disse ela."

Giuseppina descreveu os clãs de Rosarno e o império dos Cacciola em uma série de afirmações que acabaram por chegar a várias centenas de páginas. Uma dúzia de membros da 'Ndrangheta foi condenada posteriormente. O mais marcante no caso, achava Alessandra, era a fé de Giuseppina Multari em si mesma. Mesmo que o Estado a tivesse decepcionado, ela manteve sua convicção e sua coragem. "A melhor parte?", disse Alessandra. "Alguns dos homens que a mantiveram naquela casa estão agora cumprindo pena por escravidão." Era, acrescentou ela, uma condenação medieval para homens medievais.

Foi a história de Lea, acima de tudo, que comoveu a Itália. Se Concetta representava a tragédia e Giuseppina Pesce encarnava a resiliência, Lea era as duas coisas. Ali estava uma mulher nascida na máfia que havia tentado durante toda a sua vida escapar dela. Presa ainda mais profundamente pelo casamento, ela descobriu a força para lutar em seu amor pela filha, antes de se decepcionar com o Estado e ser encurralada por um marido que fingiu se apaixonar por ela novamente. Era um melodrama épico de reviravoltas tão inacreditáveis que as pessoas apareceram nas comemorações de sua vida que foram realizadas em todo o país a partir de 2013 apenas para verificar se o que tinham ouvido era verdade.

No entanto, havia algo mais. Depois de sua morte, várias fotos de Lea e Denise foram parar nos jornais. Havia Lea sorrindo com seus longos cabelos escuros, ou sentada em uma pedra na praia com Denise no joelho, ou com Denise no colo no alto de uma praça da cidade, ou fumando um cigarro com óculos escuros na praia, ou no fogão em Bérgamo, fugindo com Denise. As pessoas começaram a sentir que conheciam Lea. Diante delas, estava uma vida inteira, da juventude ao casamento e à maternidade, do amor ao medo, na cidade e na praia, no norte e no sul. Com o tempo, a história de Lea tornou-se uma das poucas a unir verdadeiramente a Itália. Os cartazes de seu rosto se tornaram comuns nas paredes de todo o país. Houve documentários e comícios antimáfia, marchas e perfis em jornais, peças de teatro, livros e um filme para a televisão. Parques, pontes, praças e estradas foram batizados em homenagem a ela. Foram erguidas placas em Bérgamo, Boiano e ao lado do armazém nos arredores de Monza, onde ela havia morrido. Em Milão, os restos mortais de Lea foram enterrados no Cimitero Monumentale, ao lado dos cidadãos mais ilustres da cidade.[120] Um monumento foi erguido em Petilia retratando uma bola dividindo uma pedra em duas. Em seu discurso de inauguração da estátua, o prefeito declarou que Petilia seria para sempre um farol para "mulheres de coragem" em toda a Itália.

Em 19 de outubro de 2013, quase quatro anos após sua morte, milhares de italianos se reuniram em uma manhã fria em Milão para lembrar Lea na cidade onde, como gestante, ela havia esperado uma vez uma nova vida. Ônibus destinados a transportar cidadãos enlutados de Pagliarelle e Petilia chegaram ameaçadoramente vazios. Entre a multidão carregando flores e agitando bandeiras decoradas com o rosto de Lea, no entanto, estavam centenas de calabreses que tinham vindo por si próprios. Enza Rando encontrou uma esposa da 'Ndrangheta que, após a missa, entrou imediatamente em uma estação dos *carabinieri* para fazer uma declaração contra sua família. "Ela disse: 'Lea me ensinou a ser determinada'", contou Enza. "'Lea me ensinou a ter coragem.'"

Alessandra, impossibilitada de ir a um evento tão público, viu pela televisão. O caixão de Lea foi carregado pelas ruas ao redor do parque Sempione por carregadores entre os quais estavam os prefeitos de Milão e Petilia e Don Luigi Ciotti, chefe da Libera. Foi o tamanho da multidão que mais chamou a atenção de Alessandra. As raízes da 'Ndrangheta remontavam a 1861 e à unificação da Itália. Tudo o que se seguiu desde então surgiu daquela primeira recusa de aceitar um Estado nacional italiano. Como resultado, a Itália nunca havia se unido de fato. Tinha sido sempre norte e sul, Estado e máfia, piemontês, lombardo e veneziano contra campaniense, calabrês e siciliano. Fora naquelas fendas que a malevolência e o assassinato haviam prosperado. No entanto, ali, nas ruas de Milão, estava toda a Itália unida. Era assim uma nação moderna, legal e unida. Seria possível que, no enterro da filha de um mafioso, houvesse vislumbres de uma nação finalmente formada?

O caixão de Lea foi colocado em um palco na frente da multidão. Sobre ele, foi pendurado um cartaz que dizia "Veja, ouço, falo", um slogan que, ao lado de imagens de Lea, Giuseppina e Concetta, havia se tornado obrigatório em comícios antimáfia. Don Luigi então fez um panegírico a Lea. Ela não precisava se preocupar, disse ele. Denise agora tinha uma família de milhares para cuidar dela.

– Seu coração e sua consciência serão para sempre fontes de liberdade – declarou. – Você foi uma mártir da verdade. Seu espírito nunca morrerá.

Depois de Don Luigi, veio Denise.[121] Ela era apenas uma menina de dezessete anos quando, a poucas ruas de distância, sua mãe desaparecera na noite. Agora, era uma mulher de 21 anos e uma testemunha do governo que havia mandado o pai e o namorado para a prisão pelo homicídio de sua mãe. E finalmente podia se despedir. A multidão ficou em silêncio. Denise, perto, mas escondida da vista por insistência de seus guarda-costas, falou à multidão através de alto-falantes.

– Hoje é um dia muito difícil para mim – começou ela.

Depois de uma longa pausa, em voz suave, ela falou com a mãe.

– Obrigada por tudo o que você fez por mim. Obrigada por me dar uma vida melhor. Tudo o que aconteceu, tudo o que você fez, sei agora que fez por mim e nunca deixarei de lhe agradecer por isso.

A voz de Denise estava embargada. Ali, não havia vingança, não havia honra e não havia justiça. Havia apenas Denise de pé diante de Lea, dizendo-lhe que ela havia sido uma boa mãe.

– *Ciao, mamma* – disse ela.

Agradecimentos

Uma extraordinária seleção de pessoas tentou suprimir a história de *Mães da máfia*, e muitas delas deram o melhor de si para frustrar a reportagem e a escrita deste livro. Como em qualquer investigação sobre a máfia, o violento cumprimento da omertà por parte da 'Ndrangheta garantiu que muitos de seus personagens principais não estivessem disponíveis. Quando ouvi sua história, duas das três boas mães, Lea Garofalo e Maria Concetta Cacciola, estavam mortas, mortas por sua coragem de fazer frente à organização; a terceira, Giuseppina Pesce, era inalcançável no programa de proteção a testemunhas. A maioria dos mafiosos e dos intimidados por eles também não estava disposta a falar. Nas ocasiões em que os retratados falavam, suas respostas às minhas perguntas frequentemente continham avisos ou ameaças veladas. O fato de o livro existir se deve à coragem e determinação de alguns poucos.

O mais importante entre aqueles que se apresentaram é meu agente na Pew Literary, Patrick Walsh. Patrick foi o primeiro a identificar o potencial desta história e continua sendo o maior defensor que um escritor poderia querer, de alguma forma combinando charme e afeto com conselhos sábios e precisão comercial. Patrick forma uma equipe imbatível com Luke Speed, meu agente de cinema na Curtis Brown, que viu imediatamente o quão promissor era *Mães da máfia* e cujo consequente efeito na minha vida profissional foi nada menos que transformador. Arabella Pike na HarperCollins em Londres e David Highfill na HarperCollins em Nova York foram tudo que um escritor deseja em um editor: graciosos em suas boas-vindas, generosos no tempo que me concederam para escrever, firmes em seu apoio contra sabotadores, eficientes e perspicazes em sua edição – e fornecedores de deliciosos almoços. Katherine Patrick da HarperCollins UK organizou uma campanha publicitária que poderia ter conquistado mundos, Leo Nickolls criou a fantástica capa da edição original e Iain Hunt cuidou do texto final para publicação com a habilidade e civilidade amigável que o levou a ser universalmente reconhecido como um dos melhores do ramo. Tessa Ross e Juliette Howell, na House Productions, que compraram os direitos para o cinema e televisão antes mesmo de haver uma proposta, quanto mais um livro, têm minha eterna gratidão por seu apoio corajoso e precoce.

Ouvi falar pela primeira vez das mulheres de *Mães da máfia* na minha primeira viagem a trabalho à Itália (para investigar uma história diferente) quando Laura Aprati, uma jornalista italiana a quem eu havia pedido para marcar algumas entrevistas, insistiu que, como parte do pagamento, eu assistisse a uma peça que ela havia escrito com Enrico Fierro. A peça, *O cu nui o cu iddi* [Ou você está conosco ou você está com eles], estava sendo encenada inteiramente em italiano para uma plateia de adolescentes em uma área decadente e fortemente mafiosa na periferia de Roma. Entendi o drama e a tragédia, mas praticamente mais nada. Minha confusão – e a do público – só aumentou quando Laura me empurrou ao palco para responder algumas perguntas, com o auxílio de uma intérprete, sobre minha impressão da peça, da máfia e do passado, presente e futuro da Itália.

Envergonhado por essa exposição de minha ignorância, voltei à minha pousada sabendo apenas o nome da mulher em cuja vida a peça era baseada: Maria Concetta Cacciola. Assim começou o processo de pesquisa e relato que me levou à sua história, e às histórias de Giuseppina Pesce, e de Lea e Denise Garofalo. Havia muito o que ler. Embora a imprensa italiana tenha inicialmente deixado passar a história das Garofalo, mais tarde compensou sua desatenção com uma cobertura geral do julgamento de Carlo Cosco. Naquele ponto, Lea e Denise estavam se tornando heroínas para uma geração de jovens ativistas italianos. A prisão do poderoso clã Pesce, pelo contrário, foi uma grande história desde o início, especialmente quando Giuseppina começou a testemunhar. Enquanto a imprensa assistia ao desdobramento da 'Ndrangheta de Gioia Tauro, a morte de Concetta também recebeu uma cobertura significativa.

Ainda assim, muitas das reportagens dos jornais eram frustrantemente breves e incompletas. Há boas razões para isso: os jornalistas italianos que escrevem sobre a máfia em qualquer profundidade são rotineiramente obrigados a buscar proteção junto às autoridades. Além disso, a 'Ndrangheta é um fenômeno cuja escala e ameaça só recentemente começaram a ser entendidas. Descobrir os detalhes da conspiração criminosa que está por trás da história das "boas mães" e explorar a história da 'Ndrangheta exigiu dois anos e meio de trabalho minucioso, percorrendo os arquivos do Judiciário italiano, acumulando, traduzindo e avaliando dezenas de milhares de páginas de documentos do tribunal. Isso tudo foi então complementado por longas e repetidas entrevistas com os participantes, assim como com historiadores e acadêmicos.

Laura foi meu guia durante todo esse processo, junto com Giuliana Clementi, a intérprete que traduziu minhas divagações naquela noite na peça da Laura. O profundo conhecimento e a desenvoltura de Laura deixaram pouca coisa no lugar. A tradução de Giuliana, exata e cheia de nuances em um mundo que a 'Ndrangheta preferiria que permanecesse o mais obscuro possível, foi essencial para a exatidão do meu entendimento. Sou eternamente grato pela ajuda de ambas. Também me beneficiei imensamente da visão e generosidade de Enrico Fierro, parceiro profissional de Laura por muitos anos e uma enciclopédia de conhecimentos sobre a máfia; e da generosidade e perícia de Lucio

Musilino, cujos contatos na Calábria são inigualáveis e que continua a relatar diariamente a 'Ndrangheta mesmo diante de numerosas ameaças à sua vida. Também devo profundos agradecimentos a Teo Butturini, Marta Clinco e Francesco Creazzo por seu trabalho de revisão e tradução.

Devo também reconhecer a generosa assistência de Alessandra Cerreti, cuja percepção da importância da mulher para a 'Ndrangheta e de como o feminismo foi o segredo para derrubar a máfia mais poderosa da Europa é o tema central de *Mães da máfia*. Alessandra me permitiu entrevistá-la por um total de oito horas ao longo de um ano. Foi uma tristeza pessoal e profissional quando nossa colaboração chegou ao fim depois que Alessandra decidiu que queria escrever seu próprio livro, mas era uma decisão que ela tinha o direito de tomar e que eu respeito e compreendo – e minha admiração por ela e seu trabalho perdura.

A abertura do sistema judicial italiano e sua tradição de promotores apresentando todo seu caso em documentos oficiais que contêm transcrições de escutas e vídeos de vigilância, assim como transcrições de entrevistas com suspeitos e testemunhas-chave, é um tesouro para qualquer jornalista, e são esses documentos legais e probatórios que formam a espinha dorsal deste livro. Além de Alessandra, estou em dívida com inúmeros procuradores na Calábria e em toda a Itália por sua assistência no fornecimento dos documentos relevantes e por concordarem em dar longas entrevistas, particularmente Franco Roberti, Michele Prestipino, Giovanni Musarò, Giuseppe Lombardo, Salvatore Dolce, Giuseppe Creazzo, Roberto di Bella, Federico Cafiero de Raho, Marcello Tatangelo e Gaetano Paci, e, apesar de um resfriado que lhe havia tirado a voz, o indomável Nicola Gratteri. Renato Cortese tirou tempo de sua ocupada agenda para responder minhas perguntas. Raffaele Grassi, o firme chefe da polícia de Reggio Calabria, foi infalivelmente solícito em minhas visitas à cidade e me concedeu uma rara e surpreendente visita ao gigantesco andar no topo da sede da polícia inteiramente dedicado a escutas telefônicas, vigilância e grampos. Como muitos no *piano* de Gioia Tauro, também estou em dívida com Antonino de Masi e Antonino Bartuccio, prefeito de Rizziconi, que continuam a falar – a mim e a outros – apesar das repetidas ameaças à sua vida.

Entre os advogados que também me ajudaram, um agradecimento especial é devido a Annalisa Pisano, o único contato de Lea Garofalo no mundo exterior por muitos anos, que quebrou sete anos de silêncio para falar com lágrimas e honestidade comigo em um canto tranquilo de um café do tribunal em Catanzaro. Vincenza "Enza" Rando, uma de minhas primeiras entrevistadas, lidou pacientemente com minhas perguntas frequentemente pouco acertadas. Adriana Fiormonti, advogada de Giuseppina Pesce, foi encantadoramente instrutiva sobre sua cliente e o funcionamento da 'Ndrangheta. Jules Munro, na firma Simpsons em Sidney, Beth Silfin na HarperCollins, e Nicola Landolfi em Roma deram conselhos jurídicos cruciais.

Eu me baseei em uma série de pesquisas acadêmicas em minha investigação sobre a 'Ndrangheta. Entre os que foram especialmente úteis estavam Enzo Ciconte em Roma, Ernesto Savone em Milão e John Dickie e Anna Sergi em Londres. Qualquer pessoa interessada em prosseguir nesse assunto poderia se valer de examinar o considerável catálogo pertencente a esses quatro especialistas.

Também contei com um pequeno exército de leitores para revisar e oferecer sugestões, todas elas de valor inestimável. Meus profundos agradecimentos a Max Askew, Colin Perry e aos membros do melhor clube do livro do sul da Inglaterra: Venetia Ellvers, Serena Freeland, Cleodie Gladstone, Wiz Hok, Susie Honey, Cheryl Myers, Millie Powell, Louisa Robertson, Amanda Sinclair, Sally Turvill e Anna Worthington. Mais do que nunca, meus profundos agradecimentos a Tess, que leu cada rascunho, suportou inúmeras discussões e ofereceu conselhos incisivos sem limites. Nada disso funciona sem você, Tess.

Aos muitos advogados e vários outros em diversos continentes que tentaram frustrar este livro – e cujas táticas se assemelhavam às empregadas pela 'Ndrangheta –, espero que ainda possam apreciá-lo. Alguns de vocês argumentaram que não estava em meu lugar ao escrever este livro, porque eu não era italiano nem mulher. Como alguém que trabalha como correspondente estrangeiro há mais de duas décadas, conheço muito bem as armadilhas da profissão. O forasteiro é prejudicado pela ignorância, pela linguagem e pelas despesas. Uma pergunta muito justa que deve ser feita várias vezes é: quem é você para contar esta história? Minha própria opinião é que esses obstáculos são enormes, mas não intransponíveis; que a distância às vezes pode dar perspectiva; e que a empatia, imaginar-se no lugar de outro, é dever de qualquer escritor e a base de qualquer boa escrita. Se a história de *Mães da máfia* nos diz algo, é que definir a capacidade humana pelo acidente de gênero ou cor de pele, religião ou nacionalidade é uma loucura. O mundo inteiro se beneficiou porque um pequeno grupo de mulheres do sul da Itália buscava um destino diferente daquele que outros tinham escolhido para elas. É o exemplo delas, acima de tudo, que foi meu guia nestas páginas.

Notas

A história de *Mães da máfia* depende muito dos documentos oficiais do tribunal divulgados durante os julgamentos dos acusados dos assassinatos de Lea Garofalo e Maria Concetta Cacciola, bem como dos casos que se seguiram às revelações de Giuseppina Pesce. O sistema judicial italiano é uma ferramenta inestimável para um repórter que tenta reconstruir uma história após o fato. Em cada etapa do processo de julgamento, o promotor divulga, em forma impressa, todas as provas com as quais pretende contar no tribunal, incluindo todas as transcrições de conversas telefônicas sob escuta e outras comunicações interceptadas. Esses documentos são detalhados e abrangentes: cada conjunto de documentos de julgamento para Giuseppina Pesce tinha mais de mil páginas – e mais de duas mil nas últimas etapas do processo. Eles também têm prerrogativa constitucional incontestável, assim como as transcrições dos julgamentos. É difícil imaginar um sistema jurídico em que se tome mais providências do que isso para garantir a percepção de que a justiça está feita.

Para cada uma das três boas mães, assim como para outros casos que aparecem na história delas, meu método foi digerir a documentação oficial e depois seguir com entrevistas suplementares com os protagonistas. Os promotores antimáfia italianos foram sempre receptivos, e a maioria das citações diretas dos promotores no texto vêm dessas entrevistas, embora eu tenha marcado a fonte onde isso pode não estar claro ou não é o caso. (Uma lista completa dos promotores que me ajudaram pode ser encontrada nos meus agradecimentos ao fim do livro.) Os mafiosos, membros da 'Ndrangheta e seus representantes legais tenderam a ser menos sinceros: tais são as restrições de omertà. Também entrevistei vários especialistas – acadêmicos, policiais, juízes, advogados, políticos, oficiais. Mais uma vez, deve-se pressupor que qualquer citação que apareça no texto veio de minhas entrevistas, a menos que eu tenha indicado o contrário. Por fim, como parte de minha pesquisa, li milhares de artigos nas imprensas italiana e internacional, assim como uma série de livros e artigos acadêmicos, e indiquei no texto onde confiei neles para pontos de informação.

1

1   Este capítulo é baseado em transcrições oficiais do testemunho de Denise Cosco no tribunal em 20 de setembro e 13 de outubro de 2011, documentos judiciais do julgamento de assassinato que se seguiu e transcrições de seus depoimentos aos *carabinieri* em 25 de novembro de 2009 e 5 de março de 2010. Também realizei várias entrevistas complementares, notadamente com a advogada de Denise, Vincenza Rando; a advogada de Lea, Annalisa Pisano; e os promotores Alessandra Cerreti, Giuseppe Creazzo e Salvatore Dolce.

2

2   Entrevista ao autor, Pagliarelle, maio de 2016.
3   As estimativas dos ganhos da 'Ndrangheta variam muito. Em parte porque é uma organização tão secreta, em parte porque é estruturada lateralmente, não fornecendo a chefe nenhum muito conhecimento das finanças da 'Ndrangheta além de sua própria *'ndrina*. Algumas variações também são explicadas pelo hábito dos pesquisadores italianos de se concentrar apenas nas receitas provenientes de dentro da Itália. Por fim, alguns dos números mais espetaculares parecem ser explicados por pesquisadores, jornalistas e promotores que desejam chamar a atenção para o grupo.

   A Transcrime, uma respeitada unidade de pesquisa criminal dirigida pelo professor Ernesto Savone, que entrevistei em seu escritório na Universidade Católica de Milão, estima que o rendimento anual da 'Ndrangheta seja de 3,49 bilhões de dólares. Em um artigo publicado no *Global Crime* em 2014 ("Mythical numbers and the proceeds of organized crime: estimating the mafia proceeds in Italy" [Números míticos e os lucros do crime organizado: estimando a receita da máfia na Itália]), a Transcrime também estimou que a receita anual da 'Ndrangheta esteja na faixa de 2,5 a 4 bilhões de dólares.

A maioria das outras estimativas dos ganhos da 'Ndrangheta é muito maior, na faixa de 40 a 80 bilhões de dólares. Em dezembro de 2008, por exemplo, o cônsul-geral dos Estados Unidos em Nápoles, Patrick Truhn, retornou de uma viagem de averiguação à Calábria e apresentou um relatório que começava de forma impressionante: "se não fosse parte da Itália, a Calábria seria um Estado fracassado. A corporação do crime organizado da 'Ndrangheta controla vastas porções de seu território e economia, e responde por pelo menos 3% do PIB da Itália (provavelmente muito mais) por meio do tráfico de drogas, da extorsão e da usura" (a Wikileaks divulgou o relatório: www.wikileaks.org/plusd/cables/08NAPLES96_a.html).

O valor de cem bilhões de dólares vem do promotor Giuseppe Lombardo, que está alocado em Reggio Calabria e tem estudado o dinheiro nacional e internacional da 'Ndrangheta há uma década. Lombardo não é um indivíduo dado ao exagero e há poucas pessoas no mundo que sabem do dinheiro da 'Ndrangheta. É a estimativa dele que usei aqui como limite máximo.

Por que a variação dos números? E por que usar a estimativa de Lombardo, que é uma das mais altas? Savone estava interessado em corrigir o que considerava ser a estimativa mais insana da riqueza da máfia, um objetivo louvável em uma área propensa à hipérbole. Ainda assim, evidências anedóticas – como o valor do comércio europeu de cocaína (4,5 a 7 bilhões de euros por ano a preços de atacado ou 22 bilhões de euros por ano a preços de varejo), desvio e fraude de bilhões de euros em fundos da União Europeia e a descoberta de redes mafiosas de lavagem de dinheiro que processam dezenas de bilhões de euros por ano – sugerem que os números da Transcrime são baixos. Possivelmente isso se deve ao fato de que, em seu admirável esforço para apurar os fatos, a Transcrime tenha se concentrado apenas em apreensões domésticas documentadas e provas da polícia italiana de receitas criminais, além de relatórios acadêmicos e da imprensa. Em outras palavras, concentrava-se apenas no conhecido e local, sem considerar o desconhecido ou o estrangeiro. Vale notar que, em um estudo de 2013, a própria Transcrime estimou que 80% do dinheiro da 'Ndrangheta seja ganho no exterior. Lombardo, por outro lado, teve uma visão global e tem informações sobre a 'Ndrangheta não disponíveis para pesquisadores acadêmicos. Seus números também se aproximam muito mais de outras estimativas internacionais do valor do crime organizado global.

4   Kahn, Milka; Véron, Anne. *Women of Honour*. Londres: Hurst, 2017, p.77.
5   Embora a lei italiana tenha reconhecido o imperativo de defender a honra até 1981, permitindo a defesa da reputação como mitigação para assassinato. Ver: Saviotti, Pierfilippo. Le donne contro la 'Ndrangheta, Pavia incontra il procuratore Cerreti. *Stampo Antimafioso*, 16 nov. 2013. Disponível em: https://www.stampoantimafioso.it/pavia-procuratore-cerreti/. Acessado em: 29 set. 2022.
6   Inserra, Michele. Quaderni del Sud, Locri la giornata della memoria Al cimitero di Rosarno per le donne 'sparite'. *Il Quotidiano del Sud*, 17 mar. 2017. Disponível em: https://www.quotidianodelsud.it/calabria/reggio-calabria/societa-e-cultura/la-storia/2017/03/17/quaderni-del-sud-locri-la-giornata-della-memoria-al-cimitero-di-rosarno-per-le-donne-sparite. Acessado em: 29 set. 2022.

7   *Amanda Knox*. Direção: Brian McGinn e Rod Blackhurst. Roteiro: Matthew Hamachek e Brian McGinn. Netflix, 2016. Disponível em: https://www.netflix.com/br/title/80081155. Acessado em: 29 set. 2022.

3

8   Esta seção é baseada principalmente em diversas entrevistas com Alessandra Cerreti conduzidas entre julho de 2015 e maio de 2016, além de pesquisa complementar.
9   Profile: Bernardo Provenzano. *BBC*, 11 abr. 2006. Disponível em: news.bbc.co.uk/1/hi/world/europe/4899512.stm. Acessado em: 29 set. 2022.
10 Imprenditore arrestato per frode all'erario E' accusato di aver sottratto un miliardo. *La Repubblica*, 9 fev. 2007. Disponível em: https://www.repubblica.it/2007/02/sezioni/cronaca/arresto-cetti-serbelloni/arresto-cetti-serbelloni/arresto-cetti-serbelloni.html. Acessado em: 29 set. 2022. Islam, nell'aula del tribunale è polemica fra giudice e imputato sul copricapo. *La Repubblica*, 26 fev. 2009. Disponível em: https://milano.repubblica.it/dettaglio/islam-in-aula-e-polemica-giudice-imputato-sul-copricapo/1596678. Acessado em: 29 set. 2022.
11 Zuccalà, Emanuela. La 'Ndrangheta esiste, che fatica dimostrarlo ogni volta. *Io Donna*, 9 out. 2012. Disponível em: www.iodonna.it/personaggi/interviste/2012/alessandra-cerreti-pubblico-ministero-mafia-calabria-40999238466.shtml. Acessado em: 29 set. 2022.

4

12 Este capítulo é baseado em transcrições oficiais do testemunho de Denise Cosco e de suas entrevistas com os *carabinieri* em 25 de novembro de 2009 e 5 de março de 2010, bem como em entrevistas suplementares com a advogada de Denise, Vincenza Rando, a advogada de Lea, Annalisa Pisano, e os promotores Alessandra Cerreti, Giuseppe Creazzo e Salvatore Dolce.

5

13 John Dickie, professor de Estudos Italianos na University College, em Londres, é um raro exemplo de um estrangeiro em um campo – história da máfia – dominado por italianos. Seus estudos sobre mafiosos, *Cosa Nostra: história da máfia siciliana*, *Irmandades de sangue: as origens das máfias italianas* e *Mafia Republic*, baseiam-se em trabalhos anteriores de estudiosos italianos, mas também em pesquisa original de Dickie. Alessandra leu trabalhos de muitos estudiosos da máfia, a maioria deles italianos, mas foi a pesquisa de Dickie que lhe revelou o apego inicial de 'Ndrangheta à prostituição. É uma medida da estatura de Dickie que Alessandra mais tarde tenha iniciado uma correspondência com ele. Nesta passagem, cito o trabalho de Dickie, bem como uma entrevista suplementar em Londres em junho de 2016.
14 Dickie, John. *Mafia Brotherhoods*. Londres: Sceptre, 2011, pp.171-174.
15 Ver, por exemplo, os mitos fundadores das tríades chinesas, da *yakuza* japonesa ou das gangues de prisão da África do Sul, em 1926, 1927 e 1928.

16 Arsenal, León; Sanchiz, Hipólito. *Una Historia de las Sociedades Secretas Españolas.* Planeta, 2006, pp.326-335.
17 Dickie, John. *Mafia Brotherhoods.* Londres: Sceptre, 2011, p.5.
18 Zagari, Antonio. *Ammazzare Stanca.* Periferia, 1992.
19 Entrevista ao autor, Roma, maio de 2016.

6

20 Esta seção é amplamente baseada em entrevistas repetidas com Alessandra Cerreti, Giovanni Musarò e Michele Prestipino entre julho de 2015 e novembro de 2016.
21 Donadio, Rachel. Corruption Is Seen as a Drain on Italy's South. *New York Times,* 7 out. 2012. Disponível em: http://www.nytimes.com/2012/10/08/world/europe/in-italy-calabria-is-drained-by-corruption.html. Acessado em: 29 set. 2022.
22 Antonino de Masi em entrevista ao autor em seu escritório, Gioia Tauro, junho de 2016.
23 Perry, Alex. Cocaine Highway. *Newsweek Insights,* 17 nov. 2014.
24 Sherer, Steve. A Very Special Flower Arrangement. *Reuters,* 11 abr. 2016. Disponível em: www.reuters.com/investigates/special-report/italy-mafia-flowers/. Acessado em: 29 set. 2022.
25 A melhor descrição da estrutura da 'Ndrangheta e as provas reunidas sobre ela podem ser encontradas nos documentos judiciais de apoio ao caso que resultou dessas investigações, de codinome Operazione Crimine. Cópias podem ser encontradas nos seguintes endereços: www.casadellalegalita.info/doc/sentenza-GUP-CRIMINE.pdf (939p.) e www.casadellalegalita.info/doc/Decreto-Fermo-CRIMINE.pdf (2.681p.). Esses documentos também mostram a eleição de Domenico Oppedisano e dão mais detalhes sobre os métodos de vigilância dos *carabinieri*.
26 Para ver um relato da cúpula, acesse esta entrevista com o gerente do centro, Paderno Dugnano: www.youtube.com/watch?v=xGsOuUHH0WA. Acessado em: 15 nov. 2022.
27 Faris, Stephan. Italy Braces for a New Mafia War. *Time,* 14 out. 2010. Disponível em: content.time.com/time/world/article/0,8599,2025423,00.html. Acessado em: 29 set. 2022; AKI. Italy: Police uncover mafia drug ring in Milan convent, 12 maio 2010 (uma reimpressão da reportagem, contendo detalhes da repressão governamental, pode ser vista em um chat do blog *Gangsters Inc*. Disponível em: z14.invisionfree.com/GangstersInc/index.php?showtopic=1605&st=720); Squires, Nick. Italy claims finally defeating the mafia. *Daily Telegraph,* 9 jan. 2010. Disponível em: www.telegraph.co.uk/news/worldnews/europe/italy/6957240/Italy-claims-finally-defeating-the-mafia.html. Acessado em: 29 set. 2022.

7

28 Muito se escreveu sobre a morte de Lea Garofalo. Neste relato, eu me limitei às transcrições oficiais de seus depoimentos em 1996, julho de 2002 e abril de 2008; nas declarações de Denise Cosco em 25 de novembro de 2009 e 5 de março de 2010, e no depoimento dela no tribunal em 20 de setembro e 13 de outubro de 2011; e nos

documentos judiciais do julgamento de assassinato que se seguiu. Também realizei entrevistas complementares com Vincenza Rando, Alessandra Cerreti, Marisa Garofalo e Salvatore Dolce em 2015 e 2016.

29 Kahn, Milka; Véron, Anne. *Women of Honour*. Londres: Hurst, 2017, p.107.

8

30 A fonte para a maior parte deste capítulo é a mesma do Capítulo 7.
31 Suplementei citações de minha própria entrevista com Enza Rando e algumas deste relatório de tribunal: Zuccalà, Emanuela. L'ultimo sms di Lea Garofalo: torno a Milano per ricominciare. *Corriere della Sera*, 14 nov. 2012: Disponível em: https://27esimaora.corriere.it/articolo/lultimo-sms-di-lea-garofalo-allavvocatotorno-a-milano-mi-rifaro-una-vita/. Acessado em: 29 set. 2022.

9

32 Reggio Calabria, bomba al tribunale alto potenziale, danni, nessun ferito. *La Repubblica*, 3 jan. 2010. Disponível em: https://www.repubblica.it/2010/01/sezioni/cronaca/reggio-bomba/reggio-bomba/reggio-bomba.html. Acessado em: 29 set. 2022; Pisa, Nick. The moped Mafia: CCTV catches bomb delivery by Italian mobster on scooter driven by his moll. *Daily Mail*, 8 jan. 2010. Disponível em: www.dailymail.co.uk/news/article-1241682/The-moped-Mafia-CCTV-catches-bomb-delivery-Italian-mobster-scooter-driven-moll.html. Acessado em: 29 set. 2022.
33 Rosarno, polizia: 'Ndrangheta dietro a scontri. Via 1.100 immigrati. *Reuters*, 11 jan. 2010. Disponível em: https://www.reuters.com/article/oittp-rosarno-informativa-idITMIE60A0AB20100111. Acessado em: 29 set. 2022.
34 Relatos da descoberta do carro podem ser encontrados neste chat do *Gangsters Inc*. Disponível em: www.z14.invisionfree.com/GangstersInc/index.php?showtopic=1605&st=720. Acessado em: 29 set. 2022.
35 As passagens sobre o início da vida e amizade de Maria Concetta Cacciola e Giuseppina Pesce, em Rosarno, são baseadas em documentos oficiais do tribunal, datados de 13 de julho de 2013, divulgados pelo promotor italiano Giuseppe Creazzo, que supervisionou o caso relativo à morte de Cacciola, bem como transcrições do testemunho de Giuseppina, datado de 7 de fevereiro de 2013. Material suplementar está disponível nos documentos oficiais relativos ao posterior julgamento dos advogados representantes da família Cacciola, datado de 30 de julho de 2014, e uma audiência de guarda do pai de Concetta, Michele Cacciola, datada de 4 de fevereiro de 2012.

10

36 Este capítulo é baseado em transcrições oficiais das declarações de Denise Cosco em 25 de novembro de 2009 e 5 de março de 2010, e de seu depoimento no tribunal em 20 de setembro e 13 de outubro de 2011; em documentos judiciais do julgamento de

assassinato que se seguiu; e em declarações feitas à polícia e no tribunal por Carmine Venturino em 2012 e 2013.

11

37 Operazione 'All Inside', colpo al clan Pesce di Rosarno. *CN24TV*. Disponível em: www.cn24tv.it/news/30318/operazione-all-inside-colpo-al-clanpesce-di-rosarno-30-arresti.html. Acessado em: 29 set. 2022.
38 Domianello, Caterina Scaffi di. Donne contro la 'Ndrangheta. *Narcomafie*, jul./ago. 2013. Disponível em: www.z14.invisionfree.com/GangstersInc/index.php?showtopic=1605&st=720. Acessado em: 29 set. 2022.
39 Gavaghan, Julian. Italian mob boss arrested after 17 years on the run is cheered by crowd as police lead him to jail. *Daily Mail*, 27 abr. 2010. Disponível em: http://www.dailymail.co.uk/news/article-1269304/Italian-mobsterarrested-17-years-run-cheeredcrowd-police-lead-jail.html. Acessado em: 29 set. 2022.
40 Kington, Tom. Italian police arrest 300 in raids on Calabrian mafia. *The Guardian*, 13 jul. 2010. Disponível em: www.theguardian.com/world/2010/jul/13/calabria-mafia-arrests-italy. Acessado em: 29 set. 2022; Faris, Stephan. Italy vs. the mafia: Beheading the 'Ndrangheta. *Time*, 13 jul. 2010. Disponível em: content.time.com/time/world/article/0,8599,2003598,00.html. Acessado em: 29 set. 2022.
41 Entrevista ao autor, Milão, julho de 2015.
42 Entrevista ao autor, Modena, julho de 2015.
43 Entrevista ao autor, Milão, julho de 2015.
44 Entrevista ao autor, Milão, julho de 2015.

12

45 Faris, Stephan. Italy Braces for a New Mafia War. *Time*, 14 out. 2010. Disponível em: https://content.time.com/time/world/article/0,8599,2025423,00.html. Acessado em: 29 set. 2022.
46 Alessandra Cerreti em entrevista ao autor, Milão, maio de 2016.
47 Longrigg, Clare. Women Breaking the Mafia's Rules. *Mafiology*, 14 out. 2013. Disponível em: mafiologytest.wordpress.com/tag/alessandra-cerreti/. Acessado em: 29 set. 2022.
48 Longrigg, Clare. Women Breaking the Mafia's Rules. *Mafiology*, 14 out. 2013. Disponível em: mafiologytest.wordpress.com/tag/alessandra-cerreti/. Acessado em: 29 set. 2022.
49 Cerreti falou de sua conversa com Giuseppina em vários fóruns, como em Roma, em março de 2014: Experts commend mafia-linked woman's help in crime fight. *Xinhua*, 15 mar. 2014. Disponível em: china.org.cn/world/Off_the_Wire/2014-03/15/content_31793448.htm. Acessado em: 29 set. 2022. Também deu vários relatos durante mais de sete horas de entrevistas do autor com Cerreti em jul. 2015 e fev. e maio 2016. Essa citação é uma compilação dos comentários públicos de Cerreti e suas citações em entrevistas.
50 Longrigg, Clare. Women Breaking the Mafia's Rules. *Mafiology*, 14 out. 2013. Disponível em: mafiologytest.wordpress.com/tag/alessandra-cerreti/. Acessado em: 29 set. 2022.

51 Entrevista ao autor, Milão, julho de 2015.
52 Entrevista ao autor, Milão, julho de 2015.
53 Entrevista ao autor, Milão, julho de 2015.
54 Entrevista ao autor, Roma, fevereiro de 2015.
55 Entrevista ao autor, Milão, julho de 2015.
56 Entrevista ao autor, Roma, julho de 2015.
57 Declaração de Giuseppina Pesce aos promotores, tirada de transcrições oficiais de seu depoimento, incluídas em vários documentos subsequentes do julgamento.

13

58 Este capítulo se baseia em inúmeros documentos de julgamentos relacionados ao caso Lea Garofalo. Nas fases iniciais da investigação, os *carabinieri* fizeram algumas alegações falsas e se enganaram em relação a alguns detalhes factuais que foram corrigidos à medida que suas investigações prosseguiam em fases posteriores da investigação e do julgamento.
59 Enza Rando em entrevista ao autor, Modena, julho de 2015. Ver também: Brambilla, Michele. The Tragedy and Courage of a Mobster's Daughter. *La Stampa*, 17 abr. 2014. Disponível em: https://www.lastampa.it/esteri/la-stampa-in-english/2014/04/16/news/the-tragedy-and-courage-of-a-mobster-s-daughter-1.35766875/. Acessado em: 29 set. 2022.

14

60 Esta seção é baseada em documentos de julgamento relacionados à Operação All Inside, ao processo do clã Pesce e em declarações feitas por Giuseppina Pesce tanto para Alessandra Cerreti quanto durante o julgamento que se seguiu.
61 Longrigg, Clare. Women Breaking the Mafia's Rules. *Mafiology*, 14 out. 2013. Disponível em: mafiologytest.wordpress.com/tag/alessandra-cerreti/. Acessado em: 29 set. 2022.
62 O site do *Calabria Ora* saiu do ar desde então. Sou grato ao jornalista veterano Franco Abruzzo, cujo site é um arquivo valioso sobre uma ampla gama de temas, incluindo a polêmica do *Calabria Ora*: www.francoabruzzo.it/public/docs/palmi-articolicommenti-9fb13.rtf. Acessado em: 29 set. 2022.

15

63 Este capítulo é baseado em registros oficiais das declarações feitas por Maria Concetta Cacciola a Alessandra Cerreti e Giovanni Musarò em 25 de maio e 28 de junho de 2011; documentos de julgamento relativos à acusação de Michele Cacciola, Giuseppe Cacciola, Anna Lazzaro, Gregorio Cacciola e Vittorio Pisani; e entrevistas suplementares com Giuseppe Creazzo, Giovanni Musarò e Alessandra Cerreti. Agradeço também a Laura Aprati e Enrico Fierro pela transcrição de sua peça sobre Concetta, *O cu nui o cu iddi* [Ou você está conosco ou você está com eles], que também se baseia nas provas oficiais.

64 Domianello, Caterina Scaffi di. Donne contro la 'Ndrangheta. *Narcomafie*, jul./ago. 2013. Disponível em: www.liberanet.org/narcomafie/2013_07.pdf. Acessado em: 29 set. 2022.
65 Entrevista ao autor, Milão, maio de 2016.
66 Entrevista ao autor, Roma, maio de 2016.
67 Longrigg, Clare. Mafia witness 'forced to drink acid'. *Mafiology*, 2 fev. 2014. Disponível em: mafiologytest.wordpress.com/tag/alessandra-cerreti/. Acessado em: 29 set. 2022.
68 Entrevista ao autor, Roma, maio de 2016.

16

69 Esta seção é baseada na entrevista de Alessandra Cerreti ao autor, Milão, maio de 2016.
70 Entrevista ao autor, Milão, maio de 2016.
71 Domianello, Caterina Scaffi di. Donne contro la 'Ndrangheta. *Narcomafie*, jul./ago. 2013. Disponível em: www.liberanet.org/narcomafie/2013_07.pdf. Acessado em: 29 set. 2022.
72 Vários relatos da correspondência entre Giuseppina Pesce e sua família podem ser encontrados on-line. O mais completo é: Domianello, Caterina Scaffi di. Donne contro la 'Ndrangheta. *Narcomafie*, jul./ago. 2013. Disponível em: www.liberanet.org/narcomafie/2013_07.pdf. Acessado em: 29 set. 2022. Outros que se mostraram úteis incluem dois relatórios do strill.it, disponíveis em: www.strill.it/citta/2011/10/la-famiglia-scrive-a-giuseppina-pesce-le-lettere-ricevute-in-carcere/ e www.strill.it/citta/2011/09/le-lettere-di-giuseppina-pesce-collaboro-per-dare-un-futuro-ai-miei-figli/, acessados em: 29 set. 2022. Também foram incluídos excertos nos documentos judiciais que acompanhavam os julgamentos após as operações All Inside e All Clean. Por fim, Alessandra Cerreti leu algumas das cartas ao autor em entrevista e, outras vezes, resumiu o conteúdo delas.

17

73 Este capítulo é baseado em provas e transcrições apresentadas em documentos judiciais oficiais relativos ao julgamento de Michele Cacciola, Anna Lazzaro e Giuseppe Cacciola, e ao posterior julgamento dos dois advogados, Vittorio Pisani e Gregorio Cacciola. Este material é complementado pelas entrevistas do autor com Alessandra Cerreti, Giovanni Musarò e Giuseppe Creazzo, assim como pela referência à peça *O cu nui o cu iddi* [Ou você está conosco ou você está com eles], de Laura Aprati e Enrico Fierro.
74 Crippa, Dario. Sciolse la mamma nell'acido, nessuna pietá per mio padre. *Il Giorno*, 4 jul. 2011. Disponível em: www.ilgiorno.it/milano/cronaca/2011/07/04/537205-sciolse_mamma.shtml. Acessado em: 29 set. 2022.
75 Volpe, Santo Della. Le Donne e La Lotta di Liberazione dale Mafie. *Libera*, 2012. Disponível em: www.libera.it/flex/cm/pages/ServeBLOB.php/L/IT/IDPagina/6462. Acessado em: 29 set. 2022.
76 A gravação de onze minutos da "retratação" de Concetta está no site *StopNdrangheta*:

http://www.stopndrangheta.it/stopndr/art.aspx?id=1419,La+ritrattazione+estorta+-alla+Cacciola. Acessado em: 29 set. 2022.

77 Longrigg, Clare. Mafia witness 'forced to drink acid'. *Mafiology*, 2 fev. 2014. Disponível em: mafiologytest.wordpress.com/tag/alessandra-cerreti/. Acessado em: 29 set. 2022.

18

78 Este capítulo é baseado em provas e transcrições apresentadas em documentos judiciais oficiais relativos ao julgamento de Michele Cacciola, Anna Lazzaro e Giuseppe Cacciola, e ao posterior julgamento dos dois advogados, Vittorio Pisani e Gregorio Cacciola. Esse material é complementado pelas entrevistas do autor com Alessandra Cerreti, Giovanni Musarò e Giuseppe Creazzo.
79 Entrevista ao autor, Milão, maio de 2016.
80 Entrevista ao autor, Roma, maio de 2016.
81 Orsola Fallara in condizioni disperate al Riuniti di Reggio dopo un tentativo di suicídio. 16 dez. 2010. Disponível em: www.cn24tv.it/news/16616/orsola-fallara-incondizioni-disperate-al-riuniti-direggio-dopo-un-tentativo-disuicidio.html. Acessado em: 29 set. 2022.
82 Macri, Carlo. Il suicidio della testimone anti clan. *Il Corriere*, 23 ago. 2011. Disponível em: www.corriere.it/cronache/11_agosto_23/il-suicidio-della-testimone-anti-clan-carlo-macri_7e7fbc74-cd49-11e0-8914-d32bd7027ea8.shtml. Acessado em: 29 set. 2022.
83 A carta completa pode ser vista aqui: www.sdisonorate.it/wordpress/wp-content/uploads/2014/03/Le-testimoni-di-giustizia-calabresi.pdf. Acessado em: 29 set. 2022.
84 A primeira página do *Calabria Ora* pode ser vista no link: www.sdisonorate.it/wordpress/wp-content/uploads/2014/03/Le-testimoni-di-giustizia-calabresi.pdf. Acessado em: 29 set. 2022.

19

85 Este capítulo é baseado em transcrições oficiais das declarações de Denise Cosco em 25 de novembro de 2009 e 5 de março de 2010, e de seu testemunho no tribunal em 20 de setembro e 13 de outubro de 2011, bem como de documentos judiciais do julgamento de assassinato que se seguiu.
86 Kahn, Milka; Véron, Anne. *Women of Honour*. Londres: Hurst, 2017, p.118.
87 Demaria, Marika. *La Scelta di Lea*. Milão: Melampo Publisher, 2013, p.26. Devo muito a Demaria, única repórter a permanecer no tribunal durante os nove meses do julgamento, cuja persistência permitiu um relato completo e público.

20

88 Esta seção é baseada em documentos de julgamento relacionados à Operação All Inside, ao processo do clã Pesce e a depoimentos dados por Giuseppina Pesce a Alessandra Cerreti e durante o julgamento subsequente.
89 Muito das correspondências dos Pesce também foi republicado inteiramente nas

valiosas reportagens de Caterina Scaffi di Domianello. Domianello, Caterina Scaffi di. Donne contro la 'Ndrangheta *Narcomafie*, jul./ago. 2013. Disponível em: www.liberanet.org/narcomafie/2013_07.pdf. Acessado em: 29 set. 2022. Trechos da carta de Giuseppina de 23 de agosto de 2011 também foram republicados em: www.strill.it/citta/2011/09/le-lettere-di-giuseppina-pesce-collaboro-per-dare-un-futuro-ai-miei-figli/. Acessado em: 29 set. 2022.

90 Domianello, Caterina Scaffi di. Donne contro la 'Ndrangheta. *Narcomafie*, jul./ago. 2013. Disponível em: www.liberanet.org/narcomafie/2013_07.pdf. Acessado em: 29 set. 2022.

91 Piero, Gaeta. Condannati a 20 anni Vincenzo e Ciccio Pesce. *Gazetta del Sud*, 21 set. 2011. Disponível em: http://www.calabrianotizie.it/condannati-anni-vincenzo-cicciopesce-sentenza-esemplare-del-gupro-berto-carrelli-palombi-che-ieri-sera-condannato-undici-imputati-ordinato-maxi-risarcimento/. Acessado em: 29 set. 2022.

92 Toscano, Paul. Giuseppina Pesce si è pentita di nuovo. *Gazetta del Sud*, 22 set. 2011. Disponível em: www.calabrianotizie.it/giuseppina-pesce-pentita-nuovo-dopo-avere-interrotto-collaborazione-con-magistrati-della-dda-reggina-figlia-del-boss-salvatore-ripreso-riferire-vicende-della-cosca-figli/. Acessado em: 29 set. 2022.

93 Toscano, Paul. Giuseppina Pesce si è pentita di nuovo. *Gazetta del Sud*, 22 set. 2011. Disponível em: www.calabrianotizie.it/giuseppina-pesce-pentita-nuovo-dopo-avere-interrotto-collaborazione-con-magistrati-della-dda-reggina-figlia-del-boss-salvatore-ripreso-riferire-vicende-della-cosca-figli/. Acessado em: 29 set. 2022.

94 Giuseppina Pesce domani al processo di Palmi. *CN24TV*, 22 set. 2011. Disponível em: www.cn24tv.it/news/32497/ndrangheta-giuseppinapesce-domani-al-processo-di-palmi.html. Acessado em: 29 set. 2022.; Clan pesce, Palaia scrive alla moglie pentita: 'stai rovinando te stessa ed i tuoi figli'. *CN24TV*, 23 nov. 2011. Disponível em: www.cn24tv.it/news/32639/clan-pesce-palaiascrive-alla-moglie-pentita-stairovinando-te-stessa-ed-i-tuoi-figli.html. Acessado em: 29 set. 2022.

95 Operazione 'All clean 2': I dettagli. *CN24TV*, 13 out. 2011. Disponível em: www.cn24tv.it/news/33781/operazioneall-clean-2-i-dettagli.html. Acessado em: 29 set. 2022.

96 Processo al clan Pesce, la testimone di giustizia sarà sentita da un luogo segreto. *CN24TV*, 21 out. 2011. Disponível em: www.cn24tv.it/news/34338/processo-al-clan-pesce-latestimone-di-giustizia-sara-sentitada-un-luogo-segreto.html. Acessado em: 29 set. 2022.

97 Pisa, Nick. Judge hands 1,000-year prison sentence to 110 Mafia mobsters in massive show trial. *Daily Mail*, 22 nov. 2011. Disponível em: www.dailymail.co.uk/news/article-2063932/Judge-hands-1-000-year-prison-sentence-110-Mafiamobsters-massive-trial.html. Acessado em: 29 set. 2022.

98 Alessandra Cerreti em entrevista ao autor. Veja também o relato em: Chirico, Francesca. Rosarno, donne e 'Ndrangheta: il processo del contrapasso. *Stop'Ndrangheta*, 25 nov. 2011. Disponível em: www.stopndrangheta.it/stopndr/art.aspx?id=1215,Rosarno%2c+donne+e+%27ndrangheta%3a+il+processo+del+contrapasso. Acessado em: 29 set. 2022.

21

99 Esta seção é baseada em duas entrevistas com Roberto di Bella no escritório dele em Reggio Calabria em julho de 2015 e maio de 2016, além de uma visita ao abrigo para crianças da 'Ndrangheta em Messina e entrevistas com a equipe de lá.

100 Cordi, Riccardo Francesco Cordì. Voglio una Vita Normale. *Corriere della Sera*, 8 maio 2014. Disponível em: https://www.corriere.it/cronache/14_maggio_08/voglio-vita-normale-6f0f1dc2-d672-11e3-b1c6-d3130b63f531.shtml. Acessado em: 29 set. 2022.

22

101 United Nations Office of Drugs and Crime. *Review of implementation of the United Nations Convention Against Corruption*. Itália, p. 4. Disponível em: https://www.unodc.org/documents/treaties/UNCAC/WorkingGroups/ImplementationReviewGroup/26-27November2013/V1387842e.pdf. Acessado em: 29 set. 2022.

102 A primeira página do *Il Quotidiano della Calabria* em 10 fev. 2012 pode ser vista em: www.stopndrangheta.it/file/stopndrangheta_1381.pdf. Acessado em: 29 set. 2022. A página inclui o início do editorial de Matteo Cosenza, além de reportagens sobre Maria Concetta Cacciola, Giuseppina Pesce e Lea Garofalo, talvez a primeira vez que as três e suas histórias foram relatadas coletivamente. O editorial completo está disponível em: https://www.quotidianodelsud.it/archivio/2012/02/10/il-commento-tre-donne-coraggio-il-simbolo-dell8-marzo. Acessado em: 29 set. 2022.

103 Por exemplo, ver: Baldessaro, Giuseppe. Lea, Concetta, Giuseppina è l'8 marzo della Calabria. *La Repubblica*, 2 mar. 2012. Disponível: https://www.repubblica.it/cronaca/2012/03/02/news/donne_ndrangheta_8_marzo-30721686/. Acessado em: 29 set. 2022.

104 Calabro, Ilaria. Dagli studenti uma lettera alla Pesce, 'nel tuo riscatto è possibile il riscatto di tutti'. *strettoweb.com*, 8 mar. 2012. Disponível em: http://www.strettoweb.com/2012/03/reggio-8-marzo-dagli-studenti-una-lettera-alla-pesce-nel-tuo-riscatto-e-possibile-il-riscatto-di-tutti/25999/#07DWLhJEL6JRX3w0.99. Acessado em: 29 set. 2022.

105 Cosenza, Matteo. Vicini a Denise che ha scelto la veritè e la giustizia. *Il Quotidiano*, 8 mar. 2012. Disponível em: https://www.quotidianodelsud.it/archivio/2012/03/08/vicini-a-denise-che-ha-scelto-la-verita-e-la-giustizia. Acessado em: 29 set. 2022.

23

106 Esta seção é baseada em transcrições oficiais dos procedimentos do tribunal em Palmi, 21-26 maio 2012.

24

107 Demaria, Marika. Processo Lea Garofalo, riprendono le udienze. *Narcomafie.it*, 2 dez. 2012. Disponível em: https://acmos.net/processo-lea-garofalo-riprendono-le-udienze. Acessado em: 29 set. 2022.

108 A chamada Corte d'Assise, na Itália, é um tribunal que tem jurisdição para julgar crimes que possam receber a pena máxima, 24 anos de cadeia ou mais – entre eles, escravidão, homicídio e terrorismo. São envolvidos, no total, oito juízes: dois magistrados e seis populares, que tomam a decisão da condenação juntos. Seria o equivalente ao Tribunal do Júri no Brasil. [N. T.]

109 Milano: sei ergastoli per l'omicidio di Lea Garofalo, la testimone sciolta nell'acido *Il Fatto Quotidiano*, 30 mar. 2012. Disponível em: https://www.ilfattoquotidiano.it/2012/03/30/milano-ergastoli-lomicidio-garofalo-testimone-sciolta-nellacido/201316/. Acessado em: 29 set. 2022. Ver também: Kington, Tom. Italian mobster condemned by daughter's evidence. *The Observer*, 1 abr. 2012. Disponível em: www.theguardian.com/world/2012/apr/01/italian-mobster-jailed-by-daughters-evidence. Acessado em: 29 set. 2022.

110 Ravizza, Simona; Giuzzi, Cesare; Redazione Milano on-line. Viale Montello 6, sgomberato dopo 40 anni il "fortino delle cosche". *Corriere della Sera*, 21 jun. 2012. Disponível em: https://milano.corriere.it/milano/notizie/cronaca/12_giugno_21/viale-montello-fortino-cosche-sgombero-polizia-cosco-lea-garofalo-201694845491.shtml. Acessado em: 29 set. 2022. O *Corriere della Sera* também tem fotos da Viale Montello, 6, como era quando Carlo governava e como pode ser reformada aqui: Andreis, Elisabetta. Una 'corte' moderna nell'ex fortino della mafia. 29 ago. 2016. Disponível em: https://milano.corriere.it/notizie/cronaca/16_agosto_29/viale-montello-fortino-mafia-stabile-abbandonato-progetto-demolizione-41cb3f10-6d58-11e6-baa8-f780dada92e5.shtml. Acessado em: 29 set. 2022.

111 Brambilla, Michele. The Tragedy and Courage of a Mobster's Daughter. *La Stampa*, 17 abr. 2014. Disponível em: https://www.lastampa.it/esteri/la-stampa-in-english/2014/04/16/news/the-tragedy-and-courage-of-a-mobster-s-daughter-1.35766875/. Acessado em: 29 set. 2022.

112 Este relato da confissão de Carmine Venturino é baseado em documentos oficiais do tribunal. Há também inúmeros relatos da imprensa sobre a carta de Carmine Venturino. Ver: De Riccardis, Sandro. Il verbale dell'orrore sulla pentita Garofalo: 'Bruciai il suo corpo finché rimase cenere'. *La Repubblica*, 20 mar. 2013. Disponível em: https://milano.repubblica.it/cronaca/2013/03/20/news/il_verbale_dell_orrore_sulla_pentita_garofalo_bruciai_il_suo_corpo_finch_rimase_cenere-54945861/. Acessado em: 29 set. 2022. Coppola, Alessandra; Giuzzi, Cesare. Uccisi Lea Garofalo, il coraggio di Denise mi ha spinto a collaborare. *Corriere della Sera*, 4 dez. 2012. Disponível em: www.senzatarga.wordpress.com/2012/12/04/lea/. Acessado em: 29 set. 2022. Demaria, Marika. *La Scelta di Lea*. Milão: Melampo Publisher, 2013.

113 Esta seção se baseia principalmente nos registros oficiais fornecidos pelo promotor Marcello Tatangelo de seu interrogatório de Carmine Venturino em 3 e 11 de outubro de 2012, bem como nas transcrições posteriores do interrogatório de Carmine por Tatangelo no tribunal. Mais uma vez, também estou em dívida com Marika Demaria, da Narcomafie, que seguiu obstinadamente o caso e publicou reportagens intermitentes, assim como seu livro, *La Scelta di Lea*. Também foram úteis várias outras reportagens na imprensa, como indicado.

25

114 All Inside, il dispositivo della sentenza (I grado). *Narcomafie*, 3 maio 2013. Disponível em: www.stopndrangheta.it/stopndr/art.aspx?id=1709,All+Inside%2c+il+dispositivo+della+sentenza+(I+grado). Acessado em: 29 set. 2022

115 Quando as condenações finais foram dadas, quatro anos depois, algumas estavam ligeiramente alteradas, mas o impacto permaneceu o mesmo. 'Ndrangheta, diventano definitive le condanne inflitte al clan Pesce di Rosarno. *Zoom 24*, 29 mar. 2017. Disponível em: https://www.zoom24.it/2021/03/29/ndrangheta-diventano-definitive-le-condanne-inflitte-al-clan-pesce-di-rosarno/. Acessado em: 29 set. 2022

116 Baldessarro, Giuseppe. 'Ndrangheta: nessuno demolisce la casa del boss, accetta solo l'imprenditore sotto scorta. *La Repubblica*, set. 2014. Disponível em: www.repubblica.it/cronaca/2014/09/16/news/calabria_ndrangheta_boss-95872877/. Acessado em: 29 set. 2022

117 Conforti, Barbara. *Mafia, la trahison des femmes*, Canal+, 2 mar. 2014.

118 Omicidio Lea Garofalo, in appello confermati 4 ergastoli. *Il Fatto Quotidiano*, 29 maio 2013. Disponível em: www.ilfattoquotidiano.it/2013/05/29/omicidio-lea-garofalo-in-appelloconfermati-4-ergastoliassolto/610120/. Acessado em: 29 set. 2022

119 Ruggiero, Vincenzo. 17 arresti a Crotone e in altre 4 regioni. Decisive le dichiarazioni di Lea Garofalo. *CN24TV*, 29 out. 2013. Disponível em: www.cn24tv.it/news/77515/omicidi-dindrangheta-17-arresti-a-crotone-ein-altre-4-regioni-decisive-ledichiarazioni-di-lea-garofalo.html. Acessado em: 29 set. 2022.

26

120 Kahn, Milka; Véron, Anne. *Women of Honour*. Londres: Hurst, 2017, p.127.

121 Há vários vídeos do funeral de Lea disponíveis na internet, que incluem o curto discurso de Denise. Ver: https://youtu.be/4oR9kFYFVcs. Acessado em: 29 set. 2022.

Créditos das fotos

Lea Garofalo. A foto não tem data, mas parece capturar Lea com vinte e poucos anos, logo após virar mãe. A imagem tornou-se icônica. *(http://www.wikimafia.it)*

Lea, à esquerda, e Denise capturadas pela CCTV em Milão em seus últimos minutos juntas na noite de 24 de novembro de 2009. *(Carabinieri de Milão)*

Alessandra Cerreti, vista em seu escritório em Reggio Calabria. *(FILIPPO MONTEFORTE/AFP/Getty Images)*

Reggio Calabria, vista das colinas a sudeste da cidade, olhando para o noroeste através do estreito de Messina. *(Anna Quaglia/Alamy Stock Photo)*

San Luca. Por décadas, a 'Ndrangheta faz uma reunião anual em 2 de setembro nesta aldeia nas colinas de Aspromonte, usando um festival religioso como disfarce. *(ROPI/Alamy Stock Photo)*

Carlo Cosco em um retrato policial tirado após sua prisão em fevereiro de 2010. *(Lanese/Epa/REX/Shutterstock)*

Domenico Oppedisano sendo levado de carro pelas ruas após ser preso em Rosarno em julho de 2010. *(Franco Cufari/Epa/REX/Shutterstock)*

O portão do armazém em San Fruttuoso, Monza, onde os restos mortais de Lea foram descobertos em outubro de 2012, três anos após sua morte. *(Fabrizio Radaelli/Epa/REX/Shutterstock)*

O funeral de Lea em 19 de outubro de 2013. Milhares de pessoas de toda a Itália apareceram para homenagear uma mulher que, quatro após sua morte, uniu a Itália sob o slogan "Vejo, ouço, falo". *(Marco Aprile/NurPhoto/Corbis via Getty Images)*

Lea Garofalo. A foto não tem data, mas parece capturar Lea em seus vinte e poucos anos, logo após ter se tornado mãe. A imagem se tornou icônica.

Lea, à esquerda, e Denise, capturadas pelo circuito de câmeras de Milão, em seus últimos minutos juntas, na noite de 24 de novembro de 2009.

Alessandra Cerreti, fotografada em seu escritório.

Reggio Calabria, vista das colinas a sudeste da cidade, com vista para o noroeste, em direção ao estreito de Messina.

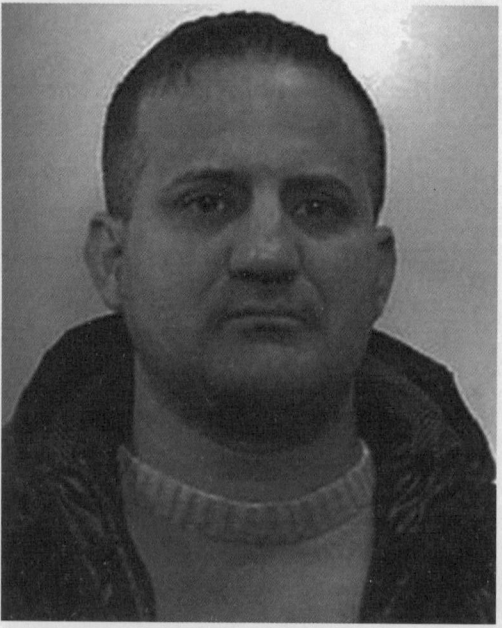

San Luca. Durante décadas, a 'Ndrangheta convocou, em 2 de setembro, reuniões anuais nessa aldeia da colina de Aspromonte, usando como cobertura uma festa religiosa.

Carlo Cosco em uma foto do registro policial tirada após sua prisão, em fevereiro de 2010.

Domenico Oppedisano sendo conduzido pelas ruas após sua prisão, em Rosarno, em julho de 2010.

O portão do armazém em San Fruttuoso, Monza, onde os restos mortais de Lea foram encontrados em outubro de 2012, três anos após sua morte.

O funeral de Lea, em 19 de outubro de 2013. Milhares de pessoas de toda a Itália compareceram para prestigiar uma mulher que, quatro anos após sua morte, uniu a nação contra a máfia sob o lema "Vejo, ouço, falo".